社会保障の権利救済

イギリス審判所制度の独立性と積極的職権行使

山下 慎一

法律文化社

目　　次

序　章 1
　第1節　本書の目的　4
　第2節　検討の対象　6
　第3節　分　析　軸　7
　第4節　積極的職権行使　9
　第5節　独　立　性　12
　第6節　比較対象国　15

第1編　日　　本

序──本編の目的 21

第1章　社会保障法領域における不服審査──概説 22
　第1節　検討対象とする制度　22
　第2節　不服審査　23
　第3節　社会保障法領域における不服審査の特殊性　25

第2章　社会保険領域の不服審査 26
　第1節　国民年金法・厚生年金保険法・健康保険法について　26
　第2節　国民健康保険法　40
　第3節　小　　括　46

第3章　公的扶助領域の不服審査 51
　第1節　沿革──公的扶助領域の不服審査制度　51
　第2節　現行・生活保護法における不服審査　55

第3節　小　　括　58

第4章　第1編の小括……………………………………………………61
　　第1節　類 型 化　61
　　第2節　考　　察　62
　　第3節　まとめ　64

第2編　イギリス

序――歴史研究の前提……………………………………………………67

第1章　イギリスにおける現行の権利救済制度………………69
　　第1節　現行の審判所制度の概観――上訴　69
　　第2節　司法審査　77
　　第3節　イギリス審判所制度における積極的職権行使　81
　　第4節　第1章の小括――審判所・上訴・司法審査・積極的職権行使　83

第2章　審判所の誕生と定着
　　　　　　――黎明期からベヴァリジ報告書まで（1897～1942年）……85
　　第1節　先史――近代的審判所制度の発生前　85
　　第2節　近代的審判所の誕生――1911年国民保険法　88
　　第3節　拠出制の寡婦・孤児・老齢年金　99
　　第4節　失業扶助の誕生　103
　　第5節　老齢扶助　111
　　第6節　ベヴァリジ報告書　112
　　第7節　第2章の小括――審判所の誕生と分野ごとの発展　115

第3章　「準司法的」審判所と積極的職権行使の誕生
　　　　　　――フランクス報告書の時期（1945～1958年）………119
　　第1節　1945年家族手当法　119

第2節　1946年国民保険法　122
　　第3節　1946年国民保険（労働災害）法　127
　　第4節　1946年国民保健サービス法　135
　　第5節　1948年国民扶助法　136
　　第6節　1957年のフランクス報告書——司法的性格への言及　141
　　第7節　裁判例——積極的職権行使の誕生　149
　　第8節　第3章の小括——審判所の類型化・積極的職権行使　154

第4章　社会保険領域と公的扶助領域の審判所の統合
　　　　——ベル報告書の時期（1958～1983年）　155

　　第1節　フランクス報告書を受けての制度改正　155
　　第2節　「準司法的」機関と自然的正義
　　　　　——ジョーンズ事件・ムーア事件　161
　　第3節　社会保険領域における審判所の統合（1966年）　164
　　第4節　国民扶助から補足給付へ——公的扶助の変容（1966年）　167
　　第5節　ベル報告書（1975年）　173
　　第6節　補足給付制度の「規則」化と審判所制度　176
　　第7節　社会保険領域と公的扶助領域の審判所の統合、統制機関
　　　　　（1983年）　181
　　第8節　第4章の小括——審判所の統合・司法への近接化　187

第5章　独立性の進展と、積極的職権行使の危機
　　　　——1998年社会保障法まで（1986～1998年）　189

　　第1節　1986年の公的扶助実体法改革と権利救済制度への影響　189
　　第2節　審判所の積極的職権行使と代理人の関係についての
　　　　　研究の進展　197
　　第3節　1991年・独立審判所サービス　202
　　第4節　審判所にかかる規則改正——1996年　204
　　第5節　積極的職権行使に関する法解釈上の問題
　　　　　——1998年社会保障法　207
　　第6節　第5章の小括——代理人の研究、審判所に対する財政の影響　217

第6章　「司法」審判所と、積極的職権行使の法理の
　　　　確立——レガット報告書以降（2001年～現在）　218

　　第1節　レガット報告書とそれを取り巻く状況　218

第2節　白　　書　229
　　第3節　カー事件　231
　　第4節　モンガン事件・北アイルランド控訴院判決　232
　　第5節　フーパー事件　237
　　第6節　積極的職権行使の限界　242
　　第7節　積極的職権行使の実態——援助的機能の達成　242
　　第8節　第6章の小括
　　　　　　——完全な独立性と援助的・積極的職権行使の確立　245

第7章　第2編の小括 …………………………………………… 246
　　第1節　審判所制度の展開　246
　　第2節　独立性と積極的職権行使　267

第3編　日本法への示唆

序 ………………………………………………………………………… 285

第1章　各論点についての検討 ………………………………… 286
　　第1節　行政権と司法権　286
　　第2節　権利救済機関と実体法との関係　288
　　第3節　権利救済機関のメンバーとしての利益代表　289
　　第4節　審理主宰者の資格　291
　　第5節　書面審理と口頭審理　293
　　第6節　権利救済機関の審理と代理人の関係　294
　　第7節　社会保障法領域の権利救済機関の独自性　296

第2章　独立性と積極的職権行使——分析 ………………… 298
　　第1節　独　立　性　298
　　第2節　積極的職権行使　299
　　第3節　独立性と積極的職権行使の相関関係　300

第3章　独立性と積極的職権行使——比較法的示唆 ………303
　　第1節　示唆を得る際の基本的な視点　303
　　第2節　現行制度を前提として　305
　　第3節　独立性の向上を前提として　306
　　第4節　社会保障の権利救済——どちらが望ましいか？　314

終　章 ……………………………………………………………… 316

謝　辞
索　引

序 章

　(1) 社会保障を法学の立場から議論しようとする際に、依って立つべき視角としては、いくつかのものが考えられるが、それらの中でも最も「正統」かつ典型的なものは、「(法的)権利」という視角であろう[1]。この権利概念を駆使して、他の、社会保障を検討対象とする諸学が備えない思考様式で論理を展開することこそ、これまでの社会保障法学の重大な存在意義であったし、このことはこれからも変わらないものと考えられる。

　確かに、ある時期においては、「権利」概念はその強靭さにもかかわらず——あるいはその強靭さを社会保障法学が持て余したがゆえに——、社会保障の分析視角としての有用性を疑問視されたこともあった[2]。しかしながら、これによって社会保障における「権利」を論じる営みが失われることはなかった。現在においても、社会保障の「権利」に関する議論は、少なくとも3つの局面において、依然として重要かつ論争提起的なものとして存在している。

　(2) 第1に、社会保障の権利を憲法(基本権)レベルで基礎づけ直そうとする試みが、2000年代以降活況を呈している。この例として、従前憲法25条(生

---

1) 小川政亮『権利としての社会保障』(勁草書房、1964年)1頁など。尾形健「権利のための理念と実践——小川政亮『権利としての社会保障』をめぐる覚書」社会保障法研究1号(2011年)36頁参照。

2) 福武直「社会保障と社会保障論」社会保障研究所編『社会保障の基本問題』(東京大学出版会、1983年)1頁、1995年社会保障制度審議会勧告「社会保障体制の再構築」など。参照、菊池馨実『社会保障の法理念』(有斐閣、2000年)3頁。同書20頁では、「権利主義的理論」の有効性を否定する論者が新たな形での「権利論」の必要性を示唆していることへの注意喚起がなされている。また、「『権利』概念をいわば武器とする法律学が社会保障分野で果たすべき役割は、決して失われてはいない」と述べ、社会保障を、「権利」概念を軸として法律学的に論じることの重要性も論じられている。

存権）がほぼ全面的に担ってきた社会保障の権利の抽象的な基礎付けを、それはそれとして尊重しつつ、憲法13条（「自由」と「人間の尊厳」）によってより普遍的に基礎付けようとする菊池馨実の研究を挙げることができよう[3]。また、憲法25条についても、社会保障制度を救貧施策と防貧施策に区分した上、その区分を同条の1項・2項それぞれと結びつけることで、1つの条文から異なるレベルの規範的意義を引き出そうとする解釈（いわゆる分離解釈論）が裁判例や学説によって示されている[4]。

　(3)　第2は、権利概念に政策策定指針としての役割を付与する考え方である。これは、頻繁に法改正がなされ、しかも関係法令の大部分が技術的性格を有するという社会保障法領域の特質と、社会保障の基本構造が大きな変革の波にさらされているという現代の社会状況を考慮して、従来のように「権利」概念を裁判規範として狭く捉えるのではなく、「法改正のあり方を領導する立法策定指針ないし政策策定指針としての権利という側面」をも重視すべき、という議論である[5]。

　(4)　そして第3は、社会保障の権利の実質化とでもいうべき試みである。これらの試みのうち、特に目を引くのは、①助言・広報・情報提供に関する議論、②権利擁護という2つである。

　そもそも、ある市民が社会保障に関する権利を実体法上有している（権利発生の要件に該当している・その可能性がある）としても、当該権利の存在を知らなければ、市民は当該権利を（適時に・適切に）行使できず、社会保障給付を受けることができない。①は、そのような事態をいかにして事前に防止し、事後的に救済するかという観点に基づく議論である。この議論に注目が集まったのは、児童扶養手当に関するいわゆる永井訴訟を契機としてであった[6]。近時の例

---

3)　代表的文献として、菊池・前掲註(2)、特に135頁以下。
4)　堀木訴訟大阪高裁判決（昭50・11・10民集36巻7号1452頁）、松本訴訟大阪高裁判決（昭51・12・17行集11/12号1836頁）。河野正輝・江口隆裕編『レクチャー社会保障法』（法律文化社、2009年）15頁〔河野〕。この分離解釈論が裁判例によって提起されて40年ほどが経っており、その点ではこれ自体は「近年の」議論とは言い難いが、憲法25条の解釈に1つの可能性を提示する重要な役割を現在もなお果たしていると思われるため、ここで言及する。
5)　菊地馨実『社会保障法』（有斐閣、2014年）56-57頁。
6)　一審京都地判平3・2・5判時1387号43頁、控訴審大阪高判平5・10・5判例地方自↗

で言えば、直接の社会保障給付そのものではないが、広くは障害者の福祉に関する経済上の優遇措置に関して、自治体職員の情報提供義務違反を認める判決が出され、議論を呼んだ。

　また、②は、認知症高齢者らに対する権利侵害の増大、自己決定権の理念の浸透、介護保険制度や民法の成年後見制度の導入などを背景として、比較的最近用いられるようになった概念である。代表的な論者である河野正輝の定義によれば、「権利擁護とは、判断能力が不十分な人々（認知症高齢者、知的障害者、精神障害者など）または判断能力があっても従属的な立場に置かれている人々等の立場に立って、必要な福祉サービス・医療サービス等の利用を援助し、財産を管理し、あるいは虐待を防止するなど、総じてこれらの権利行使を擁護すること」であるとされる。ここでは、市民が実体的権利を有しているが、現実にはそれを適切に行使できないような場面において、その権利の行使を現実的・実際的に可能とする施策までをいかにして保障するかが問題とされている。

　これら①、②の議論はいずれも、社会保障に関する実体的な権利の存在を前提とした上で、その権利の行使が単に理論的・抽象的なものに止まらず、実際に市民によって行使することができるような方途を探るものであり、いわば社会保障の権利の実質化を目指す議論であると言えよう。

　(5)　以上、「権利」の視角から社会保障を論じる近年の議論を概観した。ここから分かるように、社会保障の「権利」をめぐる議論は、下火になってしまったわけではないし、語り尽くされてしまったわけでもない。社会保障の権

　　＼治124号50頁。
7)　一審さいたま簡判平19・9・28賃金と社会保障1513号23頁、差戻前控訴審さいたま地判平20・6・27賃金と社会保障1513号28頁、差戻前上告審東京高判平21・9・30判例時報2059号68頁、差戻控訴審さいたま地判平22・8・25判例地方自治345号70頁。差戻前上告審の評釈として、木下秀雄「判批」賃金と社会保障1513号（2010年）4頁、瀧澤仁唱「判批」賃金と社会保障1513号（2010年）10頁、太田匡彦「判批」季刊社会保障研究46巻3号（2010）308頁、小賀野晶一「判批」判例地方自治339号（2011年）71頁、山下慎一「判批」法政研究78巻1号（2011年）125頁。
8)　菊池馨実「介護保険制度と利用者の権利擁護」季刊社会保障研究36巻2号（2000年）236頁。
9)　河野正輝『社会福祉法の新展開』（有斐閣、2006年）183頁。

利の確立を目指したかつての議論状況が、現在では、一方で権利を基礎づける理論の深化を追求し、他方で権利概念を拡張することで従来は拾いきれていなかった部分にまで自らの検討領域を拡大しつつ、さらに権利の実質化をも模索する、という議論状況へと形を変えたに過ぎない。

本書もまた、上述の一連の議論と同じく、社会保障の権利に関して叙述を行おうとするものである。そして、その中でも本書は、先に第3として挙げた権利の実質化にかかる問題を扱う。検討の対象は、権利救済と呼ばれる領域である。

次に、本書が社会保障法領域における権利救済を検討の対象とする理由を述べる。

第1節　本書の目的

(1) そもそも、社会保障が単なる慈善・恩恵や、行政の活動によって反射的に生じる利益ではなく、市民の「権利」であるということは、法的にどのような意味を有するのか。これには様々な回答があり得るが、法的な救済を受けることができるということが、その重要な一内容を成すと言えよう。つまり、「社会保障が権利であると言い得るには、その権利が侵害された場合それが法的に救済されることができなければならない[10]」。敷衍するならば、「社会保障受給権を保障するということは、その権利が、行政機関や保険者の違法または不当な処分行為において侵害された場合、その救済を求めて異議を申し立て、審査を請求し、最終的には、訴訟を提起して解決を求めると言った一連の法的争訟制度が整備されていることをも含んでいなければならない[11]」のである。

もちろん、社会保障法領域においても、行政不服審査や行政訴訟といった、一連の法的争訟（権利救済）制度が存在している。そして、これらの権利救済制度の在り方を検討する必要性が、多くの論考によって示唆されている。例え

---

[10] 清正寛・良永彌太郎編『論点社会保障法』（有斐閣、第3版、2003年）317頁〔良永〕。
[11] 荒木誠之編『社会保障法』（青林書院、1988年）340頁〔石橋敏郎〕。また、西田和弘「社会保障の権利擁護・権利救済手続」日本社会保障法学会編『講座社会保障法　第1巻　21世紀の社会保障法』（法律文化社、2001年）183頁。

ば、生活保護法上の不服審査制度について、「行政実務の現状を勘案すると処分庁及び同一の地方公共団体の上級庁が処分を覆すことはほとんど期待できない」ため、「専門的な第三者機関を設置することを今後検討すべき」との見解がある。また、同じく生活保護制度にかかる不服申立てについて、「申立件数・容認率が非常に低い」との評価もある。さらに、審理の手続について、不服審査機関が中立的・第三者的立場で審理を実施していない、との批判が、実務家から提出されている。

　これらの議論からも明らかなように、社会保障法領域における権利救済制度につき検討を加える必要性は非常に高い。それでは、どのような問題意識から検討を行うべきか。

　(2) 先にも触れたように、社会保障法領域において第一義的に権利救済の役割を果たすのは、行政不服審査および行政訴訟である。社会保障法領域に限らず、一般に行政不服審査や行政訴訟においては、市民と行政が対峙することになるのであるが、そこでは両者間における情報力や経済力、専門性等の大きな隔たりが問題視されることがある。そして、本書の扱う社会保障法領域においては、このような問題がなお一層深刻になる。なぜなら、社会保障給付に関する権利の救済を受けようとしている市民は、経済的、身体的、その他のニーズ

---

12) 前田雅子「社会保障における行政手続の現状と課題」ジュリスト1304号（2006年）23-24頁。

13) 土屋和子「社会保障における行政不服申立て制度の現状と問題点」社会保障法16号（2001年）135頁。

14) 竹下義樹「生活保護法における審査請求手続きの現状と問題点解決のための一提案」龍谷法学24巻3・4号（1992年）272-273頁。論者は、生活保護法にかかる審査請求に代理人として複数回携わった経験のある弁護士である。

15) この点に関しては、例えば、取消訴訟における原告の主張・立証の負担の軽減という議論が挙げられよう。伊方原発事件（最判平4・10・29民集46巻7号1174頁）は、「行政がした原子炉設置許可処分の判断に不合理な点があることの主張・立証責任は、本来、原告が負うべきものと解されるとしながら、当該原子炉施設の安全審査に関する資料をすべて行政の側が保持していることなどの点を考慮すると、被告の行政側において、まず、その依拠した具体的審査基準ならびに調査審議および判断の過程等、行政の判断に不合理な点のないことを相当の根拠、資料に基づき主張・立証する必要があり、被告がこの主張・立証を尽くさない場合には、行政の判断に不合理な点があることが事実上推認されると判示している」（宇賀克也『行政法概説Ⅱ　行政救済法』（有斐閣、第3版、2011年）231頁）とされる。

を生じているからこそ、社会保障給付の受給を希望しているためである。審理手続において、この市民と行政との間の力の格差をそのままにしていては、権利救済制度がその実効性を発揮できず、ひいては市民の社会保障の権利そのものが画餅に帰してしまう恐れすらある。

このように考えると、権利救済機関が、市民と行政との間の力の格差に絶えず注意を払い、必要な場合には両者の力の格差を修正するような審理手続の確立は、社会保障法領域においては、他の法領域においてよりも一層、重要であると言えよう。これは、前出の権利擁護や情報提供義務等との類比で言えば、権利救済の実質化とも表現することができる。しかしながら、上記のような関心から社会保障法領域の権利救済を議論する論考は、日本においてはまだ手薄であると言わざるを得ない。このような状況に鑑みると、外国における現行の法制度やその歴史的展開を参考にして、日本では従来意識されてこなかったような議論を構築するための示唆を得る、比較法の手法を採ることが、本書の試みにとって有用であると思われる。

本書は以上のような問題意識に立ち、比較法的見地から、権利救済機関における市民と行政の実質的な対等化と、社会保障法領域の権利救済の実質化のための基礎的考察を実施することを目的とする。

第2節　検討の対象

先に述べたように、権利救済は「一連の法的争訟制度」によって担われており、これは具体的には、行政上の不服申立てと、裁判所における行政訴訟の2つを指す。これらは当然、いずれも重要であるが、本書は行政上の不服申立てを主たる検討対象とし、裁判所における行政訴訟に関しては、必要に応じて触れるに止める。検討対象として行政上の不服申立てを選択する理由は、以下のとおりである。

まず、①社会保障法領域のほぼすべての法律が、不服申立前置主義を定めている。その関係で、行政上の不服申立てが、社会保障法領域においては第一次

---

16)　例として、国民年金法101条の2、国民健康保険法103条、労働者災害補償保険法40条、介護保険法196条、生活保護法69条。

的な権利救済を担っている。また、②行政上の不服申立てについて、市民の観点から見た利点として、簡易迅速性、費用が無料であることが挙げられる[17]。不服を申し立てる市民が、現にニーズを有しており、そのニーズには緊急性があるという社会保障法領域の特性を考えると、このことは他の行政領域においてよりも一層強く要求される[18]。最後に、③行政上の不服申立てを経た後、裁判所への出訴とそこにおける三審が保障されるが、先のニーズの存在と緊急性という特性を考えると、不服申立てによって救済を得られなかった市民が、不本意にも裁判所への出訴を諦めてしまう可能性がある。この場合、権利救済を担うのは現実的には行政上の不服申立てのみということになる。

このように、行政上の不服申立ては、社会保障法領域においては特に、最終的な権利救済手段としての行政訴訟に勝るとも劣らない重要性を持っている。社会保障法領域の権利救済の実質化のための基礎的考察という本書の目的からも、主たる検討対象を差し当たって行政不服審査に限定することは許されよう。

第3節　分　析　軸

(1) 次に、どのような視角から社会保障法領域の不服審査を分析するかを決定する必要がある。先述のように本書の問題意識は、不服審査における市民と行政との実質的な対等化を通じた権利救済の実質化を図ることであり、そのために、不服審査機関が、市民と行政との間の力の格差に絶えず注意を払い、必要な場合には両者の力の格差を修正するような審理手続を確立することである。この枠組みにおいては、不服審査機関が審理において積極的な役割を果たすべきことが含意されている。つまり、審理手続における主張・立証等を、対峙する市民と行政（両当事者）の自由な活動に委ね（逆から言えば、彼らにそれらの活動の責任を広く負わせ）、不服審査機関が手続に干渉・介入しないことを、広い意味において当事者主義的と表現するとすれば、本書の問題関心は、広くは当事者主義の枠内にありながら、時にはそれと緊張関係に立ち、あるいはそ

---

[17] 例えば、宇賀・前掲註(15)17-18頁。
[18] 西田・前掲註(11)185頁。

の枠組みから離れさえするような「積極的な職権の行使」を、不服審査機関に要求する。

　よって本書は、不服審査機関が果たすべき「積極的職権行使」という視角を、第1の分析軸とする。ここで、上記の当事者主義という用語との関係では、「職権主義」という用語を用いることが一般的であると考えられるが、本書においては、敢えて職権主義の語を用いずに、「積極的職権行使」という独自の概念を使用することとする[19]。その定義と、職権主義の語を用いない理由に関しては、節を改めて論じる。

　(2) このように、本書は不服審査機関の積極的職権行使という視角を第1の分析軸に設定するのであるが、そこにおいては職権を行使する主体である不服審査機関自体の性格にも注意を払う必要が生じる。不服審査機関の組織・構成が、審理の内容に影響を与える可能性については、行政不服審査制度に関して一般に強調されているが[20]、そのことを前提とすると、同機関の積極的な職権行使がどのような態様をとるかということに対しても、同機関の組織・構成が影響を及ぼす可能性があるからである。

　つまり、不服審査機関の実施する積極的職権行使との関係において、同機関の組織・構成という問題は重要な論点となる。そして、本書の主たる検討対象である行政不服審査においては、この不服審査機関の組織・構成の問題は、審査対象となる（第一次的）決定を行った機関からの独立性という視角から論じるのが最も典型的な方法である。けだし、行政不服審査は、行政の作用を、同じく行政権に属する機関が審査する仕組みであり、両者が一体性を有していると不服審査機関への信頼が乏しくなる半面、両者が分離・独立していれば、信頼性は向上するというように[21]、独立性の問題が不服審査制度の信頼性いかんに

---

19) 本書の筆者は、本書に先行して存在する各論考において、分析軸に「職権主義」の語を用いていたが、数多くの研究会を経て、多数の研究者から、同語がミス・リーディングであり、筆者の意図が適切な形で伝わらないとの非常に重要な指摘を受けた。よって、先行する各論考との整合性に疑義が生じる危険を認識しつつも、分析軸に用いる用語法を変更することとした。

20) 例えば、行政不服審査において、処分庁自身が不服申立てを裁断する場合（異議申立て）、処分庁の上級行政が裁断する場合（審査請求）、第三者機関を設ける場合（国税不服審判所など）のそれぞれで、公正性に対する信頼が異なる。宇賀・前掲註(15)20頁。

21) 宇賀・前掲註(15)20頁。ここでは「中立性」という表現が用いられているものの、↗

対して非常に重要な意味を持っているからである。

よって、本書では、積極的職権行使の分析軸に続く第2の分析軸として、不服審査機関の独立性という視角を用いる（この独立性の定義に関しても、後に論じる〔本章第5節〕）。その上で、これらの両分析軸を交錯させつつ検討を実施することにより、社会保障法領域における権利救済の実質化に関する複眼的な示唆を得ることを目指す。

第4節　積極的職権行使

（1）続いて、前節において保留していた積極的職権行使の定義を行う。それに先立ち、本書の用いる積極的職権行使の語と近似した意味合いにおいて、様々な法領域で広く用いられている「職権主義」という語について、瞥見しておく必要があろう。

第1の例として、刑事訴訟法学における議論を検討しよう。[22]刑事訴訟法学においては、職権主義は、犯人の処罰という目的に向けた積極的実体の真実の発見と結び付けられ、「無辜の不処罰を犠牲にしてでも犯人の処罰という目的を達成しようとする」志向を有するのに対して、当事者主義が無辜の不処罰（＝消極的実体的真実）およびそれを担保する手法としての適正手続と結び付けられている。

また、第2の例としては、人事訴訟手続法を挙げることができよう。身分関係に関する訴訟手続を規定するものとして、民事訴訟法の特別法と位置づけられる人事訴訟手続法では、「当事者の処分権主義や弁論主義を制限し、裁判所の職権探知主義を採用して、真実を究明し実体真実の発見を図っているといわれる[23]」。この議論も、職権主義と実体的真実の発見が結び付けられているという点において、(旧来の)刑事訴訟法学における議論と類似していると言えよう。

＼これは本書で言う独立性と重なり合う部分が大きいと考えられる。
22）福井厚『刑事訴訟法講義』（法律文化社、第4版、2009年）11-15頁。
23）吉村徳重・牧山市治編『注解人事訴訟手続法【改訂】』（青林書院、1993年）4-5頁〔吉村〕。

第3の例として、本書の扱う社会保障法に隣接する労働法の分野を参照できる。不当労働行為に関する労働委員会の審査について、事件処理の遅滞と訴訟における命令の取消率の高さが問題視され、平成16年に、同委員会の審査体制の整備のために労働組合法（以下、労組法と言う）の一部が改正された。この法改正において、職権証拠調べを許す規定（労組法27条の7）が置かれた。法律案提案理由説明によると、この規定が設けられたのは、「迅速かつ的確な事実認定を行うため」であるとされている[25]。これらのうち「的確」性に関しては、実体的真実発見という観点と通ずる部分があると考えられるが、「迅速」性という点には、労働委員会による審理の進行の管理という、職権主義のいわばマネジリアルな側面を見出すことができよう。

　さらに、以上とは若干異なる含意をもって職権主義が語られる法領域として、少年法を挙げることができる。少年法領域には、ある個人（少年）をそのまま放置することによって本人の利益を侵害がされることを避けるべく、介入・干渉する、という「保護原理＝保護主義（paternalism）[26]」の考え方が存在する。そして、「家庭裁判所における手続の全体が、保護主義の理念に基づいて構成され、進行すべきものであることから、審判手続は『職権主義』の構造をとっている[27]」とされる。つまり、本人のためにする介入・干渉という思想の審判手続における現れが職権主義であるとされている、と言えよう[28]。

　(2)　以上に掲げたような各法領域における議論を参考にすると、「職権主義」

---

24)　道幸哲也「労組法改正と労働委員会システムの見直し」日本労働法学会誌104号（2004年）102頁。
25)　厚生労働省労政担当参事官室編『労働組合法――労働関係調整法　5訂新版』（労務行政、2006年）178頁。
26)　澤登俊雄『少年法入門〔第5版〕』（有斐閣、2011年）23頁、138頁。
27)　澤登・前掲註(26)138頁。
28)　ただし、この保護主義の考え方と、先に刑事訴訟法に言及した際に触れた適正手続の思想が排斥しあう関係にはない、ということも指摘されている。澤登・前掲註(26)265頁、高内寿夫「少年法における人権論の構造」澤登俊雄・高内寿夫編著『少年法の理念』（現代人文社、2010年）45-61頁。高内は、「適正手続論は当事者主義と結びつくものであり、少年審判の職権主義的審判構造には結びつかないという考え方があるが、これは誤りである。上述したように、適正手続は国家の権力的介入（個人の権利制限）に対する手続上の制約原理であり、これは審判の構造に関わりなく妥当するものと解さなければならない」と指摘する。同上、48頁。

という用語が大略、①真実発見機能（刑事訴訟法および人事訴訟法）、②管理運営（マネジメント）機能（労働法）、③福祉的介入・干渉機能（少年法）という機能を有している（と考えられている）ことが分かる（これら①〜③は、それぞれ重複することもあり得よう）。そして、本書が「積極的職権行使」という概念を軸に据えて社会保障法領域の権利救済を検討する意図は、前述の各領域のいずれのものとも、いくらか異なっている。

　つまり、本書の言う積極的職権行使は、例えば社会保障給付の不正受給を排除するために実体的真実を発見すること自体を第一義に置くことはないし（もちろんこれは、不正受給の排除は達成されなくてよいという意図ではない）、不服審査機関のイニシアティブによって審理が迅速に終わることのみを第一義にすることもしない（もちろん、審理が簡易迅速に終わることは、先に述べたような社会保障法領域の特性を考えた際に、特に重要であるが）。さらに本書は、一方当事者たる市民が、他方の当事者である行政に比して不利な立場に置かれていることは認めるが、当事者主義的要素を排し、職権主義的審理を基調とする（その限りで市民を一方的な保護の客体としての地位に甘んじさせる）ことが望ましいとは考えていない。あくまで、市民と行政という両当事者の、権利救済手続における力の不均衡の是正と、それを通じた公正な審理の達成を目指すということが、本書が「積極的職権行使」という概念に込めようとする意図である。

　すなわち、本書の言う積極的職権行使とは、不服審査機関が、審理において両当事者が実施すべき主張・立証といった諸活動について、市民と処分を実施した行政機関等の間の情報力・経済力等の力の格差に絶えず注意を払い、必要がある場合には、市民に主張や証拠の提出を促し、または補完し、あるいは自ら証拠調べを行ったりするような活動を通じて、両者の力の格差を修正するような審理手続である（これは、当事者援助型・積極的職権行使とも言えよう）。

　ただし、この定義は、権利救済機関の積極的な職権の行使に、当事者の援助以外の機能が存在することを否定するものではない。よって、本書では、権利救済機関が審理において積極的・介入的な役割を果たしている場合には、本書の言う積極的職権行使と比較をしつつ、そこでは職権の行使にどのような機能が期待されているのか（あるいは実際に果たされているのか）ということに特に注意を払って検討を行う。

(3) 以上のような積極的職権行使概念の定義づけに関連して、日本における「職権主義」の概念の分類との関係に関して付言する。

　日本において、職権主義は一般に、さらに2つのものに分けられる。第1が、職権証拠調べであり、これは当事者が主張したが立証していない事実に関して、不服審査機関が当事者の申立をまたずに自ら、その事実を裏付ける証拠を収集するものである。[29]続いて、第2が、職権探知であり、そもそも当事者が主張すらしていない事実に関しても、不服審査機関が職権において、論点として取り上げたうえ、その事実を裏付ける証拠を自ら収集するものである。[30]本書の言う積極的職権行使は、これらの双方を含み、かつ、これら双方にその役割を限定されない、より広い概念である。「職権主義」という概念が法領域によって多義的に用いられていたことは上述のとおりであるが、同概念が国によってもまた、日本のような上記2分類とは必ずしも整合しない、様々のものを含む可能性もある。本書は比較法研究を実施するものであるため、他国との比較という観点からも、職権主義という語に変えて、より広がりを持つ積極的職権行使という概念を設定することは有用であろう。

　(4) 以上のように、本書は、他の法領域における用語法（およびそこに込められる理念）との異同、他国との比較研究における便宜を考慮して、「職権主義」という一般的な用語法に代え、「積極的職権行使」という独自の概念を使用する。

第5節　独　立　性

　(1) 次に、第2の分析軸として設定した「独立性」に関して、その意味内容を検討した上で、本書における定義を行う。

　まず、不服審査機関の独立性といった場合に、何からの独立を論じるのか、ということを検討する必要がある。本書が主たる検討対象とする行政不服審査

---

29) 澤登ほか編・前掲註(28)59頁、塩野宏『行政法Ⅱ　行政救済法』（有斐閣、第5版、2010年）152-153頁、阿部泰隆『行政法解釈学Ⅱ　実効的な行政救済の法システム創造の法理論』（有斐閣、2009年）220頁。
30) 宇賀・前掲註(15)61頁、塩野・前掲註(29)135頁、阿部・前掲註(29)220頁。

においては、この独立性は基本的には行政機構からの審査機関の独立という観点で論じられるが、現在の社会保障法領域においては、その定式のままでは十分ではない可能性がある[31]。

日本において「『社会保障法』の概念定義を初めて積極的に行った[32]」とされる荒木誠之によれば、社会保障の実施・責任主体は国（国家）に限定されている[33][34]。しかしながら、主として社会保険を研究対象とする加藤智章や倉田聡らにより、社会保障制度の主体は国家のみに限られないという批判が有力に展開されてきた[35]。さらに太田匡彦も、ドイツ社会保険を研究対象として社会保険における自治という要素に着目する[36]。これら諸説からは、社会保険システムにおける保険者を、通常の行政と単純に同一視することはできないということが分かる（もっとも、岩村正彦が指摘するように、現実には、日本においては「社会保険全体としてみると、自治の側面、とりわけ被保険者の参加の側面は非常に弱い[37]」のかもしれないが）。

そうすると、社会保険を含む社会保障法領域において、不服審査機関の独立性を論ずる場合に、一律・単純に「行政からの独立性」という定式を立ててよいかという点は大きな論点となろう。しかし、この問題を論じるにあたっては、社会保険の自治という概念が、権利救済（つまりある被保険者に権利を付与すべきか否か）の問題までも、当該社会保険（保険者）の内部で処理すべきことまでを含意するのか、それとも社会保険の自治と権利の救済はあくまで別個の

---

31) ここからの議論に関しては、脚注に示すもののほか、菊池馨実「社会保障法学における社会保険研究の歩みと現状」社会保障法研究 1 号（2011年）119-137頁を参照した。

32) 倉田聡『社会保険の構造分析　社会保障における『連帯』のかたち』（北海道大学出版会、2009年）18頁。

33) 荒木誠之『社会保障法読本　新版増補』（有斐閣、1998年）247頁。

34) 倉田・前掲註(32)20頁。

35) 加藤智章『医療保険と年金保険　フランス社会保障制度における自立と平等』（北海道大学図書刊行会、1995年）5頁。また、倉田・前掲註(32)25-26頁。倉田は、社会保障法に関するこのような理解が、行政法学者の遠藤博也によって1977年の段階で既に示されていた旨を指摘する。Id., 27頁。

36) 太田匡彦「社会保険における保険性の在処をめぐって」社会保障法13号（1998年）72-89頁。同「権利・決定・対価（1）～（3）」法学協会雑誌116巻2号（1999年）185頁以下、3号（1999年）341頁以下、5号（1999年）766頁以下。

37) 岩村正彦『社会保障法Ⅰ』（弘文堂、2000年）46頁。

問題なのか、という難問とも向き合う必要が出てくる。さらに、このことは、不服審査機関に利益代表メンバーが含まれている場合において、そのことを法的にどう評価すべきか（不服審査機関の第三者性の問題なのか、それとも保険者・被保険者の参加、すなわち自治という問題なのか：この両者は両立するようにも、アンビバレントであるようにも感じられる）、という難問とも関わる。

これらの問題群に関する詳細な検討は他日を期すとして、本書では差し当たり、当該社会保障制度を管理運営する主体からの不服審査機関の独立性を論じる、という定式を用いることとする。つまり、行政とは別個の保険者が制度上想定されている場合には、当該保険者からの不服審査機関の独立性の問題を論じることとなる。[38] そして、上記の社会保険の自治や利益代表といった問題に関しては、基本的には、本書の言う独立性の観点から見た場合にどのように評価されるか、という限りにおいて検討をするに止める。

(2) 独立性の評価の指標としては、不服審査機関の構成員の任免に関する仕組みや独立した職権行使の保障の有無、あるいは職員の任免、機関の運営にかかる費用負担などが考えられよう。さらに、独立性の評価指標とは直接に関わらないように感じられる論点（例えば、裁決の公開・非公開等）であっても、広い意味で権利救済の在り方に関わるものは、それが不服審査の制度設計に影響を与えている可能性があるため、適宜検討することとする。

最後に、本書は分析の素材に関して、社会保障法領域のうちでも、社会保険および公的扶助に関する法を主たる検討対象とする、との限定を付する。

---

38) なお、ここにおいて、利益代表としての被保険者代表が不服審査制度に参画する制度をどのように評価すべきか、という問題がある。なぜなら、被保険者代表が、被保険者たる市民からの不服審査にかかわる（つまり自らの同輩に関して審理をする）ことは、不服審査制度の「中立性」を阻害する要素となりうるからである。この点に関しては、本書ではあくまで、社会保障制度を「管理運営する主体」からの独立性を問題としているので、被保険者の関与は問題とならないと考える（ただしここで、本書が、被保険者代表は、制度運営当事者たる保険者代表と対立して、被保険者の利益を擁護する機能を果たすという想定をとっていることに注意が必要である）。本書のこのような思考を突き詰めると、「独立性」と「中立性」とは、異なった含意を有するのではないか、という難問に突き当たる。

序　章

第 6 節　比較対象国

続いて、本書において比較法的研究の対象とする国を選定する。[39]

本書は、比較法的な研究を通じて、日本法への示唆を得ることを最終的な目的としている。よって、検討対象国の選定に関しては、第 1 に、日本法への示唆を得るという目的を達成する上で理論的な困難の存在する国を選出することは避けねばならない。

まず、海外諸国における社会保障法領域の権利救済の仕組みを概観する際、日本と最も大きく異なる点の 1 つが、裁判所組織である。確かに、本書が主たる研究対象とするのは、裁判所における権利救済ではなく、それ以前の段階における権利救済制度である。その点においては、裁判所制度の相違が本稿の研究に与える影響は限定的なものであるとの見解も成り立ちえよう。しかしながら、権利救済制度が最終的な問題の解決として、裁判所への提訴を包含するものである以上、裁判所制度を視野から除外して権利救済制度を論じることは困難であろう。さらに、実際的にも、裁判所制度の相違が、裁判所制度と権利救済制度との関係において法理論的な差異を生じる場合も考えられ、それは、権利救済の実情にも影響を与えるものと考えられる。

日本は、司法権が裁判権を独占する、いわゆる一元的な裁判所制度を設けており、社会保障法領域の訴訟も通常裁判所が取り扱う。これに対し、例えばドイツ[40]、フランス[41]等をはじめとする諸国では、日本と同様の仕組みを採ってはい

---

39) 本書においては、紙幅の制約等から、比較対象国の選定にかかる理由付けを詳論することができない。詳しくは、山下慎一「社会保障の権利救済――イギリス審判所制度の独立性と職権主義」札幌学院法学30巻 1 号（2013年）24-33頁を参照。
40) 木佐茂男・倉田聡訳「西ドイツ社会裁判所法（上）・（下）」北大法学論集41巻 1 号 347頁以下（1990年）、41巻 4 号343頁以下（1991年）、René J. G. H. Seerden (ed.), Administrative Law of the European Union, Its Member States and the United States- A Comparative Analysis (2nd ed., 2007)、村上淳一ほか『ドイツ法入門』（有斐閣、改訂第 8 版、2012年）77-121頁、254-276頁など参照。
41) 滝沢正『フランス法』（三省堂、第 4 版、2010年）189頁以下、清水泰幸「フランス社会保障法における裁判外紛争解決」社会保障法24号（2009年）34頁、Jean-Jacques Dupeyroux et al., Droit de la sécurité sociale, (16e ed., 2008), p. 989 以下などを参照。

ない。ドイツでは、社会保障法領域の紛争を扱う社会裁判権は、特別の行政裁判権とされており、日本との差異が際立つため、本書における比較法研究の対象国とするには困難が予想される。他方フランスでは、終審とその前の審級の裁判所は、通常の司法権と同一のルートである。しかし、そうであってもなお、二元的裁判制度への検討を実施する余裕のない本書において、日本とフランスの法制度の差異を矮小化することは危険であるように思われる。

　このように考えると、日本と同じく一元的な裁判制度を有する国を比較対象国に据えることが、困難の少ない選択であると考えられる。そして本研究では、多くの一元的な裁判制度を有する国のうち、下記のような事情に鑑み、イギリスを比較対象国に据えることとする。[42]

　第1に、イギリスにおける裁判前の権利救済機関としての審判所（tribunal）制度は、100年以上の歴史を有しており、多くの判例・学説の蓄積を伴いつつ、現在に至るまで一貫した理念に基づいて発展を遂げている。

　後に詳しく述べるが、イギリスにおいて社会保障法領域の権利救済を第一義的に引き受ける審判所制度は、少なくとも1世紀（論者によってはそれ以上）にわたる歴史を有している。さらに、審判所は、制度創設の当初から現代にかけて、数多くの変遷を経ている（例えば、行政機関から司法機関へのドラスティックな性格の変化）にもかかわらず、いくつかの基本的な特徴はもとのまま残っている。このような歴史的蓄積を有するイギリス審判所制度の検討から得られる日本法への示唆は、充実した内容のものとなることが期待される。

　第2に、イギリスの審判所は、伝統的に、審理において積極的に職権を行使している。この積極的職権行使（inquisitorial approach）は、歴史的な変遷を経て、現在では、市民と行政との力の格差・武器の非対等を修正することを理念としており、しかも、判例上、審判所は積極的職権行使を実施する法的義務を負うとされる。この観点は、先に本書が設定した分析軸と強く関連している。

---

42)　同じく一元的な裁判所制度を有する国のうち、大変興味深い裁判前権利救済制度を有するものとして、オーストラリアを上げることができる。オーストラリアの制度に関しては、碓井光明「オーストラリアの総合的行政不服審判所に関する一考察——租税不服審査制度の変遷の中で」成田頼明ほか編『雄川一郎先生献呈論集　行政法の諸問題（中）』（有斐閣、1990年）87頁以下、久保茂樹「オーストラリアの行政法と行政審判所」平松紘ほか『現代オーストラリア法』（敬文堂、2005年）157頁以下などを参照。

さらに、日本には、不服審査制度に関して大陸法型と英米法型という2つの構成原理が存在しており、基本的には前者が理論的根拠とする自己統制型の構造に軸足を置いているものの、近年では後者の特色である権利救済の公正性にも力点が置かれつつある、という事情もある。

　以上の理由から、本書では、比較法研究の対象としてイギリスを選定することとする。

---

43) 雄川一郎『行政争訟法〔法律学全集9〕』(有斐閣、1957年) 225頁。
44) 久保茂樹「行政不服審査」磯部力ほか編『行政法の新構想Ⅲ　行政救済法』(有斐閣、2008年) 164頁。
45) 本書において、比較対象国をイギリスとしたことは、①他の諸国の権利救済制度を比較法的に検討することに意味を見出せない、あるいは②イギリスの権利救済制度に関する先行業績がわが国においては乏しい、とする意図では全くないということを今1度確認しておく必要がある。①に関して、木佐茂男『人間の尊厳と司法権――西ドイツの司法改革に学ぶ』(日本評論社、1990年) は、西ドイツの行政訴訟制度に関して綿密な調査をもとに分析を加えており、特に同制度がいかに市民の利用しやすいものであるかという点で、本書に多大な示唆を与えた。さらに、本書では比較対象国の候補に掲げなかったものの、アメリカの公的年金制度に関して、渡辺賢「合衆国障害年金給付決定手続における手続保障――代理人不在の不服審査聴聞手続きをめぐる判決例を素材として」北海学園大学法学研究28巻1号 (1992年) 75頁もまた、本書と多くの問題関心を共有するものである。さらに、②に関しては第2編にて掲げる。

第1編
日　本

序——本編の目的

　序章において論じたとおり、本書の最終的な目標は、社会保障の権利救済の実質化に一層資するような不服審査制度の在り方を、比較法的な見地から検討することである。しかしながら、その検討を実施するに当たっての準備的な作業として、日本の現行法制度に関する問題状況の整理をすることが必須であろう。そこで本編では、日本の社会保障法領域における行政不服審査に関して、その歴史にも目を配りつつ、現行法制度における問題状況を整理し、第2編以降の比較法的検討の基礎を整えることを目指す。

第1章　社会保障法領域における不服審査
　　──概説

第1節　検討対象とする制度

　(1) 社会保障法を制度論的に体系化すると、社会保険、社会手当、社会福祉、公的扶助の4つの部分に分けることができる。これらのどの部分も重要であることは言うまでもないが、本書において多岐にわたる法制度のすべてを検討対象とすることは困難である。そのため、本書では、検討の対象を社会保険と公的扶助（生活保護法）の2つに限定する。さらに、社会保険の中においても、年金および医療に関する代表的な社会保険制度、つまり具体的には国民年金、厚生年金保険、健康保険、および国民健康保険に検討対象を限ることとする。
　社会保険を取り上げるのは、社会保険が社会保障法制の中で歴史的に中核的な地位を占め、また現在でも同じく中心にあると考えられるためである。また、公的扶助を取り上げるのは、最低限度の生活維持機能を担う実体制度としての重要性に加えて、我が国において公的扶助を担う生活保護法における不服申立ての制度が、本書の問題関心から見て、数多くの議論すべき点を含んでいると考えられるためである。
　すでに述べたように、日本において、社会保障法領域の権利救済制度について考察を行った論考はそれほど多くない。そのため、本書による検討では、法規定や制度の沿革を主たる手がかりとして検討を行うことになる。
　(2) 検討に際しては、序章において設定した2つの分析軸を用いる。すなわち、1つは、不服審査機関が、行政（社会保障に関する給付を実施する主体）からどの程度独立しているか、という視角である。ここで言うところの独立性には、組織上の独立性や、職権行使に関する独立性など、質的に多様なものがあ

り得るため、それらを整理しつつ提示することを目指す。

　いま１つは、不服審査機関における審理において、どのような手続が取られているか、という視角である。具体的には、書面審理か口頭審理か、当事者主義的な審理様式か、それとも審査機関が積極的に職権を行使する審理様式か、という観点がある。

　本編の最後では、これらの２つの分析軸がどのような関係にあるかに関する検討結果を提示する。これによって、本編が目的とする、比較法的研究のための前提の整理という作業が達成されるものと考えられる。

第２節　不服審査

　(1)　社会保障法に関連して生じる法律関係には、いくつかの種類が存在し、それらはいずれも重要である。しかし、それらの中でも、市民にとって、社会保障給付を受ける地位を得られるか否かという点は基本的重要性を有しており、その意味で、社会保障法における法律関係の中核をなすのは、行政ないし保険者（序章において検討したように、これら両者を併せて以下、単に行政と言う場合がある）による、給付に関する決定を巡る場面である。この場面では、行政機関が、私人に対して、公権力の行使としての処分を行うという構図が成立する。ゆえに、社会保障法に関する権利救済の大部分は、行政の処分に不服を持つ私人が、当該処分を争うという図式となり、これは行政法の一領域としての行政救済法に包摂される問題となる。

　(2)　本書は、社会保障法領域における権利救済全体を視野に収めた議論を志向しているが、その中でも中心的な問題関心は、通常裁判所における訴訟に至る以前の段階の権利救済制度である。そのため、行政救済法の領域の中でも特に、行政上の不服申立てを主たる検討対象とすることとなる。つまり、実定法を挙げれば、行政不服審査法（以下、行審法と言う）の領域にかかる、行政機関への不服申立ての問題である（以下、行審法上の不服申立てを審理する行政機関を審査庁と言う）。

　行審法による審理の在り方に本書の関心の範囲で触れると、以下のようになっている。①書面審理が原則とされるが（行審法25条）、審査請求人等の申立

てがあった場合には、口頭で意見を述べる機会が付与される（同25条1項ただし書）。しかし、この場合、対審構造の採用や公開までは要求されていないとされる。

さらに、②審査庁は、職権により、適当と認める者を参考人として陳述させることができるなど、職権証拠調べを許容する規定が置かれている（行審法27条～30条）。しかし、職権証拠調べを超えて、当事者の主張しない事実を職権で取り上げて審理を行う職権探知主義までを認めるかは、法文上は明らかではない。この点につき学説は、行審法は職権探知を認めている（しかしそれは義務ではない）と解している。

（3）それではなぜ、司法裁判所制度とは異なる形の、行政上の不服申立制度が設けられているのか。

行政上の不服申立てのメリットとしては、①簡易迅速性・手続の柔軟性、②行政内部の自己統制であるため、処分の適法性のみならず当・不当にまで審査を及ぼすことが認められること、③行政が自己の処分を見直す機会を得ること、④大量に生じる紛争のスクリーニングによる裁判所の負担軽減が挙げられる。このうち、市民にとっての便宜にかかるのは①ないし②である。そして、社会保障法領域（特に社会保険）に関しては、④の事情が他の領域よりも一層当てはまると言われる。

これらのメリットに対して、行政上の不服申立ての欠点としては、①不服審査機関が本質的に行政機関であることから、裁判所よりも第三者性・信頼性が劣ること、②手続の簡易さから、同じく裁判所よりも信頼性が劣ることなどが

---

1) 塩野宏『行政法Ⅱ　行政救済法』（有斐閣、第5版、2010年）26頁など。
2) 塩野・前掲註(1)27頁、芝池義一『行政救済法講義』（有斐閣、第3版、2006年）187頁。
3) 塩野・前掲註(1)9-10頁、芝池・前掲註(2)175-177頁など。なお、宮崎良夫『行政争訟と行政法学』（弘文堂、増補版、2004年）100頁も参照。
4) しかし、②に関して、「不服申立てにおいては、この不当な処分に対しても救済の可能性が与えられているわけであるが、実際の不服審査においては、裁判所による審査に比べて、裁量の範囲逸脱や乱用を含む違法性の審査すら十分に行われていないようである」との指摘がある。芝池・前掲註(2)185頁。
5) 塩野・前掲註(1)10頁など。
6) 芝池・前掲註(2)184頁は、この「処分庁と審査庁（換言すれば処分権と不服審査権）↗

挙げられる。[7]

第3節　社会保障法領域における不服審査の特殊性

　以上のように、裁判前の権利救済としての、行政機関に対する不服申立ては、行審法によって一般的に規定されている。しかしながら、社会保障法領域においては、個々の法律ごとに、行審法の規定とは異なる特殊な仕組みが採用されていることが多い。行審法の適用関係を、社会保障法の制度論的体系と対応した形で大まかに分類すると、①行審法の規定の多くを適用しないこととする特別法を設けている社会保険、②個別の法律の中に、行審法の一部を修正するような特例規定を有する公的扶助と社会手当、③行審法が全面的に適用される社会福祉、という図式を描くことができる。[8]

　社会保障各法で特別の不服申立制度が設けられている理由は、当該法律がどのような不服申立制度を設けているかという点との関係を無視して論じることはできない。言い換えると、各々の法律・制度によって、特殊な不服申立て制度を設けた理由づけは異なる可能性がある。そのため、以下で各法の設けた権利救済制度を検討していく中で、特殊な制度が設けられた理由について触れることとする。

　　の不分離は、権利保護の見地からすると、不服申立の最大のデメリットである」としたうえ、「審査庁として第三者機関を設置すること」によって当該デメリットを「克服」できるとしている。そして、その例として社会保険審査会を挙げている。しかしながら、第三者機関を設置することのみによって「克服」が可能か否かは必ずしも明らかでなく、一層の検討を要する問題であると思われる。
7）　塩野・前掲註(1)10頁など。
8）　土屋和子「社会保障における行政不服申立て制度の現状と問題点」社会保障法16号（2001年）138頁。

第2章　社会保険領域の不服審査

第1節　国民年金法・厚生年金保険法・健康保険法について

　社会保険に属する法制度のうち、国民年金、厚生年金、健康保険等の各法は、社会保険審査官および社会保険審査会への審査請求・再審査請求を定めている（国民年金法101条以下、厚生年金保険法90条以下、健康保険法189条以下など）。社会保険審査官および社会保険審査会に関して規定した法律は、社会保険審査官及び社会保険審査会法（以下、社審法と言う）である。ただし、国民年金、厚生年金、健康保険等の各法において、歴史上、当初から権利救済機関として社会保険審査官および社会保険審査会という仕組みが用いられてきたわけではなく、当初は、それぞれの社会保険制度ごとに独自の不服審査の仕組みが設けられていた。そこで、現行社審法を検討するに先立って、社会保険領域においていかなる不服審査の仕組みが存在し、それらがどのように展開したかという歴史を概観する必要がある。その際、上記3制度のうちで最も長い歴史を有する健康保険制度を例にとることとする。なお、以下の叙述に際しては、本書の問題関心に即し、機関の独立性に関する諸規定、および審理手続に関する諸規定という2つの視角を中心に据える。

Ｉ．歴史──健康保険法を例にとって
　(1) 1922（大正11）年に制定された健康保険法では、不服審査の方法は以下のように定められていた。保険給付に関する決定を争う場合と、保険料その他の徴収金の賦課・徴収にかかる処分を争う場合とで、方法が異なっているのであるが、ここでは保険給付に関する制度についてのみ論じる。
　(i) 保険給付に関して　保険給付に関する決定について不服がある者は、

「第一次健康保険審査会」に審査を請求し、そこにおける決定に不服がある場合は、さらに「第二次健康保険審査会」に審査請求を行う。その決定になお不服がある場合は、「通常裁判所」に対して訴えを提起することができる（以上、法80条）。当時の社会局長官である長岡隆一郎は、健康保険審査会の性格を、「一種の簡易な裁判所であ」[1]ると説明している。

健康保険審査会の組織、および審査に関する必要事項は、「勅令」によって定められる（法83条）。この勅令にあたるのが、健康保険法施行令（以下、施行令と言う）であり、施行令には以下の定めがある。

①組織・構成にかかる共通規定

第一次・第二次（さらには後述の第三次）健康保険審査会共通の規定として、以下のような定めがある。健康保険審査会はいずれも、内務大臣の監督に属し（施行令102条）、会長及び委員から組織される（施行令104条）。いずれの場合も、健康保険署の職員は健康保険審査会の委員になることができず、各健康保険審査会間での委員の兼務も禁じられている（施行令108条1項・2項）。健康保険署の職員を健康保険審査会の委員から除外する理由は、当該職員は「保険給付に関する決定を為す者にして寧ろ被告の地位にある者であ」り、このような地位にある者に審査をさせるのでは審査の公正を期し難いためである、とされる[2]。委員の任期は3年間であるが、「特別ノ事由」がある場合には、委員を任期中に解任をすることも妨げられない（施行令109条本文および但書）。

健康保険審査会には、会長の指揮を受けて庶務を整理する「幹事」（施行令111条）と、会長および幹事の指揮を受けて庶務に従事する「書記」（施行令112条）が置かれる。

②第一次健康保険審査会の組織・構成

第一次健康保険審査会の委員の構成は、官吏・公吏または学識経験者2名または3名、被保険者を使用する事業主2名または3名、被保険者2名または3名であり、いずれも同数でなければならない（施行令106条1項、4項）。第一次

---

1) 中央社編集部『大正15年公布　新法令理由』（中央社、1926年）健康保険法説明部分・12頁。
2) 熊谷憲一『健康保険法詳解』（厳松堂書店、1926年）455頁。熊谷は、社会局の事務官として健康保険法の制定に関わった。

健康保険審査会の委員の任命は、内務大臣が行う（施行令108条）。会長は、内務大臣の奏請によって、官吏・公吏または学識経験者の委員のうちから、内閣が任命する（施行令105条1項）。学説によると、官吏・公吏または学識経験者の委員のうちから会長を選任するのは、当該委員は他の委員よりも一層、利害関係がなく公平な第三者であることが期待されるためである、と説明されている[3]。

第一次健康保険審査会の幹事は、健康保険署の職員の中から内務大臣が任命し（施行令111条）、同じく書記は、同署の判任官の中から内務大臣が任命する（施行令112条）。

③第二次健康保険審査会の組織・構成

第二次健康保険審査会の委員の構成は、官吏・公吏または学識経験者、被保険者を使用する事業主、被保険者のそれぞれについて3名ずつであり（施行令106条2項）、委員の任命は内務大臣の奏請により内閣が行う（施行令108条）。会長は、内務大臣の奏請により、内務部内の高等官の中から、内閣が任命する（施行令105条2項）。

第二次健康保険審査会の幹事は、内務大臣の奏請により、内務部内の高等官の中から内閣が任命し（施行令111条）、同じく書記は、社会局の判任官の中から内務大臣が任命する（施行令112条）。

④健康保険審査会における審査手続

健康保険審査会の審査は、書面審理が原則であるが、必要があると認められる場合には、口頭審問を実施することは妨げられない（施行令116条1項本文および但書）。口頭審問が許容されたのは、手続に不慣れな被保険者の便宜を図るためとされ[4]、この場合の口頭審問は民事訴訟におけるような厳格な意味のものではないとされる[5]。審査は非公開であるが、口頭審問は公開である（施行令118条1項本文および但書）。審査の決定は理由を付し、文書によってなされる（施行令119条）。健康保険審査会は証拠調べを行う（法85条）。この証拠調べに関しては、当事者の申立てにかかるもののみならず、健康保険審査会が必要と認める

---

3) 熊谷・前掲註(2)452頁。
4) 熊谷・前掲註(2)461頁。
5) 熊谷・前掲註(2)468頁。

際には、進んで必要な証拠を収集することができるとの解釈が示されている[6]（職権証拠調べの肯定）。健康保険審査会による証拠調べでは、証人が出頭しない場合にも罰金を科したり、勾引したりすることは許されない（法85条3項）。関係官吏は、審査の便宜のため、健康保険審査会の請求により、あるいはその承認を受け、審理に出席して意見を述べることができる（施行令119条）。

(ii) **健康保険審査会が設置された理由**　それではなぜ、通常裁判所とは別に健康保険審査会という特別の機関が設置され、しかもその審査を前置しなければ、裁判所への出訴を禁止するとする制度設計が採られたのであろうか。1922年3月15日の衆議院本会議では、特別委員会における健康保険法案の審査の経過が報告されており、その中で、健康保険審査会の必要性に付き、迅速性、簡易性の2点から説明がされている[7]。さらに同月25日の貴族院本会議においては、簡易・迅速な審理は「保険者及び従業者の権利を保護」する意図のものであるとされている[8]。

これに対して学説は、被保険者の保護に資するための紛争解決の迅速性[9]、煩雑な訴訟手続きに不慣れで、多額の費用を負担できない被保険者のための簡易性[10]、そして保険給付に関する争議の特殊性・専門性[11]という3点から、説明を行っている。

(2) 1941（昭和16）年委員会等の整理等に関する法律

次に制度が大きく変遷するのは、1941（昭和16）年である。同年、「委員会等の整理等に関する法律」が制定され、健康保険法上の不服審査機関に変更が加えられるとともに、他の社会保険各法（国民健康保険法、職員健康保険法、船員保険法等）における不服審査機関との統合が図られた。

同法の立法趣旨は、各法によって設置されている委員会・審議会等がすこぶる多数に上っており、そのせいで行政事務の処理が煩雑化しているため、今日

---

6) 熊谷・前掲註(2)470-471頁。
7) 第45回帝国議会衆議院議事速記録30号746頁。森荘三郎『健康保険法解説』（有斐閣、1923年）216頁もほぼ同旨の解説をする。
8) 第45回帝国議会貴族院議事速記録、32号564頁。
9) 以上、熊谷・前掲註(2)458-459頁。
10) 以上、熊谷・前掲註(2)459頁。
11) 以上、熊谷・前掲註(2)459頁。

でもなお必要な機関のみを残すとともに、合計の数をできる限り減らすことである[12]。さらに、社会保険各法の不服審査機関を統合しようとする趣旨は、これら諸法は社会保険という大枠においては共通であることから、これら諸法における委員会を整理し、単純化することである[13]。

この時期には、社会保険各法の不服審査機関全体を統合しようという試みが実施されたことが興味深い。

(3) 続いて、1947（昭和22）年の制度改正時には、「保険審査官」と「社会保険審査会」の両制度が設けられる。

まず、従前の第一審としての審査会に替えて、保険審査官が、新たに第一審としての審査を担うことになった。つまり、合議制の審査機関に替えて、独任制の審査機関が設けられたということである。

これに対し、第二審としての社会保険審査会は、従前どおり被保険者代表、事業主代表、公益代表から構成される合議制の機関である。

ここでは、第一審が従前の合議制の機関から独任制の機関へと変更されたことが注目に値する。このように独任制の保険審査官制度を設けた趣旨は、「迅速且適正な審査決定を図るように」[14]し、「給付の適正迅速を促進」[15]することであるとされる。また、第一審の保険審査官の職務に関して、職権による審理の開始を定めた点も特徴的である。

(4) 翌1948（昭和23）年には、昭和23年法律第126号により、前年に社会保険審査会として一旦は統合された、社会保険各法における第二審としての不服審査機関が、再び各法ごとに分立することになった（第1段階の保険審査官は各法で共通のまま）。しかし、続く1950（昭和25）年には、不服審査のための独立した法典（保険審議会、社会保険医療協議会、社会保険審査官及び社会保険審査会の設置に関する法律）が作られ、第二審の不服審査機関が三度統合される。これによ

---

12) 官報号外（昭和16年2月16日）、衆議院議事速記録第14号、172頁。
13) 第76回帝国議会衆議院／委員会等の整理に関する法律案委員会2号（昭和16年2月19日）、3-4頁（提案理由説明）。
14) 第4部第20類、貴族院国有財産法の一部を改正する法律案特別委員会議事速記録第1号、（昭和22年3月29日）、3頁。
15) 第6類第17号、労働者災害補償保険法案委員会議録第3回（昭和23年3月24日）、15頁。

り、不服審査のための機関に関する詳細な規定は、健康保険法から分離されることになる。

当該立法の趣旨は、健康保険、船員保険及び厚生年金保険の各法に置かれていた不服審査機関を統合し、審査に当たって「総合的な判断をする実益を附加すること[16]」、「各保険行政に一貫性を持つこと[17]」と説明されている。この統合によって、審査官・審査会の設置に必要な予算を減らすことができる上、仕事の面では統合によって利益が生じるとされた[18]。

そして、上記の法改正から3年後の1953（昭和28）年に、現行の社会保険審査官及び社会保険審査会法が成立した。以下では、社会保険審査官と社会保険審査会をそれぞれ別個に検討する。

Ⅱ．現行法①——社会保険審査官

（1）社会保険審査官は、厚生労働省（以下、厚労省と言う）の職員のうちから、厚生労働大臣が命ずる（社審法2条）。同条により、厚生労働大臣は、任命権とともに、審査官の統括指揮権を有するとされる[19]。社会保険審査官を厚労省の職員の中から選任する根拠は、社会保険行政は高度の専門性を必要とするものであるためとされる[20]。

社会保険審査官は、「紛争の裁断という準司法的な作用を行う職務の性質上当然」に、「事件の審理決定等の審査の事務を行うにあたり、何らの拘束も受けず、審査の決定は、審査官がその名において独立してこれを行うもの」と解釈されている[21]。このことから、厚労省「から一般的に法令の解釈ないし事務の取扱い等について通達があった場合、これに反して審査の決定をしたとしても、その決定は、当然には違法とはならず、保険者はこの決定に拘束される[22]」。

---

16) 第7回衆議院内閣委員会、12号（昭和25年3月28日）、1頁。
17) 第7回参議院本会議、35号(1)（昭和25年3月31日）、585頁。
18) 第7回衆議院内閣委員会、13号（昭和25年3月30日）、9頁。
19) 全国社会保険協会連合会『社会保険審査官及び社会保険審査会の解説』（全国社会保険協会連合会、2001年）31頁。
20) 全国社会保険協会連合会・前掲註(19)31頁。
21) 全国社会保険協会連合会・前掲註(19)31頁。
22) 全国社会保険協会連合会・前掲註(19)32頁。

しかし他方で、次に述べる社会保険審査会とは異なり、職権行使の独立性や身分保障に関する法文上の規定がない。したがって、「審査官は、その結果違法または不当な決定をしたという場合には、身分上の不利益をこうむることがあり得る[23]」。なお、社会保険審査官と社会保険審査会の関係は、上級庁、下級庁の関係にはなく、社会保険審査官が社会保険審査会から指揮命令を受けることはない[24]。

社会保険審査官の定数は102名とされ（社審法施行令1条）、全国の8の厚生（支）局に置かれている[25]。

続いて、同審査官の審理の方式に関して、社審法9条の2が、審査請求人の口頭による意見陳述に関して定めている。いわく、「審査官は、審査請求人の申立があったときは、審査請求人に口頭で意見を述べる機会を与えなければならない」。つまり、書面審理が原則であるが、市民は申立てを行えば口頭で意見を述べる機会が保障される[26]。

(2) 上記を前提に、社会保険審査官を、独立性と、審理の態様という2つの分析軸から検討すると、以下のようにまとめることが可能であろう。

まず、独立性に関して検討する。対象となる社会保険を管轄する厚生労働省の職員が、厚生労働大臣の任命によって社会保険審査官に任命されている点で、処分行政庁等からの組織上の分離は達成されていない。また、社会保険審査官は独立して審理を行使し、厚労省の通達に拘束されないとの解釈が見られる一方で、職権行使の身分保障の規定は存在せず、そのため、自身が行った審理（決定）の内容によって身分上の不利益を被る可能性がある。これらの事実を考慮すると、社会保険審査官の独立性の程度はかなり低いものということができよう。

次に、審理の態様に関しては、書面審理を原則としつつ、申立てを行えば口

---

23) 全国社会保険協会連合会・前掲註(19)32頁。
24) 全国社会保険協会連合会・前掲註(19)184頁。
25) http://www.mhlw.go.jp/topics/bukyoku/shinsa/syakai/02-01.html（2014年10月31日閲覧）。
26) 全国社会保険協会連合会・前掲註(19)103頁。審査官がこのような機会を与えずに決定を行った場合には、「当該決定は有効であるが違法な決定として取消されることがある」（同上、104頁）。

頭陳述の機会が保障されるということを定めた規定の他には、特に規定がない。そうであるとすると、行政不服審査法の一般原則に戻り、職権証拠調べ・職権探知が許容されていると見ることができよう。

Ⅲ．現行法②——社会保険審査会

（1）まず、社会保険審査会は厚生労働大臣の所轄の下に置かれる（社審法19条）。このことは、社会保険審査会の２つの所掌事務のうち、本来の事務たる審査事務ではないほうの事務、つまり審査会の維持管理事務が、行政組織の一部にあたることを示しているとされる[27]。

委員長および委員の任命に関しては、厚生労働大臣が行うが、そこに衆参両院の同意が必要とされる（社審法22条）。平成23年４月２日現在、委員長１名、委員５名の計６名が任に就いている（以下、併せて「委員ら」と言う）。社会保険審査会の所在地は、霞が関の中央合同庁舎内である。委員らの任期は３年であり（社審法23条）、その理由は、準司法的機能を果たすために各方面から制約を受けることなく、公正妥当な裁決をすることができるようにするためである[28]。

厚生労働大臣は、関係団体の推薦を受けて、健康保険、厚生年金保険等に関して、被保険者の利益を代表する者、および事業主の利益を代表する者を各２名指名する（社審法30条１項）。また、同じく国民年金に関して、被保険者および受給権者の利益を代表する者を４名指名する（同条２項）。これらの者は、社会保険審査会参与との名称を与えられ（社審法施行規則３条）、各々が代表する利益のために口頭または書面にて意見を提出することができる（社審法39条）。

各委員は独立して職権を行使することが定められている（社審法20条）。ここで言う「独立」とは、法令には拘束されるが、通達や行政解釈、行政指導には拘束されないことを表す[29]。また、この合議体の構成員となった委員らは、一定の場合を除いては在任中罷免されないという身分保障を享受する（社審法24条）。

---

27) 全国社会保険協会連合会・前掲註(19)183頁。
28) 全国社会保険協会連合会・前掲註(19)189頁。
29) 全国社会保険協会連合会・前掲註(19)187頁。

委員の給与に関しては別の法律で定めるとされており（社審法28条）、特別職の職員の給与に関する法律がこれを定めている（委員長につき同法1条23号および別表第1、委員につき同条37号および同じく別表第1）。

社会保険審査会への再審査請求は、社会保険審査官の裁決の送付の日から60日以内にしなければならない（社審法32条）。

社会保険審査会は3名の合議で審理を行う（社審法27条1項）。社会保険審査会は、審理の期日・場所を当事者らに通知しなければならないとされている（社審法36条）。この規定の趣旨は、「審査会の審理は、口頭弁論により、公開で行われる」ためであると説明される[30]。よって、当然に、当事者や代理人は審理に出頭して意見を述べることができる（社審法39条1項）。

審理は、公開で行うことが原則である（社審法37条）。公開が原則とされるのは、「公平・公正を期するため」であると説明されている[31]。

また、審理には、社会保険審査会が必要と認める場合には、利害関係を有する第三者が参加できる（社審法34条）。

(2) 上記を前提に、社会保険審査会に関して、独立性および審理の態様という分析軸を用いて検討する。検討に際しては、法がどのような制度を要求しているかという建前の側面と、実際にはどのような運営がなされているかという実態の面の区別に配慮をする。

まず、独立性に関する法の建前の面から検討する。この点に関しては、厚生労働大臣による社会保険審査会の委員長および委員の任命に、衆参両院の同意が必要とされる部分が特徴的である。この衆参両院の同意によって、厚生労働大臣が恣意的に任命を行うことが制度的に抑止され、公正な任命が担保される仕組みとなっている[32]。

これと関連して、上記で論じた社会保険審査官（厚労省の職員が任命される）とは異なり、厚労省の外部から委員長および委員が任命される点（第三者機関性）も、処分庁と審査庁の不分離という行政上の不服申立一般に関わるデメ

---

30) 全国社会保険協会連合会・前掲註(19)204頁。
31) http://www.mhlw.go.jp/topics/bukyoku/shinsa/syakai/02-02.html（2014年10月31日閲覧）。
32) 碓井光明「独立行政不服審査機関についての考察」稲葉馨・亘理格編『藤田宙靖博士東北大学退職記念　行政法の思考様式』（青林書院、2008年）338頁。

リットを克服するものであり、独立性の契機を強めるものと言える[34]。

次に、社会保険審査会の委員長及び委員には、職権行使の独立と身分保障が法律上規定されている。この点は、独立性の観点から、処分行政庁（および厚生労働省）の見解に拘束されない、自由な判断を下すことを制度的に保障するものであり、独立性を相当程度高めるものであるとの評価が可能であろう[35]。

(3) 以上が、社会保険審査会の独立性の点に関する法の建前である。実際に同審査会の審理に関わった論者からは、同審査会の審理がこの法の建前のとおりに、身分保障と職務執行の独立、および厚生大臣（当時）のもとに置かれるとは言っても大臣から一切指示を受けることがないことを評して、「組織・権限が強力で、手続も公正、かつ民主的[36]」との評価も示されている。

しかし、このような評価とは反対に、社会保険審査会の運営の実態については、必ずしもこれまで述べたような法の建前の意図どおりに実施されているとは言えない点もある。これらは以下の諸点に関わる。

第1に、法の建前上、社会保険審査会が第三者機関であること自体からは、実態上の独立性が確保されるとは限らない[37]。つまり、形式的には処分を実施した行政の外部の者が同審査会の委員らに任用される場合であっても、その者が過去の職歴上、処分を実施した行政においてキャリアを長年にわたって積んでいた場合には、当該委員が行政からどの程度「独立」しているかは疑問視されよう。このように、社会保険審査会の「人的構成」が、構成員の職歴等の点から、十分に第三者的なものとはなっていないような危険も十分に考えられる[38]。

---

33) 芝池義一『行政救済法講義』（有斐閣、第3版、2006年）184頁。

34) 社会保険審査会に限らず、第三者機関性を備える機関は、本文で述べたような独立性の高さと併せて、一般に専門性が高く、合議制を採っていることから、通常の不服申立てよりも救済率が高いとする見解もある。宮崎良夫『行政争訟と行政法学』（弘文堂、増補版、2004年）146頁。

35) 社会保険審査会のような機関では、「『専門性』以上に、『中立性』と、それによる『公正性』の確保を通じた適正な判断」（碓井・前掲註(32)319頁）が期待されるのであり、この規定の重要性は明らかであると言えよう。

36) 国井国長「社会保障法上の権利救済制度」ジュリスト512号（1972年）85-86頁。論者は当時の社会保険審査会参与である。

37) 碓井・前掲註(32)360頁。

38) 社会保険審査会を含む第三者機関に対して問題提起を行うものとして、杉村敏正・兼子仁『行政手続・行政争訟法』（筑摩書房、1973年）173頁〔兼子〕。論者は具体的に↗

この点に関しては、社審法制定当時には、「官僚のためのポスト増ではないか」との批判が議会で提起されていた[39]。事実、同審査会の独立性の実態を評価した論考の中には、社会保険審査会の「運営は行政官またはその出身者によって支配されているのが実態である[40]」との指摘をするものがある[41]。

第2に、社会保険審査会と、その職務を補佐する事務局に関する問題である。社会保険審査会の委員ら自身が、同審査会の職務に関する事務のすべてを行うことは実際上は不可能であると考えられることから、事務局の存在は不可避であるが、この事務局の体制のいかんによって、同審査会と処分行政庁が実態上、一定のつながりを持ってしまう（つまり同審査会の独立性が害される）危険性がある[42]。例えば、処分行政庁と共通の職員が事務局を構成している場合には、行政への「実質的な丸投げ[43]」となる恐れも指摘されており、このような場合には同審査会の独立性は有名無実化してしまう。

先に検討したように、社審法19条の規定に関して、（委員らの独立性が保障された審査事務とは区別されるところの）審査会の事務のうち維持管理事務が、厚生労働大臣のもとに置かれ、行政組織の一部となるとされていることから、処分行政庁や厚労省の職員がそのような維持管理事務を行うことには、法規定上は問題を生じないと考えられる[44]。つまり、同審査会の事務局の問題に関しては、

は、「審査機関と執行部門との間に恒常的な人事交流をしている場合」や、「審査機関の構成員が職歴的に執行部門とのむすびつきを強くしている場合」を問題視する。同上、173頁。

39) 社会保障講座編集委員会編『社会保障講座5 生活と福祉の課題』（総合労働研究所、1981年）236頁〔小川政亮〕。
40) 北野弘久・兼子仁編『市民のための行政争訟』（勁草書房、1981年）475頁〔上村政彦〕。
41) この第三者機関と言う問題に関しては、「ひとくちに第三者機関といっても、専門性を重視するか民主性を重視するかでその性格は異なってくる」との指摘もある（磯部力ほか編『行政法の新構想Ⅲ 行政救済法』（有斐閣、2008年）175-176頁〔久保茂樹〕）。
42) 碓井・前掲註(32)342頁。
43) 碓井・前掲註(32)348頁。
44) さらに、委員ら自身が事務局の体制いかんから影響を受ける恐れが仮に全くないとしても、第三者機関の事務局と行政が密接なつながりを持っている場合、外部の者は外観上その独立性に不安を感じる可能性が高い（碓井・前掲註(32)343頁）。この点については、本書の直接の問題関心は、社会保険審査会の独立性が実際にどのようなものであるか、および、それと審理手続の態様の関係であり、独立性の外観という問題は、直接には本書の射程の外にあるとも考えられる。しかしながら、本研究が終局的には利用者

(4) 続いて、審理の態様に関して、法規定の点から検討する。社会保険審査会の審理の態様に関しては、社審法32条5項が、(再)審査請求においては「原処分をした保険者(中略―引用註)をもって相手方とする」と規定している。「この規定は訴訟手続における原告と被告の関係に請求人と保険者を置いたものであ」り、社会保険「審査会が正式争訟(口頭弁論、審理の公開、審査員の独立性)の方式で当事者主義をとっているところのあらわれである[45]」と考えられよう。また、社審法40条には職権によって審理のための処分を行うことができる規定が定められている。

(5) このように、法の規定上は、同審査会における審理は当事者主義を基調としつつ、一定の場面において職権を活用するものであると考えられる。

社会保険審査会の審理の態様という点に関しては、法の建前と運営の実態に、かけ離れた点はないように考えられる。例えば、審理における証明責任(立証責任)の問題に関しても、社会保険審査会が、(当事者主義が大原則である)通常の司法裁判所における審理と基本的には異ならない理解を採用していることが明らかにされている[46]。実際に証明責任の法理によって事案の帰趨が決したものも見られる[47]。つまり、通常の裁判所と同様に、同審査会においては実態としても、当事者主義が原則となっている。

しかしながら、「現在の審査会では、再審査請求人等から保険者への質問は認められておらず、当事者主義は再審査請求人等に利すると考えられる場合でも必ずしも貫徹されていない[48]」との指摘からは、法による規定のとおり、職権の行使がなされる部分もあることが分かる。このように、市民((再)審査請求

たる市民のための権利救済制度を構想することを目指していることからも、本書は市民による外観に対する信頼という問題の重要性を否定するところではない。
45) 全国社会保険協会連合会・前掲註(19)199頁。
46) 加茂紀久男『裁決例による社会保険法――国民年金・厚生年金保険・健康保険』(第2版、2011年) 582-583頁。
47) 例として、加茂・前掲註(46)259-260頁。また、橋本宏子「〔研究ノート〕社会保険審査会における『裁判外紛争解決』」神奈川法学41巻2・3合併号(2008年) 117頁。
48) 橋本・前掲註(47)97頁。

人)に不利な方向に当事者主義が制限される場合がある一方で、社会保険審査会が積極的に職権を行使することの根拠に関しては、「遡れば請求人である被保険者と保険者の実質的にみた場合の非対等性を補填する意味もあると考えられる[49]」とも述べられている。社会保険審査会の審理において、どのような場面で当事者主義的審理が実施され、どのような場面で積極的に職権が行使されるのかを、理論的に解明した文献は管見の限り見当たらない。

なお、同審査会の審理においては、上記のような市民への配慮を一面とする職権行使の他にも、「当事者の非対等性」に対する配慮が行われている。例えば、①市民が関連する法規定を正確に理解していなかった結果、「社会保険の請求権の行使」に「手続上の瑕疵」が生じたような場合に、「信義則の適用を考え行政側の義務を重視し、結果として請求人の手続上の瑕疵を補填すること[50]」や、②事件の個別性を重視し、「審査会は(保険者の主張よりも—引用註)請求人の主張をより尊重する[51]」ことなどである。

Ⅳ. 社会保険審査官・審査会の史的展開と現行法——まとめ

まず、史的展開を検討した上で注目すべきと考えられる点を列挙する。

第1は、委員のメンバーシップの観点である。当初(実体法ごとに異なった不服審査機関が設けられていた時代)は、一審・二審ともに合議制で、かつ利益代表を含む仕組みであった。この際、社会保障関連省庁の職員は、公正の観点から、審理に関わる委員になることが禁じられていた。このことは、独立性に関する配慮ともみなしうるかもしれない(ただし、史料からは、独立性への明確な言及がなされているわけではない点に注意が必要である)。

しかし、時代が進むにつれ、一審の機関が独任制になり、それに伴って利益代表の仕組みも失われた。さらに、現在では、専門性を根拠として一審の社会保険審査官には省庁の官吏が就くこととされている。また、二審においては伝統的に合議制の仕組みが残り、現行制度でもそれが温存されているものの、利益代表は、もはや委員として合議に加わることはできず、参与という形で関わ

---

49) 橋本・前掲註(47)97頁。
50) 橋本・前掲註(47)100-101頁。
51) 橋本・前掲註(47)143-44頁。

るに止まる。

　この点からは、かつての利益代表（あるいは民主的決定）の重視の姿勢から、委員の専門性への移行という傾向が見て取れると言えよう。加えて、一審の手続を軽くして、二審を慎重に行うという傾向も看取できる。メンバーシップの点で、利益代表が失われた点は、不服審査機関の独立性の観点からは後退であると評価できるかもしれない。

　第2は、委員らの任命の観点である。委員らの任命に関しては、歴史上一貫して、社会保障給付行政を実施する省の大臣が強く関わっている。このことは、行政にとって都合の良い人材が登用されるのではないかとの疑念を生ずるものであろう。しかしながら、現行社審法においては、社会保険審査会の委員に関して衆参両院の同意を要求することによって、大臣の恣意的な人材登用に一定の歯止めをかけていると解されるし、任命後の各委員の行動の自由についても、職権行使の独立性を保障する規定によって担保されていると言えよう。この点では、旧来に比して、現行制度において不服審査機関の独立性が向上したと評価することができよう。なお、これら任命の際の議会の同意、職権行使の独立の保障は、一審たる社会保険審査官では規定されておらず、ここでも、一審の機関が手続的に軽いものであることが強調されている。

　第3は、機構の面である。上記第2の点とも関わるが、不服審査機関と行政省庁が機構的に分離されることはなく、大臣の管轄下に置かれている。つまり、行政権と司法権のような分離も、あるいは行政権の内部における分離（例えば厚労省とは異なる省に設置するなど）も存在しない。その結果、人的構成の点で、実態として独立性が確保されているかに関して疑問がないとは言えない。加えて、事務局の業務が同審査会に対して与える影響は決して小さくないと考えられるにもかかわらず、同審査会の事務局に、社会保障関連の行政機関が関与する余地が残されている。これは、不服審査機関が、社会保障法内部において、それも社会保険法の一部の領域の紛争のみを扱うものとして構成されている（換言すれば、広く社会保障法領域一般、あるいは行政法領域一般を扱うような統一的な・単一の不服審査機関という制度設計が採用されていない）こととも関連しているように思われる。

　第4は、審理手続の点である。審理においては、書面審理が原則か口頭審理

が原則かの別はあるものの、少なくとも口頭審理が許容されている。この審理は、そもそも歴史上、健康保険審査会が手続の簡易性・迅速性に主眼を置いて、「簡易な裁判所」として設けられたという経緯を反映して、裁判所におけるような形式的（フォーマル）なものではなく、簡易性ないし迅速性を強調したものとなっていると言えよう。また、職権の活用による審理はいずれの時代においても、一審・二審の別なく肯定されている。

注目すべき点としては、社会保険審査会において積極的に職権が行使される場合があり、そのような審理の根拠に、市民と行政の間にある力の格差への配慮という観点があるとの評価が見られること、さらには職権行使以外にも市民への配慮を趣旨とした審理手続が行われているということである。

しかし他方で、社会保障法領域に特有の事情、具体的には、当事者たる市民と行政の間における経済力や情報力、専門知識等に関する格差に対する考慮が、原理的に、同審査会の採る審理の方式に影響を与えているとは思われない。つまり、同審査会による市民への配慮は、首尾一貫した理論に基づいてなされるものではない点で、アド・ホックな、安定性に欠けるものに止まっていると評価することもできよう。

第2節　国民健康保険法

I．国民健康保険法における不服審査機関の変遷

後述するように、国民健康保険に関する不服審査制度は、審級やメンバー構成といった諸点において、第1節で論じた社会保険審査官・社会保険審査会の仕組みとは異なっている。国民健康保険法が独自の不服審査制度を有している理由は、その歴史を検討することによって明らかになる可能性がある。よって、以下ではまず、同法における不服審査制度の変遷を辿ることとする。

（1）労働者を適用対象とする健康保険法の制定から十数年遅れて、1938（昭和13）年に国民健康保険法（以下、単に法と言う）が制定された。

制定時の同法には、現行法との本質的な相違点が存在する。それらは、①市町村公営主義でなく組合主義を採っていたこと、②組合の設立もそれへの加入も、任意であったこと、③組合に広範な自治・裁量権が与えられていたこと

ある[52]。これら諸点は、本書の主たる問題関心である不服審査の仕組みに関しても多大な影響を与えていると考えられる。同法における不服審査の仕組みは、保険給付とその他の問題に分かれているが、ここでも前者についてのみ検討を行う。

 (i) 保険給付に関して——国民健康保険委員会　保険給付に関する決定に不服がある者は、「国民健康保険委員会」に対して審査請求を行い、その決定になお不服がある場合は、民事訴訟を提起する（法48条）。この国民健康保険委員会の構成等に関しては、法にはそれ以上の規定は置かれておらず、勅令によって定めるものとされている（法51条）。ここに言う勅令が、国民健康保険委員会規程（以下、単に規程と言う）である。

 ①組織・構成

　国民健康保険委員会は、厚生大臣の監督に属し（規程1条）、その管轄は道府県の区域である（規程2条：細則は厚生大臣が定めるとされ、その定めが国民健康保険委員会規程施行規則（以下、単に施行規則と言う）である）。同委員会は、保険給付に関する不服申立ての審査という働きのみならず、認可申請に関する諮問機関、さらには組合と医療機関との保険給付契約に関する紛争の斡旋の機関としての機能を有する点で、当時の健康保険法上の不服申立てを審理していた健康保険審査会よりもはるかに広範な活動範囲を有していたと言える[53]。国民健康保険委員会は会長と委員から構成され（規程3条）、委員は厚生大臣が任命し（規程10条）、会長には地方長官が当てられる（規程4条）。不服申立ての議事に関わる委員の内訳は、官吏2名、国民健康保険組合、国民健康保険組合の事業を行う法人または国民健康保険組合総合会の役員2名、被保険者2名（規程5条1項1号〜4号、規定6条）である。

　委員の任期は、官吏たる委員を除き3年であるが（規程11条1項）、特別の事由がある場合には任期の途中でも解任できる（規程11条3項）。

　国民健康保険委員会には、廰府県の官吏または待遇官吏の中から地方長官が任命する幹事および書記が置かれる（規程13条1項、2項）。

---

52) 島崎謙治『日本の医療　制度と政策』（東京大学出版会、2011年）43頁。
53) 川村秀文ほか『国民健康保険法詳解』（厳松堂書店、1939年）263頁。

②手　続　　審査の請求は文書でも、口頭でもよい（施行規則1条）。審査は書面審理が原則であるが、必要な場合には口頭審問を行うことは妨げられない（規程17条1項本文および但書）。審査は委員の多数決で、同数の場合には議長が決定権を有する（規程16条）。審査は非公開だが、口頭審問の場合には公開である（規程19条1項本文および但書）。決定は、理由を付して、文書で行われる（規程23条）。

(ii) **国民健康保険委員会を設けた理由**　　保険給付に関する不服審査制度において、国民健康保険委員会を設け、審査請求前置主義を採った理由としては、国民健康保険事業の性質に鑑み、①簡易迅速な権利救済の必要があること、②裁決に利害関係者を参加させることで、事情に即した公正妥当の解決を得ることを期したことが挙げられている[54]。

(2) 前節（健康保険法に関する歴史検討）においても触れたとおり、1941年、委員会等の整理等に関する法律（以下、委員会法と言う）が制定され、国民健康保険法に関しても、同法中に規定されていた「国民健康保険委員会」を、「地方社会保険審査会」へと改めることが示された。

(3) 1948（昭和23）年、国民健康保険法の一部を改正する法律によって、国民健康保険法上の不服審査機関は、社会保険一般における審査会制度から分離し、再び国民健康保険制度に独自の制度へと回帰した。同法によって設けられた国民健康保険審査会制度の概要は、以下のとおりである。

(i) **不服審査の手続**　　保険給付に関する決定に不服のある者は、国民健康保険審査会に審査請求をなし、その決定になお不服がある場合には、裁判所へと出訴できる（改正後の国民健康保険法〈以下、単に法と言う〉48条1項）。

国民健康保険審査会は、都道府県に設置される（法52条の2）。構成は、被保険者代表委員、保険者代表委員、公益代表委員それぞれ3名以上であり、都道府県知事がこれを委嘱する（法52条の3）。公益代表委員のうちから1名、委員による選挙によって会長を選任する（法52条の5第1項）。

審査の請求は、口頭でも書面でもよい（法52条の9）。審査の請求を受けた場合は、審査会は速やかに当事者の説明を聴取して審査をしなければならないが、保険給付を受けるべき者が出頭できない場合には、この説明聴取手続を省

---

54)　川村ほか・前掲註(53)271頁。

き、書面によって審査をする（法52条の10本文および但書）。当事者らは国民健康保険審査会において意見を述べ、または参考書類を提出することができる。出頭すべき者が出頭できない場合には、その者は代理人を出席させることができる（以上、法52条の12）。審査の決定は、理由を付して書面で行われる（法52条の14）。

(ⅱ) **他の社会保険各法と分離した理由**　議会資料によると、このように国民健康保険法上の不服審査機関が他の社会保険と分離したのは、国民健康保険制度の、地方自治体による民主的な運営を達成するためであったとされる[55]。また、不服申立てに関する規定が多く法律中に定められることになったのは、従来政令や省令に定められていた事項のうち重要なものを法律中に記した、という説明がなされている[56]。

(4) 1958（昭和33）年、国民健康保険法は全部改正されたが、当時から現在に至るまで、不服審査制度に関する重要な改正はみられない。

Ⅱ．現行法の規定

以上のような沿革を反映して、現在の国民健康保険法は、上記第１節で述べた社会保険審査官および社会保険審査会という不服審査の仕組みとは異なった制度を設けている。国民健康保険の保険給付等に関する処分に対しては、国民健康保険法（以下、国法と言う）91条以下に、国民健康保険審査会に対する審査請求が定められている。

保険給付に関する処分に不服がある被保険者は、各都道府県に置かれる国民健康保険審査会に（国保法92条）、審査請求をすることができる（国保法91条）。国民健康保険審査会は、被保険者を代表する委員、保険者を代表する委員、公益を代表する委員各３人（いずれも非常勤）によって組織される（国保法93条）。国保法には、委員の任命権者についての規定がないが、実際には知事によって任命がされている[57]。

---

55) 第２回衆議院／厚生委員会、20号、昭23.6.30、17-23頁、質疑参照（山崎（道）委員、宮崎政府委員の発言）。
56) 第２回参議院／本会議、54号、昭23.6.28、720-723頁、議案（官報号外６月29日）。（塚本重蔵発言）。
57) 碓井・前掲註(32)328頁。国保法に任命権者の規定がないのは、国民健康保険審査会が地方自治法に定める附属機関であり、国保法に重ねて定める必要がないとされたため↗

国民健康保険審査会の行う審理に関して、書面審理か口頭審理かに関する規定は置かれていない。そのため、行審法25条により、書面審理が原則となる（ただ、同条によっても、申立てがある場合には、口頭で意見を述べる機会を与えなければならない）。これは、社会保険審査会の審理が原則として「口頭弁論により、公開で行われる[58]」こととは大きく異なっている。

国民健康保険審査会は、審理において必要があると認めるときは、審査請求人や関係人に対して意見を求めたり、出頭を命じたり、医師らに診断等をさせることができる（国保法101条1項）。これは、国民健康保険審査会に職権証拠調べを行うことを許容した規定であると解される。なお、審査請求人が主張していない事由を取り上げて審理を行うような、職権探知を行うことが許されるかに関しては、法文の規定上明らかではない。

また、訴訟との関係では審査請求前置が定められている（国保法103条）。

Ⅲ．まとめ——国民健康保険法における不服審査機関

以上検討してきたことから、国民健康保険法における不服審査機関の歴史的変遷は以下のようにまとめられよう。

(1) まず、独立性の観点から、以下の三点を指摘することができる。

(i) 「利益代表」？　国民健康保険制度の創設当初、当該制度は市町村公営主義でなく組合主義を採っており、組合の設立もそれへの加入も任意であって、組合に広範な自治・裁量権が与えられていた。そこにおいては、国民健康保険委員会が不服申立ての審理の役割を担っていたが、当該審理に参加できるのは、委員長たる地方長官1名、官吏2名、国民健康保険組合・国民健康保険組合の事業を行う法人または国民健康保険組合総合会の役員2名、被保険者2名であった。つまりここでは、行政の官吏、組合関係者、被保険者がそれぞれの利益を代表しているとみることができる。しかし、制度自体が組合主義をとっていることから、組合関係者が委員に入っていることの意味は、他の制度において、例えば保険料を労使折半で支払う使用者が委員に入るような意味での利益代表とは異なっている。組合関係者は、保険制度の運営主体としての利

　＼であるという。同上、366頁、脚註24。
58)　全国社会保険協会連合会・前掲註(19)204頁。

益を代表しているのであり、これは、行政が管掌する保険において、官吏が不服審査機関の委員に入っている場合と性質的に近いと評価できよう。同様に、本制度下で行政官吏が委員に入っていることの意味も、他の公営保険の場合と意味合いが多少異なると考えられるが、本制度が公的な性質を持つ制度である以上、彼らは本制度運営上の利害関係を持たないとは言えまい。

　このように、当初から被保険者の利益を代表する委員が含まれている点で、独立性の点から肯定的に評価できる要素は一応存するものの、制度運営の主体たる行政および保険者が委員の構成上、数的優位に立っている点から、独立性の程度は低く抑えられていたと言えよう。しかしながらこの点は、組合の自由設立・任意加入という性質、そこから生じる組合の広範な裁量という当時の状況を考慮すると、理解し難いものではなく、むしろ自然であったとも言うる。

　(ⅱ) **民主的運営の強調**　1941年には、従前の国民健康保険委員会の不服審査業務が、健康保険法および労働者災害扶助責任保険法、職員健康保険法と統合され、新たに地方社会保険審査会となった。しかしながら1948年に、市町村による民主的な運営という目的から、国民健康保険法は再び他の社会保険各法と距離を置き、不服審査についても独自の制度を備えることとなった（国民健康保険審査会）。ここでも、民主的な運営という点を反映して、被保険者代表委員、保険者代表委員が入る利益代表制（その他に公益委員が加わる）となっている。委員に公益代表が含まれる点で、メンバーシップ上の独立性は多少向上したとも考えられるが、未だに保険者代表委員が存在しており、本書の問題関心からは、独立性の程度が高いとは言えない。

　その後、数度の法改正を経つつも、不服審査制度は基本的には変化を受けず、現行制度に至っている。

　(ⅲ) **沿革的理由からくる独立性の程度**　このように、国民健康保険法上の不服審査制度においては、利益代表制が現在まで維持されている点、その利益代表に保険者を代表する委員が入っている点のように興味深い論点が存しており、これらの点が、不服審査機関の制度運営主体からの独立性の向上を妨げている面がある。当該保険制度自体が、当初は組合主義をとっており、組合の自由設立・任意加入という性質、そこから生じる組合の広範な裁量を有していた

のに対し、後年には市町村運営で強制加入というように実体制度を大きく転換させたにもかかわらず、利益代表制と保険者代表委員の仕組みが温存されたことを考えると、制度設立当初に組合主義がとられたことが、不服審査機関の自治的（民主的）構成の歴史に影響を与えていると評価することが可能であろう。

（2）審理の手続に関しては、制度創設当初から、審査請求が書面でも口頭でもよい点、書面審理を原則としつつ口頭審理も許容されていた点など、不服申立てに不慣れな市民の困難を軽減するような方策がある。これは、制度の創設理由（簡易・迅速な解決）から導かれたものであると言えよう。職権証拠調べを禁じる規定が存在しないが、どのように職権を行使する審理が実施されているかに関しては、明らかでない。

第3節　小　括

本節では、ここまで検討した社会保険領域の不服審査制度について整理をする。まず、社会保険領域の不服審査を類型化し（1）、続いて、本書の設定した分析軸ごとにまとめを行う（2および3）。

Ⅰ. 類型化

（1）社会保険領域における行政不服審査では、少なくともいずれかの段階において第三者機関が採用されている。本書では取り上げなかった機関を含めて、社会保障法領域において不服審査を担う第三者機関は、保険者の規模（国ないしそれに準ずる単位か、市町村単位か）に応じて、大きく2つの類型に分けることができる。

第1が、社会保険審査官および同審査会の類型である。この類型には、ほかに労働保険審査官および同審査会が含まれる。保険者が国規模の社会保険に関する不服審査は、この2段階の仕組みによって取り扱われる。この仕組みにおいては、第1段階は官吏が採用される独任制であり、第2段階において、学識経験者によって構成される合議制の第三者機関が備えられる。

第2が、都道府県に設けられる国民健康保険審査会の類型であり、本書では取り上げなかった介護保険審査会もここに含まれる。つまりこれは、保険者が

市町村(あるいはそれに準ずる)規模である社会保険に関する不服審査の類型である。この類型では、不服審査機関は1段階のみで、保険者代表・被保険者代表の利益代表の仕組み、および公益代表が用いられている。

(2) 不服審査におけるこれら2つの類型は、歴史上、当初から明確に分離していたわけではない。かつては、実体法ごとに不服審査の仕組みが設けられており、それらはいずれも、保険者代表・被保険者代表といった利益代表を含む合議制の機関であった。その後、1948年までの時期には、現在における類型の差異とは関わりなく、不服審査機関は統合と分離を繰り返していた。しかし、1948年に市町村による民主的運営という観点から国民健康保険法上の不服審査機関(国民健康保険審査会)が他の社会保険に関する不服審査機関から分離したのを最後に、社会保険領域の不服審査機関は上記の2つの類型に分離することとなった。これ以降、一方は二審制で専門家(官吏や学識経験者)を登用する仕組み、他方は一審制で利益代表の仕組みを、それぞれ温存したまま現在に至っている。

(3) 以下では、これらの2つの類型ごとに、まず独立性の分析軸から考察し、次に審理手続の分析軸を用いて考察をする。

Ⅱ. 独 立 性

(1) まず、第1の類型に関して考察する。上述のようにこの類型は2段階の仕組みであるので、それぞれの段階に分けて論じる必要がある。

この類型における1段階目(社会保険審査官等)は、厚生労働省の職員が、厚生労働大臣の任命によって任命されている点で、行政から制度的に分離独立していない。また、社会保険審査官は独立して審理を行使し、厚労省の通達に拘束されないとの解釈が見られるものの、職権行使の身分保障の規定がなく、解釈も身分上の不利益を被る可能性を認めている。よって、社会保険審査官の独立性の程度はかなり低いということができよう。

(2) これに対して、第1の類型における2段階目(社会保険審査会等)は、行政外部の学識経験者が加わる、第三者機関としての性質を有している。この点は、1段階目が行政内部からの任用であることとの対比で、独立性を強化するものと言える。さらに、厚生労働大臣による任命に際しての衆参両院による同

意、職権行使の独立性、身分保障に関して法の規定が置かれ、また、給与に関しても別の法律で定められていることから、法規定上は相当程度の独立性が意図されているということができる。

しかしながら、人的構成の点では、実態として独立性が確保されているかに関して疑問がないとは言えない。加えて、同審査会の職務を補佐する事務局の仕事が、同審査会に対して与える影響は決して小さくないと考えられるにもかかわらず、事務局の構成に対する法的な規定は何も置かれていない。よって、実態として法の規定する程度の独立性が達成されているか否かに関しては、現実の制度運用による部分が大きく、疑問が残る。

(3) 次に、第2の類型に関して考察する。この類型は、1段階のみ（国民健康保険審査会等）である。この機関も、先の第1類型の2段階目（社会保険審査会等）と同じく、第三者機関である。しかしながら、メンバー構成の点で利益代表が採用されており、その中でも制度運営の主体たる保険者代表が含まれている点が、独立性に関して明らかに消極的に作用する。さらに、都道府県知事によるメンバーの任命に際して、議会の同意が要求されていない点は、第1類型の2段階目と異なっており、独立性の観点から消極に評価されよう。また、職権行使の独立性や身分保障、報酬等に関する規定もない。これらの点もまた、独立性に対して否定的な評価をする材料となる。

また、この第2の類型のうち介護保険審査会には、専門調査員という職が置かれている。この専門調査員は、同審査会の裁決の基礎となるような重大な職務を追行するにもかかわらず、任命に関して何ら法的な規制が置かれていない。よってこれは、任命の在り方によって、同審査会の独立性を高める場合も低める場合もある不確定な要素として作用しよう。

(4) 以上の考察から、類型の差異を度外視して、独立性の観点のみによって各制度を評価すると、最も独立性が高いのが社会保険審査会等であり、それに次ぐのが国民健康保険審査会等（ただしこの独立性は、利益代表として制度運営当事者たる保険者代表が含まれている点でかなり減殺されている点に注意が必要である）、そして最も独立性に欠けるのは、社会保険審査官等ということになろう。ただし、この社会保険審査官は、第2段階である社会保険審査会とともに1つの不服審査制度を形成しているため、同審査官が独立性に欠けることをどの程度問

題視すべきかという点には議論の余地があろう。しかしながら、同審査官の決定を受けた市民が、再審査請求を同審査会に提起するとは限らないのであり、その場合には当該市民にとっては、同審査官の決定が最終的なものであることになるため、同審査官の独立性を問うことにはなお独自の意味があると解される。

さらに、これらの中で最も独立性が高いと解される社会保険審査会等に関しても、「これらの審査会は、最上級行政庁の発する通達の示す法令解釈からは自由でない点で、その第三者性には大きな限界がある[59]」という問題を提起することはなお可能である。これは、社会保険領域の不服審査機関が社会保険を管轄する省庁（厚労省）の管轄下に置かれていること、あるいは「行政」不服審査という仕組み（不服審査機関が行政権に置かれていること）そのものに対する基底的な問題提起ということができる。

Ⅲ．審理手続

(1) 第1の類型の第1段階（社会保険審査官等）では、書面審理を原則としつつ、審査請求人の申立てによって、口頭陳述の機会が保障されるという規定があった。しかし、審理方式に関するその他の規定は存在せず、よって、行政不服審査法の一般原則に戻る（つまり、職権証拠調べも職権探知も許される）と考えられる。

(2) これに対して、第1の類型の第2段階（社会保険審査会等）は、口頭審理を原則としており、審理の態様に関しては、当事者主義を原則としつつ、積極的な職権の行使も行い得ることが法によって規定されている。

なお、社会保険審査会の審理の実態に関しては、職権を行使する根拠に、市民と行政の間にある力の格差への配慮という観点があるとの評価、さらには職権行使以外にも市民への配慮を趣旨とした審理手続が行われているという点が注目される。しかし他方で、同審査会による市民への配慮は、首尾一貫した理論に基づいてなされるものではない点で、アド・ホックな、安定性に欠ける（常にそのような審理が実施されることを市民側が期待することができない）ものに止まっていると評価することもできよう。

---

[59] 岩村正彦『社会保障法Ⅰ』（弘文堂、2001年）162-163頁。

(3) 続いて、第2の類型（国民健康保険審査会等）に関しては、審理の方式に関して何らの規定も存しないため、行審法の原則から書面審理が原則になると解される。そうであるとすると、職権証拠調べと職権探知の実施も、許されると解される。

(4) 以上をまとめると、第1の類型の第1段階と、第2の類型はともに書面審理を原則としており、これに対して第1の類型の第2段階のみが口頭審理を原則としているということが明らかになる。これらのすべての形式において、理論上は職権証拠調べおよび職権探知が許されると解されるものの、実態として職権行使が実施されていることが確認できたのは、第1の類型の第2段階のみであった。この際、職権行使の根拠の1つに、市民と行政の間にある力の格差への配慮という観点があるとされる。ただしそれは、法的な原理にまでは至っていないと考えられた。

第3章　公的扶助領域の不服審査

第1節　沿革——公的扶助領域の不服審査制度

　公的扶助領域における不服審査制度は、公的扶助実体法の展開と非常に密接に関係しつつ、大きく変遷している。本節では、次節における現行法の仕組みの検討への前提として、救護法以降の公的扶助領域の実体法および不服審査制度の展開を概観する[1]（なお、引用部分の記載については、片仮名部分を平仮名に改めている）。

　(1)　明治期以降、恤救規則に代表されるような様々な救貧措置のための法が制定された。その中でも、貧困者に対する扶助を公の義務と認め、その対象を包括的なものとした意味で、1929（昭和4）年に制定された救護法は重要である。

　しかしながら、同法は公の救護義務を認めるという建前をとっているにもかかわらず、市民に対して、救護を請求する権利を認めたものではないとされた[2]。そのことを反映して、救護を受けようとする者がその申し出を拒否された

---

1)　1950年の現行生活保護法成立以前の、公的扶助法における不服申立ての歴史に関して詳細に論じた業績として、小川政亮「保護請求権と争訟権の成立」日本社会事業大学編『戦後日本の社会事業』（勁草書房、1967年）159-194頁。また、同じく現行生活保護法以前の歴史も踏まえつつ、現行法における不服申立てに関してもデータを示しつつ検討している業績として、井上英夫「公的扶助の権利——権利発展の歴史」河合幸尾編著『「豊かさのなかの貧困」と公的扶助』（法律文化社、1994年）111-167頁。

2)　山崎巌『救貧法制要議』（良書普及会、1931年）191頁、山岡龍次『救護法と失業保険』（厳松堂書店、1933年）54頁。山岡は、救護請求権の存在が解釈上否定されるのは、救護法上の救護機関たる市町村長は、救護必要性のある者に対しては、当人の「申立を待つことなく起働的に救護を行うべきであ」り、これは当人が救護を望まない場合でも同様であって、このことと救護請求権との存在が相いれないからである、としている。し↗

場合に訴願や訴訟を行う手続は、法律上備えられていなかった。[3]

(2) 第二次世界大戦後の1946（昭和21）年、(旧)生活保護法（以下、旧法と言う）が制定された。同法によって、上述の救護法をはじめ、母子保護法、軍事扶助法[4]、医療保護法、戦時災害保護法の各法が廃止された。

(i) **従前の各法との差異——旧法制定の意義**　旧法においては、保護が国家の義務とされた。このことは、従前の救護法では未だ根強く残っていた恩恵的な観点の払拭を目指すことを意味している。

何を契機として保護が開始されるかに関しては、旧法自体に規定はない。旧法施行規則8条1項が、保護の申請に関する必要的記載事項を列挙しており、また同2項が、「市町村長が必要と認めるときは、前項の規定による申請がない場合と雖も保護を行わなければならない」と規定していることから、旧法が要保護者らによる申請を端緒とした保護を原則としていることが読み取れる。

(ii) **不服申立てに関して**　旧法は、上述のように保護を国家の義務とする建前をとった。それにもかかわらずこの旧法も、従前の救護法と同様、依然として不服審査の仕組みを備えていない。この点に関して、当時貴族院議員を務めていた公法学者の佐々木惣一博士が、貴族院生活保護法案特別委員会における旧法草案の審議過程において、同法が恩恵的な性格ではなく国家の責任として実施されると言うのであれば、同法による行政が違法・不当に実施された場合には、その違法・不当な状況の是正を請求するための権利救済（不服審査）の仕組みが必要ではないか、という趣旨の質問を行っている。[5]

かし山岡は、この議論の過程で、救護必要性を有する者が「救護を願出れば救護機関は（当該救護必要性を有する者―引用註）を救護せねばならぬこと勿論である」と述べる。山岡、同上、54-55頁。

3) 山崎・前掲註(2)191頁。

4) この軍事扶助法においては、同法施行令11条において、扶助を拒まれた者は60日以内に地方長官に対してさらに審査を請求できる、という一種の行政救済が認められていた。ただし、この救済の性質は、被救護者の救護を受ける権利を認めた趣旨のものではなく、軍人の遺族・家族の名誉の尊重という点を考慮して、何らかの救済が必要であるとの考慮に基づく（山崎・前掲註(2)356頁）。よって、この軍事扶助法における行政救済は、本書の言う権利救済とはその性質を異にすると言えよう。

5) 第90回帝国議会貴族院、生活保護法案特別委員会議事速記録、第2号（昭和21年8月23日）、6頁。他の議員からも同趣旨の質問がなされている。例えば、第90回帝国議会貴族院、生活保護法案特別委員会議事速記録、第4号（昭和21年9月2日）、3頁。

これに対して、当時の国務大臣らは、国家が保護の実施責任を果たさない場合、国家に対する社会的な批判が生じるはずで、その批判が同法の制度を改善し、救済につながっていく[6]、あるいは、フォーマルな権利救済（不服審査）のための手続きを設けなくとも、実際の運用上、市民が異議を申し出ることはできる、という旨を回答している。

旧法に関するこれらのやりとりからは、保護が国家の義務であるということと、保護が法的な救済を受けられるという意味での市民の権利であるということの関係性が（少なくとも一部の専門家らによって）意識されていたことが見て取れる。佐々木らの見解では、国家の義務性と市民の権利性・不服申立（権利救済）制度は一対一対応であるべきだとされているのに対し、当局はそうは考えていなかったということが分かる。

（3）1948（昭和23）年、社会保障制度審議会設置法が制定され、同法に基づいて内閣総理大臣の所轄の下に設置された社会保障制度審議会が、1950（昭和25）年、社会保障制度に関する勧告を実施した。

当該勧告は、「権利の保護の機関」という節を設けて、権利救済（不服審査）機関に関する主張を行った。ここでは、公的扶助領域においても権利の保護という視点が重要であるということを確認した[7]点が重要である。また、社会保険および公的扶助に関する不服審査を単一の機構によって管轄する（その帰結として、公的扶助領域においても、第三者機関を含む不服審査制度が保障される[8]）という提案は非常に興味深い。

（4）1950（昭和25）年には、現行の生活保護法（以下、新法と言う）が制定された。新法は、社会保障制度審議会による生活保護法に関する勧告をいくつか採用している[9]。国会の審議においては、新法の主要な改正点のうちの１つとして、不服申立ての仕組みを法律上の制度として設けたことが挙げられている[10]。

---

6) 第90回帝国議会貴族院、生活保護法案特別委員会議事速記録、第２号（昭和21年８月23日）、8-9頁。

7) 総理府社会保障制度審議会『社会保障制度に関する勧告』（1950年10月16日）、32頁。

8) 社会保障制度審議会事務局『社会保障制度に関する勧告の参考資料』（1950年10月16日）、218頁。

9) 第7回衆議院本会議録、第40号（昭和25年４月22日）、1023-1030頁〔青柳一郎発言〕。

10) 第7回衆議院厚生委員会議録、第15号（昭和25年３月22日）、2-9頁。また、第7回↗

ただし、勧告とは異なり、この仕組みは社会保険領域とは別個のものであり、内容も大きく異なっていた。

参議院厚生委員会や、その後の衆議院本会議では、①生活保護の問題の特性から、裁判所よりも簡易な手続を設けること[11]、②保護から恩恵的色彩を一掃し、その権利としての性格が明確となった以上、不服申立ての制度が設けられることは当然であること[12]等が議論されている様子が見て取れる。

しかしながら、参議院厚生委員会において、不服申立てに関する方法等の構想に関して質問が出された際、木村忠二郎は、現時点ではまだ十分な自信を持った方法がない、実際の運用を見て手続きを決めるという回答を行っている[13]。このようなやり取りからは、生活保護法上の不服審査制度の内実に関して、それほど熟慮が重ねられてきたという印象は得られない。むしろ、同法における不服審査制度は、当初は暫定的なものとして設けられたのではないかとすら考えられる。このことは、新法の法案が審議されている段階では、新法の委任を受けた政令には、不服申立て関連の条文は１カ条のみしか存在していなかったという事実からも推認されよう。

このように、実際に国会において質疑応答された内容は、新法上の不服申立制度に関してそれほど深く立ち入ったものではない。しかしながら、厚生省社会局『第七國会　生活保護法案説明資料』によると、同法上の不服申立ての構成等に関して、より深く立ち入った問答が収録されている。

「『問』　審査のための特別な機関を設ける必要はないか

『答』　不服の申立の裁決のため、健康保険における社会保険審査会の如き第三者的機関を設けその意見を徴することも一応考えられるが、生活保護の場合の裁決は一種のケースワークでもあるので、その仕事に熟達した者でないと裁決の適正が期せられないので、上級機関の事務に熟達した者がこれに当たることとなっているのであるが申立件数が非常に多ければ専門の審査官を置かなければならなくなると思う[14]」。

　参議院厚生委員会議録、第20号（昭和25年３月23日）、１頁〔林譲治国務大臣発言〕。
11)　第７回参議院厚生委員会議録、第23号（昭和25年３月30日）、1-4頁〔木村忠二郎発言〕。
12)　第７回衆議院本会議録、第40号（昭和25年４月22日）、1023-1030頁〔青柳一郎発言〕。
13)　第７回参議院厚生委員会議録、第23号（昭和25年３月30日）、1-4頁。山下の質問に対する木村による応答。
14)　厚生省社会局『第七國会　生活保護法案説明資料』八．生活保護法案質疑応答、↗

この問答では、新法において、社会保険領域のような第三者機関を設けなかった理由が示されており、その説明内容（裁決自体のケースワークとしての性格）もそれなりに説得性を有している。しかしながら、そのすぐ後に、もし申立件数が多ければ「専門の審査官」を置くことが検討されている点もまた注目に値する。ここで言う「専門の審査官」がどのような性格のものであるかは定かではないが、同箇所の文脈からは、「上級機関の事務に熟達した者」を生活保護法上の不服審査機関とすることは、複数ある可能な選択肢のうちの１つに過ぎなかったことが、少なくとも見て取れる。

（5）以上のような史的展開を経て、現行生活保護法上の不服審査制度が成立した。そして、この不服審査制度は、1950年代以降、基本的な性格を変えることなく、現在まで存続している。以下では、現在の生活保護法における不服審査制度の現状と問題点を検討する。

第2節　現行・生活保護法における不服審査

現行生活保護法（以下、生保法）上、保護の実施の責任を有する者（以下、保護の実施機関と言う）は都道府県知事、市長及び福祉事務所を監理する町村長である（生保法19条1項）。実際には、生保法19条4項に基づき、保護の実施機関が、保護の決定および実施等に関する事務を福祉事務所に委任している。福祉事務所には、それぞれ都道府県、市（東京都特別区を含む）、町村に置かれるものがあるが、その中でも市の福祉事務所がカバーする割合が圧倒的に高い[15]。よって、下記では市長により委任を受けた市の福祉事務所が実施する処分を念頭に検討を行う。以下ではまず、本書の分析視角のうち独立性の観点を念頭において、法規定を概観する。

　↘217-218頁（寺脇隆夫編『資料集　戦後日本の社会福祉制度　Ⅰ　生活保護基本資料　第7巻　生活保護（新法）(4)』129-130頁所収）。
15)　2007年度実数値では、市の福祉事務所がカバーする割合は、全国の生活保護世帯の93.20％、生活保護世帯人員数の93.04％を占めている。林正義「生活保護と地方行財政の現状——市単位データを中心とした分析」経済のプリズム78号（2010年）2頁。

第1編　日　本

Ⅰ. 独 立 性

(1) 市の福祉事務所が行った処分に対して不服がある場合、市民は、都道府県知事に対して審査請求を行う（生保法64条）。この審査請求に対する都道府県知事の裁決になお不服がある場合には、市民は厚生労働大臣に対して再審査請求を行うことができる（生保法66条1項）。訴訟との関係では、審査請求前置主義が採られているが（生保法69条）、行政訴訟の提起に際して、再審査請求までを経ることは要求されておらず、市民は都道府県知事の裁決を受けた後は、厚生労働大臣への再審査請求と、司法裁判所への行政訴訟を自由に選択することができる。この点は、社会保険領域の社会保険審査官および同審査会等において、基本的に再審査請求を経た後でなければ行政訴訟を提起できないとされていることと対照的である。

(2) このように、生活保護法における不服審査は、全面的に行政機関が担っている。この点は、第三者機関性が強く押し出されていた社会保険領域の不服審査機関の構成と好対照をなしている。生活保護法上の不服審査において、社会保険領域のような第三者機関を設置しなかった理由は上述のとおり（裁決自体のケースワーク的性格）であるが、当該説明に見られるような専門性の高さや事案の個別性の強さという視点は、社会保険領域にも当てはまるものと考えられ、十分な説得力があるかは疑問である。

(3) 以上から、生活保護法は、不服審査機関の独立性という観点にはほとんど考慮を払っていないと評価できよう。このような制度の在り方は、理論的にも実務的にも、社会保障法領域のうちで最も強い批判を浴びている[17]。

---

16) 行政不服審査法によると、通常、審査請求は直近上級庁（この文脈では市長）に対して行うこととされているため、この規定は行審法の規定の例外を定めたものである。河野正輝・江口隆裕編『レクチャー社会保障法』（法律文化社、2009年）233頁〔木下秀雄〕。

17) 例えば、生保法69条の不服申立前置に関して、一般的に不服申立前置が認められる理由として①処分の大量性、②専門技術性、③特別の第三者機関の存在、を挙げたうえ、生活保護法上の不服申立ては「右の基準のいずれにもあたらないと解される」とする見解がある。芝池義一『行政救済法講義』（有斐閣、第3版、2006年）65頁。これに対し、生活保護法を所管する厚生労働省社会・援護局保護課は、「生活保護法に基づく処分は、要保護者の資産及び収入に関する調査、稼働能力の活用の確認等に基づき総合的に判断しており、生活保護行政の専門性が要求される。このため、当該処分に関する争訟に↗

例えば、「行政実務の現状を勘案すると処分庁及び同一の地方公共団体の上級庁が処分を覆すことはほとんど期待できない」ため、「専門的な第三者機関を設置することを今後検討すべき」[18]との見解は、生活保護法上の不服審査における独立性の向上を要求する趣旨であると考えられる。他にも、生活保護制度にかかる不服申立てについては、「申立件数・容認率が非常に低い」[19]との評価を示す論者は多い。また、「審査庁は他方で処分庁の上級行政機関として監査機関でもあるためか処分庁と密接に連絡を取り合って手続きを進め、審査手続を第三者的立場で進めていない」[20]というように、審査庁の独立性の欠如が致命的な問題を生じる場合もある。

つまり、生活保護法上の不服審査においては、法規定上も、実態としても行政からの独立性が欠けており、これが現実に問題を生じていると結論することができよう。

Ⅱ. 審理手続

（1）続いて、生活保護法における審理の手続に関して検討する。生活保護法には、裁決をなすべき期間の定めや、一定期間経過後の棄却のみなし規定が置かれているのみであり（生保法65条、66条2項）、非常に簡易な規定ぶりとなっている。よって、生保法に規定のない不服申立手続に関しては、一般法である行審法の規定が適用されることとなる。つまり、書面審理が原則となり、職権証拠調べおよび職権探知の実施も許されると解されよう。

（2）それでは、生活保護法上の不服審理の実態はどのようなものであるか。

においても、まずは生活保護制度に関する専門性に基づいた審査が必要であり、引き続き不服申立の前置が必要」などの見解を表明している。内閣府・行政救済制度検討チーム第6回会議、「不服申立前置の全面的見直しに関する調査票」（http://www.cao.go.jp/sasshin/shokuin/gyosei-kyusai/pdf/survey_01/survey-01-docu-045.pdf （2014年10月31日閲覧））。

18) 前田雅子「社会保障における行政手続の現状と課題」ジュリスト1304号（2006年）23-24頁。

19) 土屋和子「社会保障における行政不服申立て制度の現状と問題点」社会保障法16号（2001年）135頁。

20) 竹下義樹「生活保護法における審査請求手続きの現状と問題点解決のための一提案」龍谷法学24巻3・4号（1992年）272-273頁。

この点に関し、実務家が、審査庁は「弁明書や再弁明書の裏付けとなる事実の把握のため、あるいは処分庁が審査請求後に行った新たな処分を基礎づけるための事実の把握のために自ら行動している[21]」との批判を行っている。上述のように、法律上、審査庁が職権を行使することは問題を生じないと解されるが、ここに見られる職権の行使には、社会保険審査会におけるような、市民に対する援助の視点は存在していない。この点は、審査庁の独立性の問題と関連していると言えよう。

確かに、「生活保護では迅速な給付が求められるから、審査庁は、事案に応じて可能な範囲で、当事者の主張に限定されず、職権探知の権限も行使して当該拒否処分に関して問題となり得る事実を調査[22]」すべきというように、市民の利益という視点から職権の行使を求めることはあり得るが、上記のような実態を見る限り、職権の行使によってメリットを上回るデメリットが生じる危険があるとも危惧される。

このように、生活保護法上の不服審理においては、職権行使が実施される場合があるようである。しかしながら、これらの職権の行使は、市民と行政との力の非対等性を修正するという観点に裏付けられていないため、不服審査機関自身が容易にアクセスできる事実の把握のための行動に終始する（つまり、市民の主張する事実の把握、あるいは市民が主張していないが主張すれば市民の有利になるような主張の補完のような、コストのかかる職権行使を実施しない）という点において、行政のみを利する結果となっているという可能性が存在する。

第3節 小　　括

（1）生活保護法上の不服審理に関して、以上で検討したことを本書の分析視角に沿ってまとめると、以下のようになろう。

まず、公的扶助領域における不服審査制度の誕生の歴史を整理する。恤救規則のように恩恵的な意味合いの強い法の時代はもとより、救護法において建前上は保護が公的な義務とされ、さらに1946年の旧生活保護法において、国家の

21）　竹下・前掲註(20)273頁。
22）　前田・前掲註(18)24頁。

義務としての保護という観念が明確にされてもなお、不服申立てのための仕組みは設けられなかった。旧法制定時の議会資料を検討すると、国家が義務としての保護を履行しない場合に、市民の救済を制度的に考えることよりも、むしろ国家に対する社会的な批判を通じて、国家が義務を適正に果たすようになることが想定されていた。つまり、保護は国家の義務ではあっても、そこにおける個人の権利としての側面には光が当てられていなかったのであり、そのことが、不服審査制度を作らないという選択を導いていると言えよう。

その後、1950年の現行生活保護法においてはじめて、不服審査制度が設けられた。保護の権利としての側面を強調していた同法の制定過程では、保護の権利が侵害された場合に裁判所に出訴できることは言うまでもないこと、しかし裁判の手続が煩雑で、保護を受けようとする市民が緊迫した状況にあるため、簡易な手続によって適正な保護を図ることができるように不服申立制度を設けたことが説明されている。

このように、公的扶助領域においては不服審査制度を備えるまでに長い時間がかかっていることは、社会保険領域においては制度創設当初から不服審査の仕組みが備えられていたことと好対照をなしていると言えよう。

(2) 次に、生活保護法上の不服審査機関の独立性に関して検討する。

生活保護法上の不服審査制度においては、第三者機関・審議会等の形式が採られておらず、都道府県知事および生活保護法所轄の大臣に対して不服申立てを為すという形式が採用されている。

一般に、処分庁それ自身ではなく、別の行政機関が不服申立ての審理を実施する場合には、公正さが相対的に上昇すると言われることもあるが、都道府県知事も所轄大臣も、生活保護実施に対して一定の利害関係を有している（例えば財源関係等）。この点からは、不服審査制度の独立性はごく低いという評価が避けられないであろう。

生活保護法案説明資料では、社会保険領域の不服審査機関のような第三者機関を設けないことの根拠として、生活保護の裁決が「一種のケースワークでもあるので、その仕事に熟達した者でないと裁決の適正が期せられないので、上級機関の事務に熟達した者がこれに当たることとなっている」と述べている。これは専門性の強調を意図していると思われるが、その専門性を確保すること

と、「上級機関」の官吏を利用することとの関連性が明らかでない。生活保護がケースワークとしての側面を有することは当然であるが、市民の置かれた状況が当該市民の権利を侵害している状況にあるか否かという問題に関する評価は、純粋に法的なものであるはずである。さらに説明資料は、前述の引用部分の直後に「申立件数が非常に多ければ専門の審査官を置かなければならなくなると思う」と述べており、また議会資料でも、このような制度設計がなされたことには当局の準備不足が関係していて、今後の制度の発展を目指す旨が示されていることからも、生活保護法上の不服審査機関の設計は、理論的に突き詰められることなく、いわば暫定的に構築されたものだったのではないかとも思われる。

(3) 最後に、審理手続（特に職権の行使に関して）であるが、これに関して生保法はほとんど規定しておらず、行政不服審査法の原則から、書面審理が原則とされ、職権の行使も許容されると解される。実際に、実務上も職権行使が実施されているが、これは行政を利するために行われている場合があるとの評価を受けていた。社会保険領域のように、市民の援助という視点が現れているという証拠は得られなかった。

第4章　第1編の小括

第1節　類型化

　これまで検討してきた、日本の社会保障法領域における行政不服審査制度については、以下のような整理を行うことができる。

　まず、行政不服審査制度は、社会保険審査会や労働保険審査会のように、2、3の実体法制度を受け持つものもあるが、それ以外は実体法ごとに設けられている。すなわち、実体法を超えて統一的な不服審査制度が設けられているわけではない。

　これらの不服審査制度は、大まかには下記のような3つのタイプに分けることができる。

　第1が、①社会保険審査会型である。この類型は、一審を独任制、二審を合議制の第三者機関とする二審制を採用している。メンバー構成としては、一審は厚労省の職員が務め、二審では利益代表が含まれておらず、学識経験者がメンバーとして任命される点で、専門性が重視されていると表現することができよう。この類型には、社会保険審査会のほかに労働保険審査会が含まれる。

　第2が、②国民健康保険審査会型である。この類型は、合議制の第三者機関が採用された、一審制の仕組みを持つ。ここでの第三者機関は、利益代表を採用しており、保険者代表が構成員に含まれていることが特徴的である。この類型には、国民健康保険審査会のほかに、介護保険審査会が含まれる。

　第3が、③生活保護型である。この類型では、行政自体が不服審査機関となる。すなわち、都道府県知事が一審、厚生労働大臣が二審となる（行政訴訟との関係では、最初の段階のみが前置必須）。この類型には、ほかに児童手当等が含まれる。

第1編 日　本

第2節　考　察

(1) これらの不服審査制度の類型を、実体法の類型の区分と対応させて整理すると、次のように言うことができる。

すなわち、まず社会保険制度と公的扶助（生活保護）制度とで、合議制の第三者機関を備えているか否かという点で二分される（①および②と、③の区分）。

次に、社会保険制度の中でも、保険者が国単位の大きさか、市町村レベルのものかによって、専門性に重心を置く二審制か、利益代表を採用する一審制かに分離する（①と②の区分）。

これらの区分からすると、実体法制度の方式が不服審査制度の形式に影響を与えているということができそうである。しかしながら、なぜ社会保険制度の方が公的扶助よりも手厚い不服審査制度を設けているのか、また、なぜ同じ社会保険制度の中でも市町村保険の場合のみ利益代表かつ一審制の仕組みが設けられているのかという疑問については、現行法制度のみの検討では答えを得ることができず、それぞれの類型の不服審査制度の沿革を検討する必要があった。

(2) まず、社会保険領域（①および②）と公的扶助領域（③）における不服審査機関の差異については、以下のような沿革的説明が可能である。公的扶助領域においては、国家による保護が単なる「恩恵」に過ぎなかった時代、国家の義務ではあるが市民の側の請求権（保護の権利性）は否定された時代を経て、1950年の新生活保護法においてようやく、保護の権利性が承認されるとともに、不服審査の仕組みが設けられた。しかしここで設けられた不服審査制度は、先に検討したように、それほど熟考を経て組み立てられたものではない疑いがある。その後、公的扶助領域の不服審査機関は特に改正されることなく、現在に至っている。

これに対し、社会保険領域においては、例えば1922年の健康保険法、1938年の国民健康保険法など、法制定の当初から、利益代表を含む合議制の不服審査機関を備えていた。このような差異の原因は、上記のような社会保険各法が、被保険者たる市民の受給権の権利性という問題に（少なくとも、公的扶助領域に

おけるものと同じような方法では）直面することがなかった（つまり、当初から社会保険給付の権利性が承認されていた）からであると評価できよう。

　しかしながら、社会保険領域と公的扶助領域のいずれにおいても給付の権利性が確立した現代において、不服審査制度（特にその独立性）が大きく異なることを正当化することが可能かという点には、疑問の余地がある。

　(3) 続いて、社会保険領域内部における不服審査制度の差異（①と②の区分）は、沿革的には次のように説明することができる。

　かつては、各実体法がそれぞれの不服審査制度を有していた。その後、1940年代までは、社会保険という制度の類型に着目して、不服審査機関を実体法を超えて統合したり、反対に、そこから一定の実体法に関連する不服審査機関のみを切り離したりするような試みが短期間のうちに繰り返された。そして、1948年に、国民健康保険法に関する不服審査機関が、市町村による民主的な運営を根拠として、独立して運営されることになって以来、保険者の単位が市町村レベルのものであるか、国規模のものであるかによって不服審査制度が区分されることになった。ただし、なぜ保険者が市町村の場合にのみ民主的な運営が重視されるのか（保険者の規模と民主的な運営は理論的には直接関係がないと思われる）、また、民主的な運営という要素が不服審査機関の構成にも反映すべきなのか（制度運営は民主的なものであったとしても、不服審査に関しては利益代表（特に保険者代表）を用いないという選択もありえよう）という点で、疑問は残る。

　先に検討したように、社会保険審査会型（①）と国民健康保険審査会型（②）では、いずれも合議制が採用されているとはいえ、メンバーの任命方法や、後者には保険者代表が含まれている点などにおいて、独立性の程度が異なっている。上記のような沿革から両者の差異が説明できるとしても、その差異が正当化できるかという問題は生じよう。

　(4) 審理における職権行使に関しては、すべての類型において禁止されていなかった。また、特に①の類型において、市民と行政との力の不均衡を考慮するために職権を行使する、との審理が実施されているという議論がなされており、本書の問題関心からも注目される。

　しかし、他方で、③の類型（具体的には生活保護法上の不服申立制度）においては、職権行使の実施が、一方的に行政のみに有利に働くような現れ方をしてい

る、との批判も生じていた。さらには、①の類型においても、個々の事例ごとに市民の援助に資するような職権行使が行われることはあっても、職権行使が市民の援助という一貫した原理に裏打ちされている、というような程度には至っていないと言える。そしてもちろん、市民の援助のために職権行使を実施することは、審理機関にとっての法的義務ではない。

また、審査機関による職権の行使が具体的な審理の場においてどのような効果を発するか（市民の援助か、あるいは結果として行政の有利に働くか）という問題に関しては、審査機関の独立性の問題が関わっていると考えられた。

(5) このように、日本の社会保障法領域における権利救済制度は、（現在では、もはやそのままの形で維持することが困難と考えられるような）沿革的な事情を反映したような形態をとっている部分が少なくなく、そのことに関する理論的な検討も、これまで加えられていない。その結果、現行の不服審査制度は、真に「権利救済」の名に値するような制度設計になっているか、疑問がある。上記のような検討に鑑みると、社会保障法領域の不服審査制度を、権利救済という視角から捉え直す必要性は高いと考えられる。

第3節　まとめ

以上、本編では、社会保障法領域における行政不服審査制度を、権利救済という視角から捉え直すための準備的な作業として、独立性と積極的職権行使という分析軸を設定したうえで考察を行った。ここで整理した問題状況を前提として、本書が目指すところの、社会保障の権利（救済）の実質化に一層資するような不服審査制度の在り方を探る考察を進めていく必要がある。

よって、第2編以降は、比較法の手法により、社会保障法領域の権利救済制度の考察を進める。比較対象国としては、序章において論じた理由から、イギリスを選定する。

第2編
イギリス

序——歴史研究の前提

（1）本編では、イギリスの権利救済制度である審判所制度を、特に社会保障法領域に焦点を絞って考察する。この考察に先立って、いくつか検討の前提について言及する必要がある。

（2）第1に、日本においては、主たる裁判前の権利救済制度として「行政不服審査」が念頭に置かれるが、イギリスにおける裁判前権利救済の機関である審判所は、現在では司法権の一部に属しており、二段階（二審）構造を採る審判所のうち第二層審判所には、第一審の裁判所と同等の地位が与えられている。

これらの事情から、現在の機構を前提とする限り、イギリスの審判所の性格を「行政不服審査」、あるいは「行政上の権利救済機関」と表現することは誤りであるし、「裁判外の権利救済機関」と表現することもミスリーディングである。

（3）第2に、本編の検討は歴史研究という手法をとる関係から、第1編において設定した分析軸に多少の調整を加える必要がある。本章が用いる分析軸は独立性と積極的職権行使という2つであるが、この調整は後者の積極的職権行使に関わる。上述のように、審判所は現在では司法権に属しているものの、かつては行政権の一部であると考えられていた。このような機構上の位置づけの重大な変遷にもかかわらず、審判所では一貫して積極的な職権行使が行われている。そうであるとすれば、積極的職権行使の根拠、つまりどのような理念によって積極的職権行使が実施されているか、という点に関しても変遷がある可能性がある。この、積極的職権行使の根拠・理念という観点を抜きにしては、イギリスの社会保障領域において、審判所が歴史的に実施してきた積極的職権行使を正確に分析し、そこから比較法的な示唆を得ることはできないものと考

えられる。

　積極的職権行使の理念に関しては、日本法に言われる「職権主義」の検討（序章第4節）に関して述べたような諸要素、すなわち①真実発見機能、②管理運営（マネジメント）機能、③福祉的介入・干渉機能、そして本章が着目する④当事者の力の非対等性を修正するような援助的機能があり得るであろう（もちろん、これら以外の理念が歴史研究によって明らかになる可能性もある）。すなわち、積極的職権行使の背後にある理念の変遷に注目し、検討を実施する必要がある。

　(4) 第3に、これも本編が歴史研究であることと強く関連するが、必要に応じて社会保障法実体法の変遷に言及する必要がある。例えば、第1編における日本法の検討からも明らかなように、権利救済制度が実体法制度に付随して作られているということは、イギリスにおいてもあり得るであろう。また、このことは、実体法の変遷が権利救済機関の変遷を導く（あるいはその逆の関係が生ずる）可能性も示唆する。このように、審判所そのものの歴史的変遷を追う上で、社会保障実体法との関連を無視することはできない。

　(5) 以上のような前提に立って、本編ではイギリスの審判所制度の史的展開の検討を実施するのであるが、その際に、イギリスの審判所制度の内容に関してある程度のイメージを持っておくことが有益であると考えられる。よって、まず第1章において、現行の審判所制度を概観する。ここでは、審判所とはどのような機関・組織であるのか、裁判所との異同の如何、さらには機構上、裁判所とどう関係するのか、といった観点に注目する必要があろう。

第1章　イギリスにおける現行の権利救済制度

第1節　現行の審判所制度の概観——上訴

I. 法 規 定

（1）2011年4月1日以降、審判所に関する事務は、司法行政を管掌する司法省の事務エージェンシーである「裁判所・審判所サービス（Her Majesty's Courts and Tribunals Service）」によって管理されている。現在の審判所の構造を規定しているのは、主に、2007年に制定された審判所・裁判所および執行法（Tribunals, Courts and Enforcement Act 2007；以下、2007年法と言う）、および2008年審判所手続（第一層審判所）（社会資格室）規則（Tribunal Procedure (First-tier Tribunal) (Social Entitlement Chamber) Rules 2008；以下、2008年規則と言う）であ

1）　審判所制度の現実に関する近年の動向と残された課題に関しては、Nick Wikeley, *The Role of the Upper Tribunal (AAC)* (2011), 41 FAMILY LAW 1255. また、日本においてイギリスの社会保障法領域を中心に審判所制度を紹介する論考として、山田晋「イギリス補足給付審判所の現代的展開——1976年法を中心に」九大法学50号（1982年）1頁以下、同「失業扶助審判所」九大法学55号（1987年）3頁以下、深澤龍一郎「イギリスの公的扶助領域における行政審判所の展開（一）（二・完）」法学論叢143巻5号（1998年）81頁以下・145巻3号（1999年）69頁以下、榊原秀訓「イギリスにおける審判所改革」行財政研究67号（2007年）18頁以下、同「第三の司法改革——審判所をめぐって」比較法研究70号（2008年）139頁以下、同「審判所の誕生と死滅？」法律時報81巻8号（2009）76頁以下、伊藤治彦「2007年審判所、裁判所及び執行法におけるイギリスの審判所改革」岡山商科大学法学論叢21号（2013年）1-20頁など（その他、本書では扱わない労働審判所や租税審判所にかかる研究も多数存在する）。さらに、本書と同じくイギリス審判所の 'inquisitorial' な性格に着目して同制度を検討するものとして、Robert Thomas, *From "Adversarial v inquisitorial" to "Active, Enabling, and Investigative": Developments in UK Administrative Tribunals*, in LAVERNE JACOBS AND SASHA BAGLAY (eds.), THE NATURE OF INQUISITORIAL PROCESSES IN ADMINISTRATIVE REGIMES (Ashgate, 2013).

る。イギリスにおいては、1年間に20万件以上の上訴が審判所に持ち込まれている[2]。

(2) 社会保障給付に関する行政の決定に不服を有する市民は、まず第一層審判所に上訴を提起する[3]。上訴の提起は、省庁からの給付に関する決定の通知の送付の日から1カ月以内に[4]、当該行政に必要事項を記載した文書を送付する方法によって行われる[5]。

第一層審判所は、6の部門を有しており[6][7]、それぞれの部門（室（chamber）との呼称が付されている）が専門の問題を扱う。その中で、社会保障法に関連する上訴は主として「社会的資格室（Social Entitlement Chamber）」によって扱われる[8]。第一層審判所における審理には、費用はかからない[9]。さらに、社会保障関連給付に関する上訴については、市民が審理に出席するために要した旅費や、仕事を休んだことに対する補償が支払われる[10]。

第一層審判所の構成は、審判所上級長官が決定する[11]。審判所上級長官の発した実務声明（practice statement）によると、介添給付（attendance allowance）や傷害給付（disability living allowance）に関する上訴は3人構成の、就労能力評価

---

[2] Tribunal Service, *How to appeal A Step-by-Step Guide* (2009), p. 2.
[3] Social Security Act 1998, s. 12.
[4] Tribunal Procedure (First-tier Tribunal) (Social Entitlement Chamber) Rules 2008 (SI 2008/2685) sch. 1. 期間の制限は、どのような問題に関して上訴をするかによって異なる場合がある。
[5] Tribunal Procedure (First-tier Tribunal) (Social Entitlement Chamber) Rules 2008 (SI 2008/2685) r. 23. 期限が延長されることもありうる。
[6] First-tier Tribunal and Upper Tribunal (Chambers) Order 2008 (SI 2008/2684), art. 2.
[7] その他の5の室は、それぞれ一般的規制室（The General Regulatory Chamber）、保健・教育および社会ケア室（Health, Education and Social Care Chamber）、移民および亡命室（Immigration and Asylum Chamber）、租税室（Tax Chamber）、戦争年金および軍隊補償室（War Pensions and Armed Forces Compensation Chamber）である。
[8] First-tier Tribunal and Upper Tribunal (Chambers) Order 2008 (SI 2008/2684), art. 3.
[9] Tribunal Procedure (First-tier Tribunal) (Social Entitlement Chamber) Rules 2008 (SI 2008/2685), r. 10.
[10] Tribunal Procedure (First-tier Tribunal) (Social Entitlement Chamber) Rules 2008 (SI 2008/2685), r. 21.
[11] The First-tier Tribunal and Upper Tribunal (Composition of Tribunal) Order 2008, art. 2.

（personal capability assessment）等に関する問題を含む上訴は2人構成の、それ以外の問題については独任制の審判所で審理をすることとされている。[12]

　第一層審判所のメンバーの任命は、次のように行われる。まず、メンバーのうち審理を主宰する地位に立つ審判官（Tribunal Judge）の任命は、大法官が行う[13]。審判官に任命されるために有しておくべき資格は、基本的には、裁判官に選任されるための5年間の資格要件を満たしていること（satisfies the judicial-appointment eligibility condition on a 5-year basis）である。[14]

　第一層審判所を構成する、審判官以外のメンバーの任命も、大法官が行う。[15] これらのメンバーが、任命を受けるために有すべき資格に関しては、審判所上級長官の同意を得て、大法官が命令（order）によって定めることとされている[16]。この命令は、2008年第一層審判所・第二層審判所のメンバーの任命資格に関する命令（The Qualifications for Appointment of Members to the First-tier Tribunal and Upper Tribunal Order 2008）である。そこで定められているのは、まず、登録を受けた（registered）開業医（medical practitioner）、登録を受けた看護師、臨床心理士、教育心理学者、薬理学者、獣医、イギリス積算士協会（Royal Institution of Chartered Surveyors）のメンバーあるいはフェロー、一定の教会に属している会計士といった専門家である。[17] 次に、医師以外の者で障害者に関する仕事（有償と無償とを問わず）に従事している者、あるいは自分自身が障害を有している者が挙げられる。[18]

---

12) "Composition of tribunals in social security and child support cases in the social entitlement chamber on or after 3 November 2008"

13) Tribunals, Courts and Enforcement Act 2007, sched. 2, para. 1 (1).

14) Tribunals, Courts and Enforcement Act 2007, sched. 2, art. 1 (2) (a). この要件は、スコットランドにおいては、最低5年間アドヴォケイトかソリシタを務めたこと、北アイルランドでは最低5年間バリスタかソリシタを務めたことである。また、大法官が、これらの法曹資格を有する者と同等の、法律に関する経験を有していると認めた者も、審判官に任命されうる。Tribunals, Courts and Enforcement Act 2007, sched. 2, para. 1 (2) (b)–(d).

15) Tribunals, Courts and Enforcement Act 2007, sched. 2, para. 2 (1).

16) Tribunals, Courts and Enforcement Act 2007, sched. 2, para. 2 (2).

17) The Qualifications for Appointment of Members to the First-tier Tribunal and Upper Tribunal Order 2008, s. 2 (2) (a)–(i).

18) The Qualifications for Appointment of Members to the First-tier Tribunal and Upper↗

大法官が、審判官ないしその他のメンバーに任命した者を解任しようとする際には、首席裁判官（Lord Chief Justice）の同意が必要であり[19]、解任できる場合は、無能力ないし不行跡の場合のみに限られている[20]。

審理には、上訴によって争われている決定をした行政側の職員も出席することができるが（presenting officer）[21]、実際には彼らはほとんど出席しない[22]。また、原則として審理は公開で行われねばならないが[23]、審判所は審理の全部または一部を非公開とする命令を発することができる[24]。しかし、公開の場合であっても、実際には上訴に無関係の人が審理を聴きに訪れることはほとんどないと言われる[25]。

具体的に審理をどのように指揮するかに関しては、審判官（Tribunal Judge）に裁量が与えられているが、大まかに言えば、①導入と問題の要約、②証拠の提出、③最終弁論、④決定（decision）という流れをとる[26]。

②について、裁判所における場合とは異なり、双方が法曹資格のある代理人を付けていることは稀であるため、審判所が証人への質問などに関して責任を有しているとされる[27]。規則2条1項では、「この命令の最も重要な目的は、審判所が事案を公正かつ正確に解決することを可能にすることである」とされて

　Tribunal Order 2008, s. 2 (3) (a) and (b).

19) Tribunals, Courts and Enforcement Act 2007, sched. 2, para. 3 (1), (4). スコットランドと北アイルランドの場合は、それぞれ、Lord President of the Court of Session と Lord Chief Justice of Northern Ireland の同意が要求される。Tribunals, Courts and Enforcement Act 2007, sched. 2, para. 3 (1)-(3).

20) Tribunals, Courts and Enforcement Act 2007, sched. 2, para. 4 (2) (b). ただしこれは、当該メンバーが、補償を受ける者（fee-paid）ではなく、給与の支払いを受ける者（sararied）である場合である。

21) Tribunal Procedure (First-tier Tribunal) (Social Entitlement Chamber) Rules 2008 (SI 2008/2685), r. 28.

22) Tribunal Service, *supra* note 2, p. 24.

23) Tribunal Procedure (First-tier Tribunal) (Social Entitlement Chamber) Rules 2008 (SI 2008/2685), r. 30 (1).

24) Tribunal Procedure (First-tier Tribunal) (Social Entitlement Chamber) Rules 2008 (SI 2008/2685), r. 30 (3).

25) Tribunal Service, *supra* note 2, p. 24.

26) *Id.*, pp. 25-27.

27) *Id.*, p. 26.

おり、同条２項(c)では、公平かつ公正に解決することは、両当事者が手続に完全に参加できることを確実にすることを含む、とされている[28]。この規定は、審判所が、審理における市民と行政との力の非対等を修正するために積極的に審理に介入する、援助的機能（enabling role）の強調である[29]。これはまた、(援助的) 積極的職権行使と呼ばれることもあり、本書が着目する視点である。

④について、通常は、その日のうちに審判所の決定が市民に伝えられるが、すぐに決定に至らないような場合には、後日郵送される[30]。

なお、上訴人は審判所における手続において、代理人（法曹であると非法曹であるとを問わない）を付けることが許されている[31]。

(3) 第一層審判所の決定に不服のある場合には、市民はさらに第二層審判所に対して上訴を提起することができる[32]。この上訴を行うためには、「法律上の誤り（error of law）」があることが必要で、「上訴の許可（permission to appeal）」を申請し、それを得なければならない[33]。

上訴の許可は、まず、上級審判官（単独）によって審査される。ここで①許可された場合には、第二層審判所への上訴が可能となる。②拒否された場合には、直接に第二層審判所に対して上訴の許可を求めることもできる[34]。

第二層審判所は、４の室に分けられており[35]、第一層審判所の社会的資格室か

---

28) 本文は第一層審判所に関する規則の条文だが、それとは別の、第二層審判所に関する規則（Tribunal Procedure (Upper Tribunal) Rules 2008）においても、条文は同じである。

29) MARK ROWLAND AND ROBIN WHITE, SOCIAL SECURITY LEGISLATION 2010/11 VOLUME III ADMINISTRATION, ADJUDICATION AND THE EUROPEAN DIMENSION (2010), p. 1357, p. 1325.

30) Tribunal Service, *supra* note 2, p. 27.

31) 第一層審判所について、Tribunal Procedure (First-tier Tribunal) (Social Entitlement Chamber) Rules 2008 (SI 2008/2685), reg. 11. また、第二層審判所について、Tribunal Procedure (Upper Tribunal) Rules 2008, reg. 33.

32) Tribunals, Courts and Enforcement Act 2007, s. 11 (1). なお、この上訴の権利は、市民側だけではなく、省庁の側にも存する。s. 11 (2).

33) Tribunals, Courts and Enforcement Act 2007, s. 11 (3).

34) Tribunals, Courts and Enforcement Act 2007, s. 11 (4) (b).

35) First-tier Tribunal and Upper Tribunal (Chambers) Order 2008 (SI 2008/2684) art. 6. 下記の行政上級室以外のものは、移民・亡命室（The Immigration and Asylum Chamber)、土地室（The Lands Chamber)、租税・衡平法室（The Tax and Chancery Chamber)である。

らの上訴は、行政上級室（Administrative Appeals Chamber）にて審理される[36]。第二層審判所は、基本的には単独の審判官で構成され[37]、第二層審判所の決定に対して不服がある場合、司法裁判所たる控訴院に、更なる上訴を提起することもできる[38]。この上訴もまた、法律上の誤りがある場合に限定され[39]、第二層審判所か控訴院から上訴の許可を得ることが必要である[40]。控訴院の判決に不服がある場合には、さらに同じように、最高裁判所に最終的な上訴をする途も開かれているが、実際には、最高裁判所まで到達する事件はごく稀である。

　(4) 第二層審判所のメンバーの任命にかかる規定は、以下のとおりである。メンバーのうち、審判官の任命は、大法官の勧告をもとに、女王（Her Majesty）が行う[41]（実際には、女王の権力は大臣の助言（advice）によって統制される[42]）。第二層審判所の審判官に任命されるための資格は、基本的には、裁判官に選任されるための5年間の資格要件を満たしていることである[43]。

　第二層審判所を構成する、審判官以外のメンバーの任命は、大法官が行う[44]。これらのメンバーは、審判所上級庁間の同意を得て大法官が定めた命令に記載された、一定の要件を満たす場合に限り、任命を受ける可能性がある（これに関しては、上述の第一層審判所に関する記述がそのまま当てはまる）[45]。審判官ないしその他のメンバーの解任は、その者の無能力と不行跡の場合に限り、大法官のみがなしうる[46]。

---

36) First-tier Tribunal and Upper Tribunal (Chambers) Order 2008 (SI 2008/2684) art. 7.
37) The First-tier Tribunal and Upper Tribunal (Composition of Tribunal) Order 2008 art. 3 (1). 例外的に2名ないし3名で構成されることがある。art. 3 (2).
38) Tribunals, Courts and Enforcement Act 2007, ss. 13 (2) and 14.
39) Tribunals, Courts and Enforcement Act 2007, s. 13 (1).
40) Tribunals, Courts and Enforcement Act 2007, s. 13 (4) (a)-(b).
41) Tribunals, Courts and Enforcement Act 2007, sched. 3, para. 1 (1).
42) William Wade and Christopher Forsyth, Administrative Law (10th ed., 2009), p. 39.
43) Tribunals, Courts and Enforcement Act 2007, sched. 3, para. 1 (2) (a). その他に関しては、第一層審判所の審判官の任命の場合とパラレルである（年数に関しては7年間となる）。
44) Tribunals, Courts and Enforcement Act 2007, sched. 3, para. 2 (1).
45) Tribunals, Courts and Enforcement Act 2007, sched. 3, para. 2 (2).
46) Tribunals, Courts and Enforcement Act 2007, sched. 3, para. 4 (2) (a)-(b). ただしこれも、対象者が給与を受ける者である場合に限られる。

Ⅱ．審判所の特色——裁判所との類似点と相違点

（1）以上のように、イギリスの社会保障法領域においては、審判所が第一次的な権利救済を担うのであるが、この審判所という機関は、通常の司法裁判所とどのような点において異なっているのであろうか。以下で両者の類似点と相違点を確認する。

審判所と司法裁判所との類似点に関しては、次の諸点が挙げられよう。まず、上でも述べたように、①司法権に属する、裁決（adjudication）のための機構である[47]。つまり、審判所は行政権に属するものではなく（この点で日本の行政不服審査と異なる）、また、司法裁判所と同じく対立する二当事者（社会保障法領域では市民対行政の構図をとる）の間の紛争の解決を目的としている。

次に、②審理内容と証拠を検証し、それに基づいて認定した事実に対して、法律を適用して問題を解決する点も、司法裁判所と同様である[48]。

さらに、③拘束力のある判断を出すことができる。つまり、政府や関連省庁を含む当事者は、審判所の裁決に従わなければならない（上述のように、更なる上訴が許される場合もある[49]）。

そして、①と関連するが、④基本的には当事者主義的な審理を行う。この点は、次に述べる司法裁判所と審判所の相違点にも関連するため、次項で詳述する。

（2）以上のような類似点がある一方で、司法裁判所と審判所には多くの相違点が存している。まず、⑤司法裁判所よりも手続が単純であり、形式にとらわれない柔軟性がある。具体的には、上訴のための書面が簡単なものであることや、審理において証拠法が厳格には適用されないことが挙げられる[50]。

次に、⑥裁判所よりコストの点で安価であり、市民にとってアクセスしやす

---

47) Tom Mullen, *A Holistic Approach to Administrative Justice?* in Michael Adler (ed.), Administrative Justice in context (2010), p. 390.
48) Tribunal Service, *supra* note 2, p. 25.
49) T. Mullen, *supra* note 47, p. 390.
50) *Id.*, p. 391. また、審理のための部屋が形式ばっていないこと、審判官がウィッグとガウンを着用しないこと、Mr. や Mrs. 等の呼称で呼ばれること、証言台がないこと、宣誓や確約（affirmation）が通常ないこと等も、審判所の非形式性を現していると言えよう。Tribunal Service, *supra* note 2, p. 25.

い。コストが裁判所より安価であるのは、審判所のメンバーらへの報酬（fee）が、裁判官への給与（salary）よりも安く済み、事案1件当たりの審理も安く済むからである。社会保障法領域においては、市民が審判所を利用する費用は無料である点で利用しやすい（費用の点とは多少異なるが、審判所は多くの場所にあり地理的にもアクセスしやすい）。

さらに、⑦審理にかかる時間が短い・迅速である。基本的には、1日で審理が終わることが多い。

そして、前項（類似点）の④と関連して、⑧当事者主義を基調とするが、司法裁判所と比較して一層顕著に、援助的・積極的職権行使アプローチをとる[52]。

さらに、⑨法律扶助（Legal Aid）が利用できない。審判所一般の審理において、公費で法曹代理人を付けられる場面は非常に限定されており、社会保障法領域においては否定されている。この点は、当事者のアクセスを阻害するものとの議論もある一方[53]、⑧の審判所における積極的職権行使・援助的アプローチの実施と関連している[54]。

最後に、⑩メンバーが高度の専門性を有している。つまり、本章の検討対象に沿って言えば、社会保障法領域の実務（医療や障害の問題）や法律に関して経験を有している者が審判所のメンバーとなるということである[55]。

なお、厳密には司法裁判所と審判所の相違とすることはできないが、伝統的に司法裁判所が管轄してきた権利救済の方式（司法審査）と、審判所が行使してきた上訴に関しても、明確に区別しておく必要がある。この点に関しては、節を改めて論じる。

---

51) T. Mullen, *supra* note 47, p. 399. ちなみに、事案1件当たりにかかるコストが最も低く抑えられているのは、社会保障法領域である。*Ibid*.
52) Andrew Leggatt, *Tribunals for Users: One System, One Service* (2001), p. 85（ただし当該箇所では、本書が言う積極的職権行使の言語にあたる "inquisitorial" という用語の使用に否定的見解が示されている。この点は本編第6章にて詳述）; T. Mullen, *supra* note 47, p. 391.
53) T. Mullen, *supra* note 47, p. 399.
54) この点は本章の中心となる論点であり、後述する。
55) T. Mullen, *supra* note 47, p. 391.

第 2 節　司法審査

(1) 市民が行政の決定（あるいは審判所の裁決）を争う場合、審判所への上訴とは全く異なる方式として、司法裁判所に司法審査（judicial review）の請求を行う、という方法がある。[56]

　司法審査とは、上訴のように事案の実体的事項（merits）を審理するのではなく、行政の行為の適法性を審査するものである。[57] つまり、上訴の場合には、ある行政の決定の当・不当の問題にまで審査が及ぶ（しかも当該決定が不当とされた場合には、新たな決定が代置される）のに対し、司法審査の場合には、ある決定が違法か適法かに関して判断が行われるに過ぎない。その意味において、上訴を審理する場合に裁判所が行政の決定や審判所の裁決に対して介入できる余地・度合は、「原理的には（in principle）」司法審査を行う場合よりも広い。[58] この司法審査においては、権限踰越（ultra vires）の原理を用いた審理が実施される。

　先に述べたように、上訴による場合には、まず第一層審判所に提起し、そして更なる上訴を第二層審判所に、そこから（司法裁判所の通常の第一審である高等

---

56) 司法審査に関しては、W. WADE AND C. FORSYTH, *supra* note 42, pp. 534-581; C. HARLOW AND R. RAWLINGS, LAW AND ADMINISTRATION (3rd ed., 2009), pp. 668-748. 邦語文献として、岡本博志『イギリス行政訴訟法の研究』（九州大学出版会、1992年）、特に43-193頁。また、戒能通厚編『現代イギリス法事典』（新世社、2003年）182-188頁〔榊原秀訓〕。

57) HENRY WILLIAM RAWSON WADE, ADMINISTRATIVE LAW (1961), p. 43. なお、司法審査に関するこのような伝統的な定義は、2009年現在ではもはや当てはまらないとする見解もある（C. HARLOW AND R. RAWLINGS, *supra* note 56, p. 669.）。しかしながら、本章の叙述に必要な限りで司法審査制度を概観するには、当該伝統的な定義を挙げることが必要にして十分であると考えられる。

58) NICK WIKELEY *et al.*, THE LAW OF SOCIAL SECURITY (5th ed., 2005), p. 206. なお、同書の第4版（ANTHONY I. OGUS *et al.*, THE LAW OF SOCIAL SECURITY (4th ed., 1995), p. 686）においては、本文で引用した「原理的には」との表記はなかった。これは、第4版の出版から第5版までの間に、裁判所が上訴によって審判所の裁決を審理する場合にも、司法審査の場合とほとんど変わらないような程度の介入しか行ってこなかったことを示唆していると言えるであろう。

法院を省略して）司法裁判所たる控訴院に、そして最終的に最高裁判所へと上訴を提起することになる。司法審査は、これとは異なり、司法裁判所の第一審である高等法院へと提起される（ただし、第二層審判所へと移送される場合がある）。この司法審査請求が棄却された場合には、この棄却に関して控訴院へと上訴をし、さらに最高裁判所へと上訴がされるという仕組みである。

　上訴と司法審査は全く別の系統に属する権利救済の手段であるため（上訴は制定法に根拠を置き、制定法の定めがない場合には提起できないが、司法審査は裁判所による固有の権能の行使であるため制定法の根拠を必要としない）、市民は、審判所への上訴の仕組みが存在しようとしまいと、通常裁判所へと司法審査の請求をすることができる。よって、市民が上訴の手段によって権利救済を求めるときには、当該上訴が司法裁判所たる控訴院へと到達するためには第一層・第二層審判所を通過しなければならないが、司法審査による場合には、最初から裁判所（第一審としての高等法院）を利用できるのであり、日本で言う不服申立前置主義のような仕組みは採られていないことが分かる。

　(2)　しかしながら、上記の記述には一定の留保が必要である。上訴と司法審査は相互に独立した制度であるため、理論上は、他方に影響されずに一方を提起できるのであるが、審判所等への上訴の制度が存在する場面において、市民が当該上訴手続を使わずに、通常裁判所に対して司法審査を請求した場合、裁判所は一般的に、市民に対してまず当該上訴手続を利用することを勧める傾向にあるのである[59]（代替的救済方法終尽の原則[60]）。このような現象は、社会保障法領域においても当てはまる[61][62]。

---

59)　司法審査と上訴の関係一般に関しては、岡本・前掲註(56)111-122頁。

60)　岡村周一「イギリスにおける司法審査申請と代替的救済方法終尽の原則」法学論叢132巻1・2・3号（1992年）155〜181頁。

61)　Trevor Buck (ed.), Judicial Review and Social Welfare (1998), p. 102. これを示す判例として、R v Secretary of State for Social Security ex p Khan, 27 April 1990 (QBD); Badibanga v The Ipswich Department of Social Security, 6 June 1995 (CA).

62)　なお、司法審査ではなく、審判所の裁決に対する上訴の形で、審判所の裁決を司法裁判所が審査する場合にも、社会保障法領域においては、司法裁判所は審判所の裁決を覆すことに非常に慎重であるという。N. J. Wikeley *et al., supra* note 58, p. 206. 上訴の形式の場合、司法裁判所は問題の当否にまで判断を及ぼすことが可能であり、司法審査よりも権限が広いはずであることを考慮すると、裁判所の謙抑的な姿勢が目立つ。この謙／

第 1 章　イギリスにおける現行の権利救済制度

　社会保障法と司法審査の関係に関しては、ある時期以降、審判所から司法裁判所への上訴が法に規定され（この様子は本編第 4 章にて検討する）[63]、裁判所による統制の手段として、上訴が司法審査に取って代わったため[64]、他の領域と比して司法審査の制度の利用が極端に少ない[65]。このように社会保障法領域において司法審査の利用が極端に少ないことには、審判所への上訴の権利が市民にとって利用しやすいこと[66]、あるいは独立性が高く、健全に（robust）運営されていると市民に考えられていることが影響している可能性がある[67]。

　ただし、このことは、社会保障法領域においては司法審査の重要性が乏しいことを意味しない。なぜなら、後述のように、社会保障法における一定の法領域においては、制定法上、審判所への上訴の仕組みが設けられておらず、給付にかかる決定をなす行政自身の内部的再審査（internal review）に権利救済が委

　　　抑は審判所の専門性への敬意の表れであるとされるが、これが行き過ぎてしまうと、審判所から司法裁判所への上訴を定めた法規定が無意味になってしまう。*Ibid.*
63)　1980 年社会保障法（Social Security Act 1980）の制定による（第 4 章にて詳述する）。しかし、司法裁判所への上訴の途が開かれたことによって、当該裁判所の審理の実質には特に影響は生じなかった。T. Buck (ed.), *supra* note 61, p. 100.
64)　N. J. Wikeley *et al.*, *supra* note 58, p. 206.
65)　また、例えばある時期には「福祉給付、保健、環境保護、こどもの権利、社会ケアおよび住宅（ホームレスの人々を除く）のような領域は、司法審査の影響をほぼ受けないままにとどまっている」と言われた。M. Sunkin *et al.*, Trends in Judicial Review (1993), Public Law, p. 444.
66)　Lee Bridges *et al.*, Judicial Review in Perspective (2nd ed., 1995), p. 193.; T. Buck (ed.), *supra* note 61, p. 106. しかしながら前者の論考においては、一般的に審判所において法律扶助が利用できない（つまり、法曹による代理を公費によって付けることができない）場合、それは審判所における権利救済の効率性を致命的に制限する、と述べられている。同論考が出された時期には（そして現在でも）、社会保障法領域の審判所においては法律扶助が利用できなかったため、社会保障法領域の審判所においては効率性が致命的に制限されていた可能性もあり、その場合には、社会保障法領域の審判所の利用しやすさは、社会保障法領域において司法審査の数が少ないことの理由とはならない。だが、社会保障法領域においては法律扶助の利用（さらには、上訴人が自費で法曹代理人をつけること）に関して、歴史的にネガティブに評価されてきた。そしてこのことと関連して論じられてきたのが、審判所の審理の非形式（informal）性や、積極的職権行使による当事者の援助である（このように、本章が分析軸とした積極的職権行使は、審理の非形式性や法曹による代理といった観点と深い関係を有している。この点に関しては、本編第 4 章以降にて詳述する）。
67)　L. Bridges *et al.*, *supra* note 66, p. 193.

ねられているためである(例えば裁量的社会基金[68];本編第5章にて詳述する)。この内部的再審査に不服を持つ市民が、独立性を備えた機関に権利救済を求めるには、通常裁判所への司法審査請求が唯一の手段となる。また、制定法上、審判所への上訴の仕組みが設けられている場合でも、定められた期限を徒過したとして上訴が棄却された場合などは、裁判所への司法審査によって当該棄却裁決を争うことができると考えられる[69]。

(3) このように、審判所への上訴と、司法裁判所への司法審査請求は、一応は独立・別個の制度とされているが、実際上は強い関連性を有している。さらに、司法審査請求が重要性の点において審判所への上訴に比べて劣っているというわけでもない。

しかしながら、先述のとおり、本書は第一義的な検討の対象を裁判所に至る前の権利救済に置いている。よって本書では、司法審査を中心的に扱うことはせず、これについては本章の叙述に必要な限りにおいて言及するに止める。

図1　2011年以降の権利救済制度

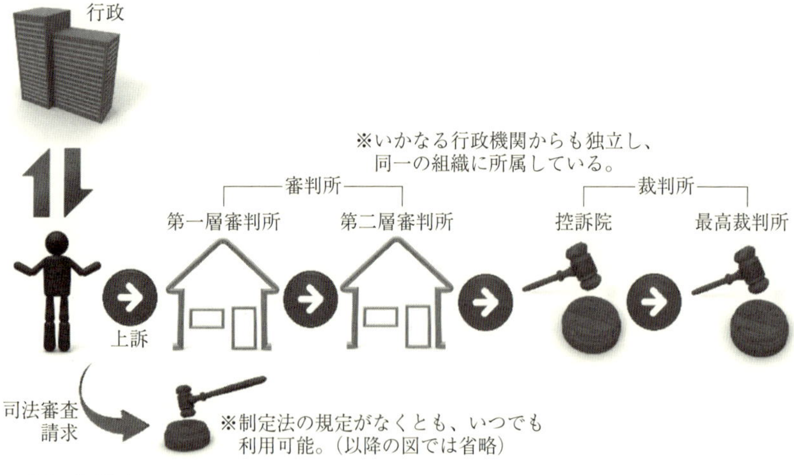

出典:筆者作成

---

68) 社会基金に関する司法審査については、Trevor Buck, The Social Fund: Law and Practice (3rd ed., 2009), pp. 203-246 が詳しい。
69) N. J. Wikeley *et al.*, *supra* note 58, p. 206.

第1章　イギリスにおける現行の権利救済制度

第3節　イギリス審判所制度における積極的職権行使

イギリスにおいては、半世紀以上の歴史を経て、審判所が積極的職権行使（inquisitorial role）を実施するという法理が確立している。審判所の積極的職権行使の現れ方やその背景にある理念は、時代ごとに大きく変遷をしている。その変遷に関しては次章以降で詳しく検討することとし、本節においては、積極的職権行使に関わる現行法の規定等、ごく基本的な部分のみを瞥見しておく。

Ⅰ．関連する法規定

(1) 審判所における積極的職権行使は判例法上発達してきたものであるため、積極的職権行使を直接に規律する法規定は、下記のとおりごく少数である。なお、下記のいずれも、社会保障法領域における、現行の審判所の手続の規定である。

第1に、2008年審判所手続（第一層審判所）（社会的資格室）命令（Tribunal Procedure (First-tier Tribunal) (SEC) Rules 2008）2条1項、および2項(c)がある。

　「この命令の最も重要な目的は、審判所が事案を公正かつ正確に解決することを可能にすることである」（2条1項）。
　「事案の公正かつ正確な解決は、実行可能な限りにおいて、当事者の審理手続への十分な参加を確保することを含む」（同条2項(c)）。

これらは同命令の目的規定であり[70]、当該規定から積極的職権行使の具体的な内容が明らかになるわけではない。

(2) 第2に、1998年社会保障法12条8項(a)の規定が重要なものとして存在する。

　「上訴審判所は、上訴によって提起されていない論点を考慮する必要がない」。

当該規定からは、①審判所が「上訴によって提起されていない論点」を職権

---
70) M. Rowland and R. White, *supra* note 29, p. 1325.

によって考慮してもよいこと、ただし、②そのような職権を行使しなくともよいことが読み取れる。ここで言う「上訴によって提起されていない論点」、および当該規定自体の意味に関しては、多数の裁判例が解釈を展開している（この点は本編第6章にて詳述する）。

(3) 以上のとおり、審判所の積極的職権行使を規律する法規定は少なく、さらにそれらの規定からは、積極的職権行使の内容を読み取ることはできない。しかしながら、現在のイギリスにおいては、積極的職権行使は市民と行政との非対等性・力の格差の是正を根拠として実施されており、さらに判例によって、その実施が審判所の法的義務となる場合があることが示されている。

先にも述べたように、積極的職権行使は判例上発達・変遷してきたものであるため、その具体的な内容を知るためには、裁判例の検討が不可欠である（なお、積極的職権行使が判例上発達したのは、審判所が誕生してから半世紀ほど後の1950年代であるため、審判所の史的展開の初期においては、本書の設定した分析軸のうち積極的職権行使の分析軸は使用されないこととなる）。これらの裁判例の詳細な検討は、第3章以降で実施する。

Ⅱ．日本法との対比における位置づけ

(1) 序章第4節において論じたとおり、日本において「職権主義」という語が用いられる場合には、「職権証拠調べ」・「職権探知」という区分がなされることが多い。しかしながら、イギリス審判所制度における積極的職権行使は、当事者が主張していない論点を審理するものの、その際に当事者から提出された証拠を前提とする点で、日本における「職権証拠調べ」・「職権探知」の区分けとは必ずしも一致しない。また、日本法で言うところの処分権主義に関する問題や、日本では裁判所の専権であるとされる法適用の問題となりそうなものまでも含む、非常に幅広く、多義的な概念として用いられている。

(2) 次に、日本法における裁判所の釈明権（民事訴訟法149条）との関係に関しても検討をしておく必要があろう。釈明権は、「当事者に対して問いを発し、又は立証を促すことができる」（同条1項）という法の規定からも窺えるとおり、当事者の主張があくまで根底に置かれている点、また、裁判所に認められた権限である点において、イギリスの審判所の積極的職権行使とは異なってい

る。しかしながら、釈明の内容は積極的釈明と消極的釈明に分類することが可能であり[71]、また、一定の場合には裁判所の釈明権の行使が義務的になる場合がある（釈明義務[72]）。このことを前提とすると、釈明義務が存在する場合における積極的釈明と、イギリスの審判所の積極的職権行使との違いは、機能上は類似する可能性があると言えよう。

第4節　第1章の小括──審判所・上訴・司法審査・積極的職権行使

（1）社会保障法領域における権利救済を第一義的に担う機関は、審判所である。現在、審判所は行政権ではなく司法権に属しており、司法裁判所と多くの点で類似している。また、審判所は司法権に属しているため、社会保障関連の省庁（さらにはその他一切の省庁）から完全に独立している。

他方で、非形式性・柔軟さ、コストや費用の安価さ、審理の迅速性、専門性といった諸点において、司法裁判所と異なっている。

審判所の審理は、当事者主義を基調としつつも、積極的職権行使・援助的アプローチを強く採っており、これも司法裁判所との差異をなす。

（2）審判所は、社会保障法領域の行政による第一次的決定に対する「上訴」を扱う。審判所は2段階の仕組み（第一層審判所と第二層審判所）になっていて、第二層審判所の裁決に対しては司法裁判所たる控訴院（日本の高等裁判所に相当）に対する上訴が可能であり、同じく控訴院の判決に対しては最高裁判所への上訴ができる。

この上訴という仕組みとは別に、司法裁判所が制定法に基づかない救済手段として伝統的に行使してきた「司法審査」という審理方式がある。司法審査は、制定法上の定めがなくても請求することが可能である点、また、問題となる行政の決定の違法性のみを審査する（当・不当までには立ち入らない）点にお

---

71) 積極的釈明とは、「当事者が明示的に主張してはいないが、主張の意図があると推認される事項」に関して、「裁判長が、それを指摘して当事者に陳述を促し」、さらに、「当事者が従来の攻撃防御方法を変更し、新たな抗弁・再抗弁や、具体的な証拠方法を提出するか注意喚起する」ことである。加藤新太郎「釈明の構造と実務」伊藤眞ほか編『民事手続き法学の新たな地平──青山善充先生古稀祝賀』（有斐閣、2009年）109頁。

72) 加藤・前掲註(71)113-114頁。

いて、上訴とは異なっている。

　この司法審査は、基本的には司法裁判所の管轄に属する権利救済手法である点で本書の設定した射程からは外れるし、社会保障法領域においては審判所への上訴が第一義的な権利救済手法とみなされていることから、権利救済のための重要な手段ではあるものの、本書においては必要な範囲において言及するに止める。

　(3) イギリスの審判所においては、積極的職権行使と言われる審理が実施される。これは、現在のイギリスにおいては、市民と行政との非対等性・力の格差の是正を根拠としており、積極的職権行使の実施は審判所の法的義務となる場合もある。イギリスにおける積極的職権行使と日本法で言う「職権主義」には、一致しない部分がある。イギリスにおける積極的職権行使は、日本法で言うところの処分権主義に関する問題や、日本では単に裁判所の専権である法適用の問題となりそうなものまでも含む、非常に幅広く、多義的な概念として用いられている。

　(4) また、次章から第6章にかけて、イギリスの審判所制度の史的展開を、独立性と積極的職権行使という2つの分析軸を用いて検討するのであるが、先にも触れたとおり、イギリスにおいて審判所の積極的職権行使が顕在化するのは、本書の分析による限り1950年代以降においてである。そのため、審判所の初期の史的展開を検討するに当たっては、独立性の分析軸のみが使用されることになる。

第2章　審判所の誕生と定着
——黎明期からベヴァリジ報告書まで（1897～1942年）

　本章以降第6章まで、本書は、これまで述べてきた分析軸に沿って、イギリスの社会保障法領域における審判所の歴史を考察する。

　イギリスにおいて tribunal と言われる機構を「審判所」と一般的に呼称するとすれば、審判所は18世紀末以降、数世紀にわたる歴史を有している[1]。しかしながら、法的な紛争の解決ないし権利救済に関して、審判所が多大な役割を果たすようになったのは、20世紀に入ってからのことであり[2]、現在の審判所の直接の原型は、1911年に設けられたとされる[3]。

　本章においては、1911年のいわゆる近代的審判所の誕生から、審判所制度に関する初の大規模な制度改正が生じるまでの、審判所制度の史的展開を、社会保障法制度との関連に主眼を置いて検討する。まず第1節において、1911年以前の、前近代的審判所制度について、瞥見しておきたい。

第1節　先史——近代的審判所制度の発生前

　(1)　1897年に、労働者補償法（Workmen's Compensation Act 1897；以下、1897年法と言う）によって、使用者による被用者への無過失賠償責任が法定された[4]。

---

1)　本書では、現行の審判所制度と直接的な関係を有するような、いわゆる近代的審判所のみを検討対象とする。それ以前の審判所制度の歴史に関しては、Chantal Stebbings, Legal Foundations of Tribunals in Nineteenth-century England (2006).

2)　S. H. Bailey and M. J. Gunn, Smith & Bailey on the Modern English Legal System (2nd ed., 1991), p. 34.

3)　R. E. Wraith and P. G. Hutchesson, Administrative Tribunals (1973), p. 17.

4)　同法の成立過程については、N. J. Wikeley et al., The Law of Social Security (5th ↗

この1897年法の制定が、イギリスにおける近代的社会保障の端緒であったとする説も多い[5]。

1897年法は、同法のもとでの補償金を支払う義務に関して、あるいは補償金の額や期間に関して問題が生じた場合、その問題が合意（agreement）によって解決されなければ、当事者双方が合意によって選任した仲裁（arbitration）[6]によって解決する、と規定していた[7]。この仲裁に対しては、控訴院に上訴をすることができた[8]。

このように、1897年法のもとでは、給付額等にかかる実体的側面においても、権利救済の手法の選択等の手続的側面においても、当事者の合意が第一義的に重視されていた。合意が尊重されたこと、司法裁判所が問題を扱ったことのいずれも、1897年法が社会保険方式を採用しなかったため、国家が補償の給付に制度上関係を有せず、紛争の性質が、国家対私人という構図ではなく、私人間のものに止まったこと[9]に起因する。

しかし、この権利救済システムは、裁判所に持ち込まれる紛争の多発と、判決までの期間の長期化から、機能不全に陥った[10]。このため、のちの社会保障立

　 ed., 2005), p. 713.; P. W. J. BARTRIP, WORKMEN'S COMPENSATION IN TWENTIETH CENTURY BRITAIN (1987), pp. 9-10.; The Parliamentary Debates, 4th ed., vol. Ⅷ, 20 Feb. 1893, col. 1961. など参照。

5) TREVOR BUCK et al., MAKING SOCIAL SECURITY LAW (2005), p. 28. 樫原朗『イギリス社会保障の史的研究　Ⅰ』（1973年、法律文化社）316頁。これに反対する説は、1911年の社会保険に関する立法（National Insurance Act 1911）が、イギリスにおける社会保障法の端緒であるとする。

6) Workmen's Compensation Act 1897, sched. 2 (2). この付則2の1項は、使用者・被用者双方の同意があれば、仲裁ではなく、労使双方の代表が構成する委員会の方式によって問題を解決することができる旨を定めている。しかし、双方の同意がある場合でも、委員会が3カ月以内に問題を解決できなかった場合には、紛争の解決は仲裁に委ねられる。

7) Workmen's Compensation Act 1897, s. 1 (3).

8) Workmen's Compensation Act 1897, sched. 2 (4).

9) HARRY STREET, JUSTICE IN THE WELFARE STATE (1968), p. 11.

10) T. BUCK et al, supra note 5, p. 30.; Peter Robson, Judicial Review and Social Security, in TREVOR BUCK (ed.), JUDICIAL REVIEW AND SOCIAL WELFARE (1998), pp. 96-97.; D. N. PRITT, LAW, CLASS AND SOCIETY BOOK 2: THE APPARATUS OF THE LAW (1971), pp. 58-59., H. STREET, supra note 9, p. 11.; BRIAN ABEL-SMITH AND ROBERT STEVENS, LAWYERS AND ↗

法においては、司法裁判所を意図的に除外した権利救済の仕組みが構築されることとなる[11]。

(2) 1908年、無拠出制かつ資力調査制の老齢年金制度が設けられた（Old Age Pensions Act 1908；以下、1908年法と言う[12]）。1908年法のもとでは、上述のような司法裁判所への批判を反映して、行政上の権利救済制度が導入された。

1908年法における、権利救済を含む手続的な側面は、以下のとおりであった。市民からの給付請求は、まず年金官（pensions officer）に送られ、年金官が事案に関する調査を行う[13]。市民からの給付請求と年金官の実施した調査の報告書をもとに、地方年金（副）委員会（local pension (sub) committee）が会議を行い[14]、1カ月以内に最終的な決定をする[15]。

この地方年金委員会の決定に不服がある場合には、請求者ないし年金官は、決定およびその通知から7日以内に、ロンドンにある中央政府組織の地方行政局[16]（local government board；実際に不服の審理を扱うのは、この中の中央年金局（central pensions authority）である[17]）に対して不服を申し立てることができる[18]。

1897年法における権利救済制度に関する失敗を踏まえて、1908年法においては、権利救済を司法裁判所には担わせないという選択がなされた。このように、司法裁判所以外の機関に権利救済を担わせるという選択は、後の時代の審

THE COURTS: A SOCIOLOGICAL STUDY OF THE ENGLISH LEGAL SYSTEM 1750-1965 (1967), p. 116.

11) B. A. SMITH AND R. STEVENS, *supra* note 10, p. 116.

12) 同法の成立の背景・成立過程については、N. J. WIKELEY *et al, supra* note 4, p. 590. 参照。

13) W. A. CASSON, OLD-AGE PENSIONS ACT, 1908 TOGETHER WITH THE TEXT OF THE REGULATIONS MADE THEREUNDER DATED 15TH OCTOBER, 1908, AND OFFICIAL CIRCULARS AND INSTRUCTION FOR THE GUIDANCE OF PENSION AUTHORITIES BY THE LOCAL GOVERNMENT BOARDS OF ENGLAND, SCOTLAND, AND IRELAND; ANNOTATED AND EXPLAIND, WITH HISTORICAL INTRODUCTION (3rd ed., 1908) p. xxx.

14) Old Age Pensions Regulations, dated 15th October 1908, r. 11 (1).

15) Old Age Pensions Regulations, dated 15th October 1908, r. 14 (3) form 6, r. 14 (4), forms 4 and 5.

16) W. A. CASSON, *supra* note 13, pp. 21-22.

17) Old Age Pensions Act 1908, s. 7 (1) (c).

18) Old Age Pensions Regulations, dated 15th October 1908, r. 18 (1) form 9.

判所制度の誕生のための下地を形成していたと言える。

しかしながら、1908年法において権利救済を担う、地方行政局内の中央年金局には、未だ「独立の『司法的』要素は見いだせ」[19]ず、その点で近代的審判所とは大きな隔たりがある。それは、地方行政局自体が純粋に行政権を行使する（権利救済的な機能を第一義としない）性質の組織と言えるためである[20]。

このように、1908年法では、権利救済機関として裁判所が除外された点において、新たな権利救済機関として近代的審判所が誕生する下地が整ったものの、権利救済を専門的に実施する機関は設けられなかった。

第2節　近代的審判所の誕生——1911年国民保険法

1911年に、国民保険（健康・失業保険）法（National Insurance Act 1911；以下、1911年法と言う）が制定された。この1911年法は3部構成になっており、第1部（Part Ⅰ）が医療保険に関するもので、第2部（Part Ⅱ）が失業保険に関するもの、第3部（Part Ⅲ）は総則的な規定であった。つまり、1つの法律によって2種類の社会保険制度が定められていたのである。

しかし、これら2種類の保険は、当初は単一の法律として規定されるはずではなかった[21]。医療保険法案と失業保険法案は、元々は別個の法案として独立に構想されていたのであるが、1911年1月に、これら2法案を単一の法案にまとめることが決定された[22]。この背景には、労働組合の圧力があったとされる。すなわち、失業保険制度を成立させることを強く望んでいた労働組合は、失業保険法案が単独で審議されるよりも、大きな制度の一部として審議された方が、成立の見込みが高まると考えていたのである[23]。

以上のような経緯から、医療保険と失業保険は単一の法律にありながら、い

---

19)　T. BUCK et al., supra note 5, p. 30.
20)　Ibid.
21)　K. D. BROWN, LABOUR AND UNEMPLOYMENT 1900-1914 (1971), pp. 144-145 によると、チャーチル（Winston Churchill）は、2つの法案を併合することは、現実的でもないし望ましくもない、と語っていたとされる。
22)　Ibid.
23)　Ibid. なお、樫原・前掲註(5)525頁および532頁註15参照。

くらか不整合な部分がある。そしてそれは、本書の問題関心である権利救済の仕組みに関しても、一定の影響を与えている。よって、ここでは２つの制度を別個に扱うこととする。

Ⅰ．1911年法——医療保険部分

（1）まず、1911年法の医療保険部分の成立過程について概観する[24]。

1911年法の成立以前には、国家が行う公的医療制度は、救貧法に基づく前近代的な仕組みしか存在しなかった。つまり、治療を受ける経済的な余裕がない市民は、慈善事業による扶助か、友愛組合のメンバーシップに頼るしかなかった。このため、医療保険を設けるべきだとの議論は国家レベルで強固に存在していたのであるが、他方で民間の保険会社や友愛組合、さらには医師らから、公的医療保険への強硬な反対が主張された。それらの団体との妥協の産物として、医療サービスは保険委員会（Insurance Committee）という特別に形成された組織によって管理運営され、現金の給付にかかる部分は、「認可組合（approved societies）」の管理下に置かれた。認可組合となることができたのは、友愛組合や労働組合、保険組合や取立組合（collecting societies）のうち、非営利目的とメンバーによる民主的コントロールという２つの要件を満たした組織である。市民は自らの選択によって組合を選び、組合員になることができたが、組合は一定の法律上の枠組みのもとで、規則制定の権限を与えられ、ある市民を組合員として受け入れることを拒否することもできた。

このような経緯で成立した医療保険制度は、小規模な改正を経験しつつも、ベヴァリジ報告の影響で1946年に本質的な大改正を受けるまで、その姿を大きく変えることなく存続した。

（2）1911年法の医療保険制度の実体的側面は、大略以下のようなものである。

被保険者は、16歳以上で、肉体労働に従事するすべての者および年間の収入が160ポンド以下の非肉体労働者であった[25]。保険料は男性が７ペンス、女性が[26]

---

24) N. J. WIKELEY *et al., supra* note 4, p. 520.
25) National Insurance Act 1911, s. 1 (1).
26) National Insurance Act 1911, s. 1 (2), first sched.

第2編　イギリス

6ペンスであり、各々の場合に使用者がそのうちの3ペンスを支払うこととなっていた[27]。給付の種類は、医療給付（medical benefit）[28]、疾病給付（sickness benefit）[29]、廃疾給付（disablement benefit）[30]、出産給付（maternity benefit）[31]、サナトリアム給付（sanatorium benefit）[32]である。

(3) 最後に、権利救済を中心とした手続的側面について検討する。

医療保険制度において認可組合と被保険者の間で生ずる、給付に関するほとんどの問題に対する上訴は、財務省から任命された[33]保険コミッショナー（Insurance Commissioners）が扱うこととされている。保険コミッショナーは、自らの任命した仲裁人（referee）に対して、上訴を扱う権限を委託することができ[34]、上訴の手続に関して自ら規則を定めることもできた[35]。保険コミッショナーおよび仲裁人の決定は、終局的な（final and conclusive）ものであるとされた[36]。[37][38]

---

27) National Insurance Act 1911, ss. 3, 4, second sched. 賃金が低額の場合には、別様の定めがあった。
28) National Insurance Act 1911, s. 8 (1) (a).
29) National Insurance Act 1911, s. 8 (1) (c). 疾病により稼働不可能な期間の所得を補償するもので、男性は週10シリング、女性は週7シリング6ペンスの額を、26週間受給できる。National Insurance Act 1911, fourth sched.
30) National Insurance Act 1911, s. 8 (1) (d). 疾病給付の期限が切れた後、稼働不可能な状況が続いている限り、期限の定めなく受給できる給付で、その額は男女とも週5シリングである。
31) National Insurance Act 1911, s. 8 (1) (e).
32) National Insurance Act 1911, s. 8 (1) (b).
33) National Insurance Act 1911, s. 57.
34) National Insurance Act 1911, s. 67 (1), (2).
35) National Insurance Act 1911, s. 67 (3).
36) National Insurance Act 1911, s. 67 (4).
37) National Insurance Act 1911, s. 67 (4).
38) このような給付決定の局面に関する上訴とは別に、被保険者資格の問題に関しても別個の上訴手続が設けられていた。ここでは、保険コミッショナーが決定を下し（National Insurance Act 1911, s. 66 (1) (a)）、それに対して不服を持つ市民は、県裁判所に対して上訴をすることができる（National Insurance Act 1911, s. 66 (1) (ⅰ)）。この県裁判所の判決にも不服があれば、高等法院の裁判官のうちで大法官（Lord Chancellor）が選出した者に対して更なる上訴をすることができ、この裁判官による判決が終局的なものとなる（National Insurance Act 1911, s. 66 (1) (ⅰ)）。本書では、本文中で述べたような給付決定の側面に関する権利救済を中心的に扱う。

このように、1911年法の医療保険部分においては、保険コミッショナーが権利救済の役割を担っていた。しかしながら、これは権利救済を専門に扱う機関ではなく、医療保険にかかる行政を広く扱う機関であったことから、権利救済の専門機関である近代的審判所制度と同じカテゴリーに分類されるべきものではない。[39]

II．1911年法――失業保険部分

(1) 次に、1911年法の失業保険部分について検討する。先に、成立に至る過程を概観し[40]、そののちに給付の実体的側面を検討した上で、最後に権利救済制度を含む手続的側面を考察する。

1911年法の成立以前、失業状態にある市民が頼ることのできる仕組みは、先に述べた医療に関する状況とほぼ同様であった。つまり、労働組合や友愛組合による私保険の制度と、救貧法による救済である。しかしながら、人々が陥る貧困のうちの多くが、個人の道徳的な堕落に起因するものではなく、社会経済的な要因であるということが広く認識されるようになると、要件が厳格な上、受給にスティグマを伴う救貧法とは別個の、国家による失業への対策が強く求められるようになった。[41]

このような状況にあった1909年、当時の失業問題を最も鋭く分析したベヴァリジは、職業紹介制度は失業問題に対する幅広いアプローチの一部でしかなく、保険制度によって更なる支援を行う必要があると主張した。[42] こうした主張

---

39) この「保険コミッショナー」という用語に対しては注意が必要である。ここで言うコミッショナーは、監督的・「行政的」な用語法である（T. Buck *et al.*, *supra* note 5, p. 30-31.）。これに対して、本書における後の時代の検討において、コミッショナーという役職が多く登場する（労災保険コミッショナー、社会保障コミッショナーなど）。これら後の時代のコミッショナーは、審判所制度の第二審にあたるもので、上訴を裁決する機関としてのコミッショナーであり、先のものと対比的に表現すれば、「司法的」な用語法であると言えよう。

40) N. J. Wikeley *et al.*, *supra* note 4, pp. 496-497.

41) しかしながら、救貧法に関する王立委員会が1909年に発行した報告書（*Report of the Royal Commission on the Poor Laws and the Relief of Distress*, 1909 (Cd. 4499).）の多数派報告（Majority Report）は、現存の失業保険を、強制保険ではなく任意加入の私保険として拡充することを勧告するに止まっていた。

42) William Beveridge, Unemployment: A Problem of Industry (1909), p. 236.

が反映され、1911年法に失業保険制度が設けられた。

(2) 次に、1911年法における失業保険制度の実体的側面を概観する。

対象となる職種は、建設、土木工事をはじめとする7職種に限定された[43]。対象となる職種の労働者は、週当たり2.5ペンスを拠出し、使用者も同額を拠出する[44]。国庫が、労使の拠出合計額の3分の1と同額を財源負担する。失業給付は、1週間の待機期間を得た後、週当たり7シリング給付されるが、1年あたり15週間を超えて受給することはできない[45]。また、労働争議の期間における労働の停止の間は、失業給付を受けることはできず、自らの非違行為によって職を失った場合には、失職から6週間、給付を受けることができない[46]。受給希望者は、過去5年間のうち26週間、対象職種で雇用されていたことを証明する必要がある[47]。

(3) 最後に、手続的側面を検討する。1911年法の失業給付に関するすべての請求、および、給付請求者・受給者が受給要件を満たしているか、受給資格を喪失したか等に関する問題は、保険官（insurance officer）によって第一次的に決定される[48]。

図2　1911年法・失業保険制度における権利救済の仕組み

出典：筆者作成

給付請求が拒否された場合や現に受けている給付が停止された場合、または給付の額が請求額と一致していない場合には、被保険者は保険官に対し、その事案を仲裁人裁判所（court of referees）へと報告する（report）よう要求することができる。仲裁人裁判所は当該事案に関し、自らが適切と考える解決を保険官へ勧告することが

---

43) National Insurance Act 1911, sixth sched.
44) National Insurance Act 1911, s. 85, eighth sched.
45) National Insurance Act 1911, seventh sched.
46) National Insurance Act 1911, s. 87.
47) National Insurance Act 1911, s. 86.
48) National Insurance Act 1911, s. 88 (1).

でき、保険官が反対しない限り、当該勧告は効力を生ずる。保険官が当該勧告に反対する場合、仲裁人裁判所の要求があれば、保険官は、自身が勧告に反対する理由を添えて、当該勧告を審判人（Umpire）へと照会する（refer）ことになる。この審判人の決定が終局的なものとなる。[49]

（4）次に、保険官、仲裁人裁判所、審判人がそれぞれどのような人物であるかを確認しておく必要がある。まず、第一次的決定を行う保険官は、商務省（Board of Trade）によって任命される。[50]次に、1回目の上訴を審理する仲裁人裁判所は、使用者を代表する者1名以上、それと同数の労働者代表、そして商務省が任命するチェアマン（chairman）1名によって構成される。[51]労使の代表が選ばれる元となる名簿（panel）は、商務省によって作成される。[52]その他、仲裁人裁判所の構成に関しては商務省が定める。[53]最後に、2回目の上訴を審理する審判人は、国王によって任命される。[54][55]

（5）この仲裁人裁判所および審判人が設けられたことをもって、イギリスの歴史において近代的審判所制度が誕生したとされる。[56]それでは、これらの制度は以前の権利救済機関と比してどのような特色を有しており、どのような意味においてそれ以前の歴史と断絶していたのであろうか。

まず1つに、権利救済のみを扱う機構として設計されている点である。これ以前の時代においては、社会保障法領域で生じる紛争の解決や権利救済に、通常の司法裁判所が用いられた例（1897年労働者補償法）や、ある実体的給付に関する行政事務を行う行政官が、その職務の一環として権利救済の職務を担っていた例（1911年法の医療保険部分）が見られた。これらとは異なり、裁判所以外

---

49) 以上、National Insurance Act 1911, s. 88 (1) (a).
50) National Insurance Act 1911, s. 89 (1).
51) National Insurance Act 1911, s. 90 (1).
52) National Insurance Act 1911, s. 90 (2).
53) National Insurance Act 1911, s. 90 (3).
54) National Insurance Act 1911, s. 89 (1).
55) イギリスにおける国王は、「イギリスの元首であり、主権を有する国会の一部分を構成する」とされる（戒能通厚編『現代イギリス法事典』（新世社、2003年）156頁〔植村勝慶〕）。
56) H. STREET, *supra* note 9, p. 2; Andrew Leggatt, *Tribunals for Users: One System, One Service* (2001), p. 138. 他多数。

の、権利救済を専門に扱う機関として設置された点で、1911年法の失業保険部分の審判所制度(仲裁人裁判所と審判人)は画期的であった。

いま1つに、給付に関する管理を行う行政からの独立性の程度という点が挙げられる。この点は本書が設定した分析軸と重なるため後に詳説するが、1908年老齢年金法の中央年金局のように、行政当局(同法においては地方行政局)の内部に設置された機関とは一線を画した、利益代表を任命する仕組み(仲裁人裁判所)と国王による任命(審判人)という仕組みが採用された点が重要である(もっとも、後述のとおり、行政当局が任命手続に関わっていた点など、独立性の評価に否定的に作用する部分も残っている)。

(6) 次に生じる疑問は、なぜ通常の司法裁判所の利用は排除され、特別の審判所制度が設けられたのか、というものである。この問題を考えるにあたっては、1911年法の制定に関わった当事者の議論と、法案審議過程における議会の議論を参照することが便宜であろう。

まず、1911年法の制定に関わったベヴァリジは、後年の回顧録において、特別の審判所制度(1911年法の失業保険における文脈では仲裁人裁判所)を設けることとした経緯を、以下のように語っている。失業保険の制度設計においては、個々の失業給付に関して、大臣が逐一(「なぜ誰々に給付を与えなかったか、もしくはその権利を剥奪したかというような」)説明責任を追及されること、それによって大臣の業務に支障が生じることが危惧された。そこで、商務大臣をこのような説明責任から解放するために、保険官や仲裁人裁判所というような「工夫」[58]をした。

この点は、近代的審判所の創設時においては必ずしも市民の権利の救済という観点が前面に出ていたわけではないことを示すものであり、注目に値しよう。

次に、通常の司法裁判所の利用が排除された理由に関しては、1897年労働者補償法に関する議論(本章第1節)で述べたことがそのまま当てはまる。すなわち、1911年法案の審議過程においては、労働者等の階級に関する問題が関わ

---

57) LORD BEVERIDGE, POWER AND INFLUENCE (1953), p. 83. W. H. ベヴァリジ著、伊部秀男訳『ベヴァリジ回顧録 説得と強制』(至誠堂、1975年) 107頁。邦訳は同書に拠った。

58) *Ibid.* 邦訳は同書に拠った。

るところでは、裁判所の公正さへの信頼が揺らぐ、という議論がなされていた[59]。つまり、労働者階級に対する無理解や蔑視から、司法裁判所は偏見に基づく判断を下すのではないか、との疑いがあったのである。その上、裁判所の審理は手続が硬直的で形式的すぎるし、その上手続にかかる費用も高価すぎる、という認識も、当時から一般的に存在していたと言われている[60]。

(7) 以上、1911年法の失業保険部分が、権利救済機関として初めて近代的審判所制度を設けたことを確認した。そしてここで設けられた審判所制度は、非常に高い評価を受け、権利救済制度としての審判所制度に多大な影響を与える先例となった[61]。

ここで、仲裁人裁判所および審判人という審判所制度を、先に設定した「独立性」という分析軸に従って考察する。

まず、仲裁人裁判所に関して、①行政からの独立性の程度を検討する。ここでは、構成員に使用者代表と労働者代表が含まれている点が、処分庁からの独立という点で積極的に作用する。しかし反面、このような労使の代表は商務省の作成した名簿から選ばれる点、審理手続を「掌中におさめる」と言われるほど強い影響力をもつチェアマンが商務省によって選ばれる点は[62]、処分庁からの独立性に関して否定的に作用しよう。

また、仲裁人裁判所の審理のために働く特別の職員は用意されておらず、大臣がその職員を提供していたため[63]、実際には商務省の職員がこの業務も担っていたと考えられる。さらに、チェアマンの報酬やその他のメンバーの休業補償も商務省によって支払われる点は[64]、運営費の観点での処分庁への依存を示して

---

59) H. C. Debates, 5th series, vol. 26, 30 May 1911, col. 1022.

60) *Ibid*.

61) H. STREET, *supra* note 9, p. 2.

62) D. Scott Stokes, *The Administration in 1945 of Some Tribunals Appointed by the Minister of Labour*, in R. S. W. POLLARD, ADMINISTRATIVE TRIBUNALS AT WORK (1950), p. 20. この議論は直接には、1935年失業保険法（Unemployment Insurance Act 1935）施行後の仲裁人裁判所に向けられたものであるが、同法においてもチェアマンの任命等にかかる状況には変化がないため、ここで参照するのに差し支えはないと思われる。

63) *Id*., p. 19. これも同じく直接には1935年〜45年に対する検討であるが、構造は1911年法の失業保険部分と変化しておらず、ここで参照することが可能であろう。

64) National Insurance Act 1911, s. 90 (5).

いる。

次に、②メンバーの独立した職権行使の保障に関しては、特に規定が設けられていない。上記①で検討した状況を考えると、独立した職権行使は、事実上もそれほど簡単ではないと考えられる。

(8) 続いて、第2段階目の権利救済機関である審判人に関しては、任命が国王によってなされるという点が仲裁人裁判所の場合と大きく異なっており、この点は審判人の処分庁からの独立性が高いと判断する要素となるであろう。しかしながら、審判人の審理を手伝う職員の独立性については定かではなく、また、審判人の報酬は、商務省が大蔵省の承認を得て決定し、議会によって規定された財政から支払われる。

独立した職権行使に関する規定はないものの、任命権限が国王に与えられている点から、商務省からの政治的圧力を比較的受けずにすむとも考えられる。

これらから、審判人は仲裁人裁判所よりも高度の独立性を有していると評価できそうである。

さらに、上訴を2度行うことのできる仕組みにしたことによって、最終的な判断がより独立性の高い権利救済機関である審判人に委ねられることとなり、その前の段階における仲裁人裁判所の独立性の低さが問題になる余地が小さくなるとも考えられる。

(9) ここで、後の時代（1950年代；本編第3章）において積極的職権行使との関係で重要性を持つことになる点に関して検討する。

この点は、1911年法（失業保険部分）には、第一次的決定を行う保険官と、審判所である仲裁人裁判所との特殊な関係を示す規定に関するものである。具体的には、同法88条1項(b)の、保険官が請求や問題に関して自分自身で決定しない方がよいと考える際には、仲裁人裁判所に対して問題を照会する（refer）

---

65) 1911年法の失業保険部分をほぼそのまま引き継いだ1935年失業保険法の施行後の仲裁人裁判所に関して、チェアマン以外のメンバー「が独立でありフェア・プレーの感覚を有しているならば（provided they were independent and had a sense of fair play）」、チェアマン以外のメンバーの「存在は重要であり、助けになる」との評価がある。D. S. Stokes, *supra* note 62, p. 20. しかしながらこの議論も、実際に彼らが独立性を有していたか否かに対する評価の材料にはならない。

66) National Insurance Act 1911, s. 89 (2).

ことができる、との規定である。同規定により保険官が仲裁人裁判所への照会を行う場合、保険官自身が第一次的決定をあらかじめなした上で照会を行うわけではない。つまり、この照会は第一次的決定を仲裁人裁判所に委ねるものと解され、上訴（不服申立て）の性質を有するものではない。つまり同規定は、審判所が第一次的決定の権限を保険官から委託されるという規定であり、審判所が行政類似の機能を発揮する場面を定めた、つまり審判所の行政からの独立性の不十分性を反映した規定であると考えることができる。また同時に、第一次的決定を仲裁人裁判所が担う場合があるということは、仲裁人裁判所が純粋・完全には裁決（権利救済）専門の機関とはなっていないことをも意味しよう。つまり、仲裁人裁判所は、権利救済を担う機関がそれ以外の職務をも併せて担っていた、従前の時代の影響をわずかに残しており、権利救済の専門機関としての近代的審判所の完成形ではないとも評価できそうである。

この規定は、長く後の時代にも残ることとなり、本書のもう1つの分析軸である審判所の積極的職権行使が、1958年の裁判例（ハブル事件判決：次章）によって初めて認められる際に重要な役割を果たすこととなる。

Ⅲ．第2節のまとめ

(1) 1911年法は、医療保険部分と失業保険部分からなっていた。両者はもともと別個の法案であったため、権利救済に関しても、別個の機構が設けられていた。医療保険部分においては、行政機関である保険コミッショナーが紛争の解決にあたっており、行政からの独立性を備えた裁決のための専門の機構は、未だ設けられていなかった。これに対して、失業保険部分では、使用者を代表する者1名以上、それと同数の労働者代表、そして商務省が任命するチェアマン（chairman）1名によって構成される仲裁人裁判所、さらに国王によって任命される審判人という、行政からの一定の独立性を備えた、権利救済のための専門の機関が備えられていた。

---

67) 実際に、次章において扱う裁判例（ハブル事件判決；R. v. Medical Appeal Tribunal (North Midland Region), Ex parte Hubble [1958] 2 QB 228, [1958] 2 All ER 374, [1958] 3 WLR 24.）の判旨は、本書と同じく、保険官から審判所への照会によって審判所が審理をする場合と、上訴を受けて審理する場合とを区別して論じている。

このように、1911年法の失業保険部分が、イギリスにおいて初めての近代的審判所を誕生させた。この仲裁人裁判所が、1932年の失業保険に関する王立委員会によっても、満足に機能しており大規模な変革は不要である、と肯定的に評価されていた。そして、その後数十年にわたって多様な法領域に設けられる何十もの審判所のモデルとなった。

　(2) 本書の「独立性」の分析軸によって検討すると、仲裁人裁判所については、構成員に使用者代表と労働者代表が含まれている半面、審理において主導的役割を果たすチェアマンは、商務省によって選ばれていた。また、職権行使や身分保障の規定はない。仲裁人裁判所のメンバー以外の職員も商務省の職員が担っていたと解されるし、チェアマンの報酬やその他のメンバーの休業補償も商務省によって支払われる。さらに、仲裁人裁判所の審理を求めるための手続も、仲裁人裁判所が行政（保険官）と緊密な関係にあることを示していた。

　以上から、仲裁人裁判所の独立性は低いものに止まっていた。また、第一次的決定を担うことを許す規定があるため、仲裁人裁判所が完全に、裁決（権利救済）専門の機関となっているとは言えない。

　また、審判人については、任命が国王によってなされるという点が仲裁人裁判所の場合と大きく異なっている。独立した職権行使に関する規定はないものの、このように任命権限が国王に与えられている点から、職権行使に関して（仲裁人裁判所におけるチェアマンほどは）商務省からの圧力を受けないであろうし、解職される恐れも事実上減少すると解される。しかしながら、審判人の審理を手伝う職員の独立性については定かではなく、また、審判人の報酬は、商務省が大蔵省の承認を得て決定し、国会によって規定された財政から支払われていた。

　このように、審判人の独立性は、仲裁人裁判所よりは高度なものであったということができる。しかしながら、その独立性の程度にはなお改善の余地が残されていたと言えよう。

---

68) T. Buck et al., *supra* note 5, p. 31.
69) S. H. Bailey and M. J. Gunn, *supra* note 2, p. 35.

第3節　拠出制の寡婦・孤児・老齢年金

(1)　先に第1節において、老齢年金に関する1908年法について検討した。同法は、実体的には無拠出かつ資力調査制の給付を設けており、手続的には、権利救済機関として近代的な審判所制度を未だ備えていなかった。この1908年法による仕組みが大きな改正を迎えるのは、1925年の拠出制寡婦・孤児・老齢年金法（Widows', Orphans' and Old Age Contributory Pensions Act 1925；以下1925年法と言う）の制定によってである。本節では、まず1908年法制定以降、1925年法の制定に至るまでの歴史的経緯を概観し、次に同法の実体的側面を検討したうえ、最後に同法の手続的側面を、権利救済制度を中心に検討することとする。

(2)　1908年法から1925年法に至る経緯は、以下のようなものである[70]。1908年法の制定後、1919年に、同じく老齢年金に関する法律が制定された（Old Age Pensions Act 1919；以下1919年法と言う）。1919年法は、1908年法によって設けられていた厳格な資力調査を幾分緩和した[71]。さらに、1908年法においては、貧困者に対する救済施策を受けているような市民には年金の受給資格はなかったのであるが、それらの市民に対しても、年金の受給権を与えた[72]。このように、「救済に値する貧困者」とそうでない者とを選別していた1908年法の色彩は、1919年法によっていくらか払拭されかけていた。

この時期、政府は税収を減らそうと考えていたが、年金受給者の増加が政府の支出に大きな負担を与えていた。さらに、1911年国民保険法によって導入された医療保険および失業保険が一定の成功を収めていたため、保険という仕組みに対する肯定的な感情が生じていた。このような状況のもと、当時の健康大臣（Minister of Health）であるチェンバレン（Neville Chamberlain）の主導によって、拠出制の年金制度（年金保険）を備えた1925年法が成立した。なお、この1925年法の成立によって、1908年法以来の無拠出制の年金制度が廃止されたわ

---

70)　以下、歴史的経緯の記述に関しては、特に注記のない限り N. J. Wikeley *et al., supra* note 4, p. 591 による。

71)　Old Age Pensions Act 1919, s. 3 (1).

72)　Old Age Pensions Act 1919, s. 3 (1).

けではなく、両者は並行して運営された[73]。

(3) 次に、1925年法の実体的側面を概観する。1925年法の被保険者は、1924年国民健康保険法（National Insurance Act 1924）のもとでの被保険者を基本として、それに1925年法自体によって被保険者とみなされる者を加えたものである[74]。1924年国民健康保険法の被保険者は、すべての肉体労働者と、それ以外の労働に従事する者のうち年間の収入が250ポンドを超えない者であり[75]（これらに加えて様々な除外事由がある[76]）、イギリスの全人口のほぼ3分の1をカバーしていた[77]。

給付の内容は、①被保険者が死亡した場合に、寡婦に対して週当たり10シリングの給付を行う寡婦年金（widow's pension）[78]、②被保険者や寡婦が死亡した場合の孤児に対して週当たり7シリング6ペンスの給付を行う孤児年金（orphan's pension）[79]、③65歳以上70歳未満の被保険者である男女等に対して週当たり10シリングの給付を行う老齢年金（old age pension）[80]、の3種である。

通常保険料（ordinary rates of contribution）は、65歳未満の被保険者に関しては、男性9ペンス（うち使用者が半額負担）、女性4.5ペンス（うち使用者が2.5ペンス負担）である[81]。保険料はすべて大蔵省の指示に従って年金勘定（pensions account）にまとめられ、そこからすべての年金給付が行われる[82]。

(4) それでは、1925年法の手続的側面（特に権利救済の機構）はどのようなものであったか。

まず、年金にかかる請求はすべて大臣（Minister）に対してなされる[83]。給付

---

73) 樫原朗『イギリス社会保障の史的研究 II』（法律文化社、1980年）181頁。
74) Widows', Orphans' and Old Age Contributory Pensions Act 1925, s. 2 (1).
75) National Insurance Act 1924, s. 1, sched. 1 part I, II (k).
76) National Insurance Act 1924, s. 2, sched. 1 part II.
77) W. H. AGGS, THE NATIONAL HEALTH INSURANCE ACT, 1924 [14 & 15 Geo. 5, c. 38] WITH FULL NOTES, INTRODUCTION AND INDEX (1924), p. iv.
78) Widows', Orphans' and Old Age Contributory Pensions Act 1925, s. 1 (1) (a).
79) Widows', Orphans' and Old Age Contributory Pensions Act 1925, s. 1 (1) (b).
80) Widows', Orphans' and Old Age Contributory Pensions Act 1925, s. 1 (1) (c).
81) Widows', Orphans' and Old Age Contributory Pensions Act 1925, s. 9 (1) (i), first sched. part I.
82) Widows', Orphans' and Old Age Contributory Pensions Act 1925, s. 11 (1).
83) Widows', Orphans' and Old Age Contributory Pensions Act 1925, s. 29 (1).

請求に関して大臣がなした決定に、市民が不満を持つ場合に、当該市民が上訴を行えば、仲裁人 (referee) に対して問題が照会される (ただし、大臣の決定が終局的とされるような問題、また大臣の裁量に属する問題に関しては、このような照会は行わなくともよい)[84]。仲裁人は、国民健康保険合同委員会 (National Health Insurance Joint Committee) の定める規則に沿って、仲裁人名簿から選任され、この仲裁人の判断が終局的なものであった[85]。このように、前述の被保険者資格の設定に続き、権利救済の場面でも健康保険制度との連携が見ら

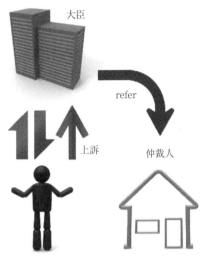

図3　1925年拠出制寡婦・孤児・老齢年金法における権利救済制度

出典：筆者作成

れる。仲裁人はたいていの場合、上級法曹であり、仲裁人の決定は公表されなかった[86]。また、仲裁人は法的論点に関しては高等法院に照会を行う権限を有していたが、このような権限はほとんど行使されなかった[87]。

　大臣は、給付にかかる決定の後に新たな事実に気付いた場合には、自身がなした決定を修正することができる (ただし、市民が上訴をして仲裁人に問題が照会されている場合等には、大臣は、市民の合意がない限り決定の修正を行うことができない[88])。

(5) この仲裁人という権利救済機構は、1911年法の医療保険部分 (第2節I)

---

84) Widows', Orphans' and Old Age Contributory Pensions Act 1925, s. 29 (2).
85) Widows', Orphans' and Old Age Contributory Pensions Act 1925, s. 29 (2).
86) N. J. WIKELEY et al., supra note 4, p. 179; T. Buck et al., supra note 5, p. 31. ただし、ダイジェストの形式で記録されている。Archibald Safford, The Creation of Case Law under the National Insurance and National Insurance (Industrial Injuries) Acts (1954), MODERN LAW REVIEW, vol. 17, p. 201.
87) N. J. WIKELEY et al., supra note 4, p. 179.
88) Widows', Orphans' and Old Age Contributory Pensions Act 1925, s. 29 (3).

において設けられていた仲裁人と類似したものにも見える。しかしながら、1911年法の医療保険部分ではあくまで保険コミッショナーが上訴を扱い、同法における仲裁人は権限が移譲された際に分担して任に当たる者に過ぎなかったのに対し、この1925年法における仲裁人は、必置の機関であり、上訴の審理を専門とする機関である。この点で、1911年法の機構とは異なり、1925年法のもとでの仲裁人は、本書で言う審判所制度に分類することができる。

このように1925年法で審判所制度が導入された背景には、前節Ⅱ（1911年国民保険法の失業保険部分）で論じた仲裁人裁判所および審判人という審判所制度が「並はずれてうまくいった」ため、それに倣ったものであると考えられる（しかしなお、両制度の差異は大きい）。

そこで、1925年法における仲裁人を、先に設定した「独立性」という分析軸を用いて考察する。本書はこの分析軸を、①行政からの独立と、②独立した職権行使の保障という2つの要素を含むものと定義していた。

まず、①行政からの独立について検討する。上記のように、仲裁人の選任には国民健康保険合同委員会が強く関わっている。この国民健康保険合同委員会については、1925年法自体にではなく、1924年国民健康保険法（National Health Insurance Act, 1924）に規定されている。構成は、保健大臣（委員長を務める）、スコットランドの保健大臣、北アイルランドの労働大臣、さらにウェールズの国民健康保険に関して特別の知見を有する者（保健大臣によって任命される）である。1925年法による年金制度は保健省が所轄しているため、仲裁人の任命に関して行政の意向が大きく反映される制度になっていると言えよう。次に、仲裁人の職務を補佐する職員に関しても、特別の規定は置かれておらず、保険省をはじめとする行政の職員が兼務するものと考えられる。さらに、これら権利救済にかかる費用も、1925年法の他の行政コスト一般と同じく、議会の定めた予算の中で、大蔵省の同意のもとで支払われることになる。

また、②独立した職権行使についても、特別の規定は置かれていない。大臣の裁量に属する問題や、大臣の決定のうちそれ自体が終局的とされる問題に関

---

89) H. STREET, *supra* note 9, p. 2.
90) National Health Insurance Act 1924, s. 88 (1).
91) Widows', Orphans' and Old Age Contributory Pensions Act 1925, s. 12.

しては、仲裁人が上訴を扱うことができなかったという事実を考慮すると、事実上も、独立した職権を行使できたかに関しては強い疑問がある。

さらに、仲裁人の決定が公表されなかったことも注目されよう。この点は、「独立性」の文脈とは直接は関係しないが、終局的な決定を行う権利救済機関の決定が公表されず、仲裁人が紛争の解決を公正に行っているか否かが市民による批判的検討にさらされずに済んでしまうことは、問題を含んでいると言えるであろう[92]。

以上の検討から分かるように、1925年法における仲裁人という権利救済機関は、あまり高度の独立性を有していたとは評価できない。先に第3節Ⅱ（1911年法の失業保険部分）において検討した仲裁人裁判所には労使代表が存在していたという点で、1925年法の仲裁人の独立性は、仲裁人裁判所のものよりも劣ると言えそうである。このような事実は、審判所制度の独立性の達成度が、時代とともに一律に進歩を遂げていったというより、むしろ各々の社会保障制度ごとに独自の進度で発展したことを示唆しよう。

第4節　失業扶助の誕生

Ⅰ. 背　景

（1）1911年法による失業保険制度の導入を上記第3節Ⅱにおいて検討した[93]。同法は先進諸国において初めて成立した、強制失業保険であった点で、画期的なものであった。しかしながら、同法においてカバーされていたのは、1000万の全労働人口のうち4分の1にも至らず、給付の水準も低かった。その後、第一次世界大戦が終結し、軍人の多くが市民生活へと戻ったが、雇用労働に就くことのできなかった者は失業保険の被保険者になることができなかった。このことから、自らの過失によらずに失業した人々には権利として救済が与えられるべきであるとの市民感情が生じた。これによって、政府は普遍的な保険制度を作る方向へ進み、1920年失業保険法（Unemployment Insurance Act 1920；以下1920年法）が制定された。この1920年法によって、農業と女中奉公（domestic

---

92) A. Safford, *supra* note 86, p. 201.
93) N. J. Wikeley et al., *supra* note 4, pp. 497-498.

service)、公務員（civil service）を除く全労働者が失業保険制度に取り込まれ、被保険者の数は1920年法制定前の400万人から、1100万人へと大幅に増加した。

(2) しかしながら、深刻な景気後退のため、保険制度にかかる負荷が過重になってしまった。というのも、給付と負担に関する保険数理は、失業率を5.32%と仮定して設定されていたのであるが、1920年から1940年の間に失業率が10%を下回ったことは、実際には1度もなかったからである。この結果、保険基金は5900万ポンドの負債を抱えることとなり、国内外からの極度の政治的・経済的圧力に屈して、失業保険給付を10%切り下げた。この失業率の問題に加えて、さらに深刻だったのが、1920年代の失業が一定の地域の一定の産業に偏在していたことである。失業保険制度には受給期間の制限があるため、これらの地域において生じた慢性的・長期的失業に対しては保護を与えることができなかった。長期失業者を救貧法の救済に陥らせないための唯一の方法は、失業に対して、保険料拠出を要件としない給付を与える仕組みを作り、それを保険制度と並走させることであった。戦間期には、様々な方法によってこのような仕組みが続けられた。

(3) 例えば、1920年失業保険法（Unemployment Insurance Act 1920）のもとで失業給付を受けるためには、通常12回の保険料拠出が要件となっていた[94]。しかしながら、この規定をそのまま適用すると、失業給付を受けられない失業者が数多く出ることとなる。そのため、経過規定として、同法施行から12カ月間は、4回の拠出という要件を満たせば、失業給付を最長8週間受けることができる旨が定められた[95]。

さらに、1921年失業保険法（Unemployment Insurance Act 1921）では、失業給付の受給要件に関して一層の修正を加える規定が設けられた。すなわち、1919年12月31日以降の期間において、20週間以上（軍人らに関しては10週間以上）[96]労

---

94) Unemployment Insurance Act 1920, s. 7 (1) (i).
95) Unemployment Insurance Act 1920, s. 44. 同法の制定過程では、このような経過規定によって給付を行った場合、およそ100万ポンドの追加的な支出が生じるが、失業保険基金の収支状況がかなり好調であるため、この追加的な支出には問題がないと考えられていたようである。B. GILBERT, BRITISH SOCIAL POLICY 1914-1939 (1970), p. 76. なお、N. J. WIKELEY et al., supra note 4, pp. 497-498 では、この文脈において Unemployment Insurance Act 1920, s. 8 (4) が引用されているが、これは誤りであると思われる。

働した者は、同法における保険料拠出の要件を満たしたものと扱われ、16週間にわたって失業給付を受給できることとされた[97]。このように同法のもとでは、実際に保険料を拠出したか否かにかかわらず、失業給付を受給することができた。これが、いわゆる無契約給付（uncovenanted benefit）である。無契約給付は一時的なものであるはずだったが、極度の経済不況のため、その廃止は困難であり、数度にわたって実施期間が引き延ばされた[98]。その結果、1933年には、無契約給付の受給者の数が、保険給付の受給者数を上回るに至った。

　1930年から1932年にかけて、失業保険に関する王立委員会が、大規模な制度の見直しを行った。その結果、1934年に新たな失業対策の法律が成立することになる。

II．1934年失業法——失業扶助の誕生

　（1）従前の法制度と比較した際の1934年失業法（Unemployment Act 1934；以下1934年法）の特徴は、拠出制の保険制度と、拠出によらない扶助制度を明確に区分した上で、両者をまとめて規定している点である。

　（2）まず、第1部（part I）が、従前から続く失業保険制度に対して修正を加えるものである。制度自体に関しては特に変更が加えられているものではないので、ここでは以下の点のみを確認しておく。すなわち、失業給付が受給可能な日数は、基本的には156日であるが、一定の要件を満たせば、受給可能日[99]

---

96) Unemployment Insurance Act 1921, s. 3 (2).

97) Unemployment Insurance Act 1921, s. 3 (1).

98) Unemployment Insurance Act 1925, s. 1 によって修正された Unemployment Insurance (No. 2) Act 1924, s. 1 (3) は、Unemployment Insurance Act 1927, s. 14 によって引き継がれた。この際、同法同条2項によって、給付には12カ月の期間の限定が付されていた。これはのちに、Unemployment Insurance (Transitional Provisions Amendment) Act 1929, s. 1 によって「24カ月」と変更され、さらに Unemployment Insurance Act 1930, s. 16 (1) によって「36カ月」、Unemployment Insurance Act 1931, s. 2 (1) によって「42カ月」と変更されている。このように、無契約給付は経過規定（transitional provision）によってその実施期間が次々に延長されていたので、「『経過的』給付（'transitional' payments）」（N. J. WIKELEY et al., supra note 4, p. 498）という表現がされる場合があるものと考えられる。

99) Unemployment Act 1934, s. 3 (1).

数が追加されることとなった。[100]

 (3) 次に、同法第2部（part Ⅱ）が、失業扶助を新たに設けた部分である。この第2部の冒頭の条文によって、失業扶助に関して管理運営の責任を担う失業扶助庁（Unemployment Assistance Board）の設立が宣言される。[101]同庁はイギリス各地に諮問委員会（advisory committee）を設置し、構成員に手当を支払う。[102]また、大臣に対して年に1度、失業扶助制度に関する報告を行う責任を負う。[103]

 失業扶助制度の対象者は、①16歳以上65歳未満であること、②通常の職業が寡婦・孤児・老齢年金法に言う雇用（employment）であるか、当地域の産業状況が良ければそのような職業に就いていると考えられる者、③稼働能力があり、求職していること（capable of and available for work）である。[104]そして、給付の受給のためには、①市民が所定の方法で労働に登録され（he is registered for employment）、給付への申請を行ったこと、②仕事についていないか、自身の生活の維持に十分なだけの収入を得られないような、パートタイムの、あるいは断続的な仕事にしかついていないこと、③給付を受ける必要性があることの3要件を満たしていることを証明する必要がある。[105]給付の額は、申請を行った市民のニーズ（申請者の扶養家族で同法の適用対象となる者のニーズを含む）との関係で決定される。[106]ニーズの算定を行うに当たっては、申請者が属する世帯全体

---

100) Unemployment Act 1934, s. 3 (2).
101) Unemployment Act 1934, s. 35 (1).
102) Unemployment Act 1934, s. 35 (3).
103) Unemployment Act 1934, s. 35 (4).
104) Unemployment Act 1934, s. 36 (1) (a)-(c). なお、ある市民がこれらの条件を満たすか否かについての問題は、失業扶助庁の職員がまず決定し、その決定に対して後述の上訴審判所のチェアマンに対して上訴をすることができる（その決定が終局的なもの）。Unemployment Act 1934, s. 36 (3). このように、同法においても、後述の給付請求の場面とは別に、法の適用対象であるか否かについても上訴の仕組みがあるが、本書では給付請求の場面における権利救済に焦点を絞るため、これまで同様、この問題については大きくは扱わない。
105) Unemployment Act 1934, s. 38 (1) (a)-(c). このように制度の対象者と受給要件が別個に定められているのは、給付の可否と給付額にかかる給付請求者の資力の算定が世帯単位で行われることと関係している（本文参照）。すなわち、世帯単位での算定の際に考慮されるのが、請求者を含む制度の対象者であり、制度の対象者でないものはその算定から除外される。
106) Unemployment Act 1934, s. 38 (2).

の所得を計算することや、友愛組合から傷病手当として受給する第1週目の5シリング、および国民健康保険法により受給する第1週目の7ないし6シリングは、所得の算定にあたって控除されること、第1週目の1ポンドの負傷（wounds）・障害年金は控除されること、等といった控除に関する規定が置かれている[107]。申請者の状況の調査には、失業扶助庁の職員が当たる場合と、労働省や地方自治体の職員が当たる場合がある（後者の場合には失業扶助庁が大臣や地方自治体と取り決め（arrangements）をかわす必要がある）[108]。

Ⅲ．権利救済制度——別個の制度

(1) 以上、1934年失業法のもとでの失業保険、失業扶助両制度に関して、給付にかかる実体的側面を検討した。次に、権利救済制度を中心とする手続的側面に関して検討する必要がある。単一の法によって規定されているとはいえ、失業保険に関しては既存の制度の修正であり、失業扶助に関しては制度創設的な側面が強いという1934年法の性格から、手続的には両者は全く異なっていた。

(2) まず、失業保険部分への1934年法の影響は、以前からの仕組みを踏襲した1930年失業保険法の部分的修正に止まっていた。しかしながらこの1930年失業保険法が、第2節Ⅱで検討した1911年法との関係で、重大な変更を含んでいたため、ここで触れておく必要がある。

すなわち、1911年法では、厳密には被保険者が上訴するという形式ではなく、保険官が行動の主体となって、仲裁人裁判所と審判人の審理が行われていた（第2節Ⅱ(3)参照）。これに対し、1930年法は、明確に、被保険者（申請者）による「上訴（appeal）」の形式を定めたのである。具体的には、仲裁人裁判所との関係では、給付「請求が保険官によって拒否された場合、申請者は（中略——引用註）、仲裁人裁判所に対して上訴をすることができる」と規定された[109]。さらに審判人との関係でも、仲裁人裁判所の裁決に対して、保険官・組合・請求者が審判人に対して「上訴」することができる、と規定された[110]。

---

107) Unemployment Act 1934, s. 38 (3) (a)–(e).
108) Unemployment Act 1934, s. 38 (5).
109) Unemployment Insurance Act 1930, s. 8 (4).
110) Unemployment Insurance Act 1930, s. 8 (5) (a)–(c).

このような規定は、審判所が被保険者と保険官に対して第三者的な機関であること、すなわち独立した権利救済機関であるとの認識が強まるという意味において重要である。

　しかしながら、1911年法以来の、保険官が請求や問題に関して自分自身で第一次的決定しない方がよいと考える際に、仲裁人裁判所に対して問題を照会するという規定は、温存されたままであった。

　(3) それでは、上記の失業保険とは別に、新たに創設された失業扶助に関しては、どのような手続が設けられていたか。

　給付の請求、および請求にかかる問題はすべて、上述の失業扶助庁の職員によって第一次的に決定される。[111] 失業扶助に関する問題のみに対処するための上訴審判所が設けられているため、[112] 決定に不服のある市民はこの上訴審判所に対して上訴を提起することができる。[113] しかしながら、あらゆる場合に上訴が可能なわけではなく、上訴審判所のチェアマンによって、上訴の許可を受けることが必要である。[114] 上訴の許可は、チェアマンが、当該市民の第一次決定が法の規定に即して行われたものか疑わしいと感じるときにのみ出される。[115] 上訴審判所は、上訴を受けた第一次的決定を正しいものと認証（confirm）したり、自らの決定をそれに代置したりする決定を行い、この上訴審判所の決定が終局的なものである[116]（つまり、更なる上訴を行うことはできない）。

　また、特に困難な問題が生ずるような事例では、第一次的決定を行う失業扶助庁の職員、および上訴を扱う上訴審判所は、失業扶助を現金以外で給付したり、条件付きで給付したりすることができる。[117]

　このように、失業扶助における権利救済は上訴審判所によって担われている。この上訴審判所は、それぞれ 1 人のチェアマンと 2 人のその他のメンバー

---

111) Unemployment Act 1934, s. 39 (1).
112) Unemployment Act 1934, s. 39 (4). 条文上は単に「appeal tribunal」とのみ規定されており、（例えば「失業扶助上訴審判所」のように）同法下の審判所の固有性を認識できるような表現は用いられていない。
113) Unemployment Act 1934, s. 39 (5).
114) Unemployment Act 1934, s. 39 (5).
115) Unemployment Act 1934, s. 39 (5).
116) Unemployment Act 1934, s. 39 (5).
117) Unemployment Act 1934, s. 40.

によって構成されており、それぞれが失業扶助庁によって割り当てられた地域を担当する。チェアマンの任命は労働大臣（Minister of Labour）が行い、その他のメンバーのうち1人は、労働者を代表するために大臣が推薦（nominate）した者の名簿のうちから失業扶助庁が選んだ上で同庁が任命し、もう1人は失業扶助庁を代表するために同庁の職員のうちから同庁自身が任命する。チェアマンがやむを得ない事情により欠席する際には、大臣がチェアマンに代わる人物を任命し、その他のメンバーが同様に欠席する際には、失業扶助庁が任命する。チェアマンは報酬を受け、その他のメンバーは旅費と手当てを受ける。失業扶助庁は、各々の審判所のために働く事務職員らを選任する。上訴審判所のメンバーのオフィスの保有、上訴にかかる手続一般、上訴に出席する者への旅費の支払い、審判所のメンバーに欠席がある際の上訴の進行の可否等、審判所にかかる広範な事項に関する規則制定の権限が失業扶助庁に与えられている。

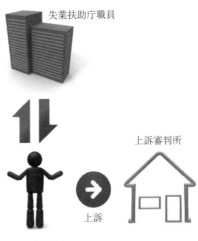

図4　1934年失業法・失業扶助制度における権利救済の仕組み

出典：筆者作成

（4）このような上訴審判所を、権利救済のための機関と表現することは、適切ではない可能性がある。なぜなら、失業扶助制度において審判所が設けられた理由は、市民に対して上訴の権利を与えることが重視されたためというよりは、失業扶助の決定に関して生じる政治的な圧力から大臣を守るためであった

---

118) Unemployment Act 1934, seventh sched. 1.
119) Unemployment Act 1934, seventh sched. 2.
120) Unemployment Act 1934, seventh sched. 3.
121) Unemployment Act 1934, seventh sched. 3.
122) Unemployment Act 1934, seventh sched. 4.
123) Unemployment Act 1934, seventh sched. 5.
124) Unemployment Act 1934, seventh sched. 6.

と言われているためである[125]。事実、上訴審判所は「正義とか、法的権利といった理論的な思考とはほとんど関係がなかった。審判所の司法的な役割は、当初から軽視されていた[126]」との評価からは、この制度においては市民の「権利」を「救済」するという視角は欠けていたか、少なくとも乏しかったと考えるのが妥当であるように感じられる（後述の独立性の問題も、上訴審判所に対するこのような評価と関わる）。

このように、失業扶助制度においては、失業保険制度とは全く異なる権利救済（紛争解決）制度が備えられていた。最後にここで、1934年失業法によって設けられた失業扶助制度の権利救済制度に関して、失業保険制度におけるそれとの異同を意識しつつ、「独立性」という本書の設定した分析軸を用いて検討する。この分析軸は、①権利救済機関の、（立法・）行政からの独立、②権利救済機関の構成員の、独立した職権行使の保障という2要素を含むものであった。

まず、①上訴審判所の行政からの独立に関して検討する。メンバーの構成は、処分庁とのつながりを強く有していた。チェアマンが所轄大臣である労働大臣によって任命されるうえ、残り2人のメンバーのうち1人は処分庁である失業扶助庁の職員である。また、上訴審判所の審理を補佐する職員に関しても、上訴審判所の管理運営のコストに関しても、上述のように失業扶助庁が決定する事項となっている。

次に、②独立した職権行使の保障についてであるが、これに関しては特に規定が設けられていない。ただ、上訴審判所が自らの決定を、（上訴審判所が違法であると考える）保険官の決定に代置する旨が規定されていること[127]は、このような決定を行うことが制定法上の義務であるという意味で、上訴審判所が政治的な圧力をかわすために有益かもしれない。しかしながら、メンバーに処分庁

---

125) T. BUCK et al., *supra* note 5, p. 32.
126) T. Lynes, *Unemployment Assistance Tribunals in the 1930s*, in MICHAEL ADLER AND ANTHONY BRADLEY (eds.), JUSTICE, DISCRETION AND POVERTY; SUPPLEMENTARY BENEFIT APPEAL TRIBUNAL IN BRITAIN (1975), p. 7. ここで言われる審判所は、失業扶助制度における審判所を指しており、審判所制度一般を批判しているわけではないことに関して注意が必要である。
127) Unemployment Act 1934, s. 39 (5).

たる失業扶助庁の職員が加わっており、チェアマンも労働大臣の任命によっている上訴審判所が、現実的に独立した職権行使を行えたかは疑問である。

(5) 以上を総合すると、失業扶助における上訴審判所における独立性の程度は低かったと言わざるを得ず、学説も「1934年には明らかに、独立の上訴の機構を作るつもりは全くなかった」[128]との評価を下している。この点は、同じく失業対策の制度である保険制度（失業保険）における権利救済機関との比較によって、容易に理解できよう。すなわち、失業保険制度では、第1回目の上訴が、労使代表メンバーを有し、処分庁の職員がメンバーになっていない仲裁人裁判所に、そこから更なる上訴が、国王の任命による審判人になされるという2層構造となっていた。これに対して、失業扶助制度の権利救済は、処分庁の職員がメンバーとして加わり、しかも1回の上訴しか許されていない。この点について、フルブルック（Julian Fulbrook）は、「新たな審判所の『独立性』は、政策的な理由から、明らかにうわべだけのものであった」と評価している。この失業扶助における審判所の性格は、のちの国民扶助や補足給付の時代における審判所制度にも重大な影響を残すこととなる。

第5節　老齢扶助

(1) 前節で検討した1934年失業法による失業扶助の導入後、貧困者向けの施策は一層の展開を見せる。1940年老齢・寡婦年金法（Old Age and Widows' Pensions Act 1940）が、老齢者に対する補足年金制度を設けたのである。

補足年金の対象は、拠出制老齢年金を受給している者、および60歳以上で寡婦年金を受給している者である[129]。これらの者が自らのニーズを証明した場合、給付が与えられうる[130]。つまり資力調査付きの給付である。

(2) 手続的な側面については、補足年金の給付に関する業務の実施に、上述の失業扶助における仕組みが用いられることとなった。すなわち、失業扶助庁

---

128) George Lach, *Appeal Tribunals under the National Assistance Act, 1948* in ROBERT S. W. POLLARD (ed.), ADMINISTRATIVE TRIBUNALS AT WORK (1950), p. 56.
129) Old Age and Widows' Pensions Act 1940, s. 9 (1).
130) Old Age and Widows' Pensions Act 1940, s. 9 (2).

がこの補足年金の給付に関しても給付に関する行政を行う[131]。これに伴い、失業扶助庁という名称は用いられなくなり、同庁は代わりに「扶助庁（the Assistance Board）」と呼称されることになった[132]。なお、権利救済等の手続に関しては、基本的に1934年失業法の規定が用いられる[133]。よって、審判所の性質に関する第4節の検討が本節でもそのまま当てはまる。

第6節　ベヴァリジ報告書

　1942年、社会保障制度を根本的に見直し、戦後イギリスの社会保障制度に関して基本的な方向性を提示したベヴァリジ報告書[134]が公表された。同報告書の主たる関心は実体面、つまり社会保障関連給付の内容そのものに置かれており、審判所のような権利救済の仕組みに言及する部分はごく少ない。
　しかしながら、当時の審判所制度は実体法制度に付随して設けられていたし、また、同報告書が審判所制度に対して行った指摘は、短いながらも次章以降の検討との関係で重要であるため、同報告書に関してここで検討する。

I．ベヴァリジ報告書の基本理念と基本方針

　ベヴァリジは社会保障を、「失業、疾病もしくは災害によって収入が中断された場合にこれに代わるための、また老齢による退職や本人以外の者の死亡による扶養の喪失に備えるための、さらにまた出生、死亡および結婚などに関連する特別の支出をまかなうための、所得の保障を意味する[135]」と定義した。その上で、これを達成するための主たる手段として、包括的な社会保険制度を利用すべきであるとした。この提案は、それまで単に個別の使用者の責任を定めていたに過ぎない労働者災害補償を社会保険化するなど、従前の社会立法に対す

---

131)　Old Age and Widows' Pensions Act 1940, s. 10 (3).
132)　Old Age and Widows' Pensions Act 1940, s. 10 (1).
133)　Old Age and Widows' Pensions Act 1940, s. 10 (3).
134)　William Beveridge, Beveridge Report *Social Insurance and Allied Services* (1942, Cmnd 6404). 邦訳、山田雄三監訳『ベヴァリジ報告　社会保険および関連サービス』（至誠堂、1969年）。
135)　W. Beveridge, *supra* note 134, para. 300. 邦訳は、山田・前掲註(134)185頁に拠った。

る根本的な変革を含んでいた。

　しかしながら、社会保険によってカバーすることが困難であると考えられる問題に関しては、異なる方式によって対処しようとした。例えば、大家族に関しては家族手当を、疾病に関しては保険制度に拠らない国民保健サービスを、それぞれ導入すべきことを提案した。そして、公的扶助をごく例外的な問題に対処するものと位置づけた。

　このような、社会保障実体法の劇的な改革は、社会保障法領域における権利救済制度（審判所制度）に対しても大きな影響を与えるであろうことが予想される。なぜなら、本章でこれまで検討してきたとおり、当時の審判所制度は各実体法ごとに規定されており、実体法の中身の差異によって異なった制度設計がなされているためである。

Ⅱ．審判所による権利救済への言及

　（1）ベヴァリジ報告書は、同報告書の示す基本理念に沿って、社会保障計画全体を「社会保障省」が統一的に管理することとしている（ただし、国民保健サービスに関しては同省ではなく医療局が担当する）[136]。このため、同報告書は、社会保障の権利救済に関しても、基本的には統一された機関が扱うことを予定していた。

　すなわち、社会保障省またはその代行機関が給付請求に関して行ったあらゆる決定に関して、失業保険における仲裁人裁判所に類似した、独立の地方審判所（independent local tribunal）に1度目の上訴を提起し、さらに不服のある者は国王が任命した審判人（Umpire）に対して更なる上訴を提起することができる。この審判人の裁決が終局的なものとなる。この機構は地方ごとに設けられ、非形式的な審理を行うものであり、下記（2）で述べる一部の例外を除いて、すべての社会保障給付に関して管轄を有するものである[137]。

　また、上記の給付請求の局面とは異なる、保険料の拠出義務や被保険者資格の区分の問題に関しても、同じく、現存の仲裁人裁判所のチェアマンから構成される地方審判所に1度目の上訴を、そして審判人に対して更なる上訴を行う

---

136) W. Beveridge, *supra* note 134, para. 385.
137) 以上、*Id.*, para. 394.

ような仕組みを提案している。なお、審判人の判決と通常の司法裁判所の関係については、さらに検討を要するとしている。[138]

　(2) ベヴァリジ報告書が、上記のような統一的な審判所制度の例外として位置づけていたのが、労災保険にかかる権利救済を担う審判所である。同報告書が労災保険に関する審判所のみを別扱いとしたことの理由は、同報告書からは明確には読み取ることができない。

　この労災保険に関しても、権利救済は通常の司法裁判所に対する訴訟手続が利用されるべきではないとする点については、他の一般的な領域と共通である。しかしながら、仲裁人裁判所のように、チェアマンとそれ以外のメンバーが名簿から選出されるような構成によることを明確に否定し、3名の常任のメンバーからなる「特別の地方審判所（special local tribunals）」に対して上訴を行うような仕組みを提案している。[139]また、この特別の地方審判所からの更なる上訴については触れられていない。

　(3) ここでは、労災に関する権利救済が唯一の例外とされていることが注目に値する。すなわち、逆の観点から言えば、同報告書においてごく例外的な制度として扱われた公的扶助制度（国民扶助）については、権利救済（審判所）制度に関しては例外とされていない。[140]次章以降で論じるように、ベヴァリジ報告書の勧告を受けて社会保障制度全体に関する改革が進んだ戦後において、この国民扶助に対する権利救済制度は、ベヴァリジ報告書の影響を受けないまま残された数少ない仕組みの1つである。

---

138) 以上、*Id.*, para. 395.
139) 以上、*Id.*, para. 336(c).
140) これは同報告書による単なる記載漏れではなく、意図的なものであった。すなわち、同報告書は、「国民扶助は社会保険とは別個のものであるけれども、行政上は社会保険と結合しており、社会保障省の仕事のうちで小さいけれども不可欠な部分を占めるであろう」（*Id.*, para. 369. 山田・前掲註(134)218-219頁）との記載をなした後に、「社会保険、国民扶助および任意保険を含む、社会保障計画全体の管理は（中略―引用註）社会保障省が引き受ける」（W. Beveridge, *supra* note 134, para. 385. 山田・前掲註(134)225頁）と記し、続いて「社会保障省またはその代行機関が、給付の請求に関し（中略―引用註）行なったあらゆる決定に対しては」上記のような審判所（地方審判所と審判人）に対して上訴できる、と記載する構成を採っているためである。

Ⅲ．まとめ

(1) ベヴァリジ報告書は、それまでの社会保障に関する実体法制度を根本的に変革させるような提案を含んでいた。具体的には、包括的な社会保険制度を中心とし、それによって対応できない問題（医療、家族）には保険方式とは別個の方式で対応する。そして公的扶助は、ごく例外的な場合にのみ用いられる。

同報告書の提案は、続く時代における社会保障実体法の劇的な変化を予測させた。またそれとともに、権利救済（審判所）制度の在り方もそれによって変容を受けることが推測された。

(2) 権利救済の仕組みに関しては、当時の失業保険制度のもとで用いられた審判所制度（仲裁人裁判所と審判人の2段階の仕組み）を、社会保障制度のかなり広い部分に対して導入しようとしていた。ここでは、労災制度が例外とされ、反対に、実体法としては例外的制度と捉えられていた公的扶助に関する権利救済は、社会保険制度一般と共通の審判所制度により扱われることとされた。

第7節　第2章の小括——審判所の誕生と分野ごとの発展

ここまで第2章では、19世紀末のイギリスの社会保障の黎明期から、1942年のベヴァリジ報告書までの間の、社会保障実体法の発展の歴史と、そこにおける権利救済機関の発展の歴史を検討してきた。以下、本章の内容を簡潔に振り返った上で、小括を行う。

(1) イギリス社会保障制度の嚆矢とも言われる1897年労働者補償法では、紛争が生じた場合、当事者（労使）間の合意が第1に重視され、合意に至らない場合には通常の司法裁判所が当事者の権利救済を担った。つまり、そこでは審判所という制度は未だ現れていない。これは、当時の労働者補償の給付に国家が関わっていないことに起因する。

続く1908年老齢年金法において権利救済を担ったのは、地方行政局という中央政府組織であった。これは本質的には行政機関であり、近代的審判所の特色とされる、独立性および裁決の専門機関という性質を未だ備えてはいなかった。

(2) 1911年国民保険法は、医療保険部分と失業保険部分に分かれていた。

元々は別個の法案であったという出自を反映して、同法はこれら2つの保険制度についてそれぞれ異なった権利救済手続を有していた。

まず、医療保険部分に関しては、行政官たる保険コミッショナーが権利救済をも担っていた。しかしこれは、権利救済のために設けられた専門の機関でない点、行政そのものであり、独立性が問題にすらならない点で、未だに近代的審判所ではないと評価される。

次に、失業保険部分においては、仲裁人裁判所および審判人という権利救済を行うための機構が設けられた。これらの機構は、メンバーの構成やその任命の仕組みによって行政からの一定の独立性を確保している点、権利救済のための専門の機関である点で、それ以前の権利救済とは一線を画しており、初めての近代的審判所であるとされている。

(3) 1911年法の失業保険制度において初めて近代的審判所制度が誕生した経緯に関しては、以下のような説明がなされている。まず、①商務大臣を、個別の給付に関する説明責任から解放する必要があったこと、さらに②労働者階級に関連する問題であったため、司法裁判所が偏見をもって審理することが危惧されたこと、そして③1897年法の労働者災害補償において、司法裁判所が問題を処理する能力に欠けることが明らかになっていたことである。

(4) 続いて、1925年拠出制寡婦・孤児・老齢年金法においても、仲裁人という権利救済のための専門の機構が設けられた。この仲裁人は、行政からは独立した存在であり、近代的審判所に分類されるが、1911年法の失業保険部分の権利救済機構に比して、独立性の点や、2段階目の審理がない点で劣っていた。

さらに、1934年失業法では、失業扶助という新たな社会保障制度が誕生し、上訴審判所という権利救済機関が設けられた。しかしこの上訴審判所は、行政からの独立性が低く、また更なる上訴も許されていないことから、独立性の点でも、より広く公正さの観点からも批判を浴びた。「正義とか、法的権利といった理論的な思考はない」などと酷評されたことが象徴的である。

(5) なぜ、1911年法の失業保険制度において設けられた合理的な審判所制度が、後の1925年法や、1934年法の失業扶助部分においては導入されず、むしろ独立性の点からは後退するような仕組みが導入されたのか。

まず、①それぞれの実体法を「拠出制（保険制度）／非拠出制」という観点

から検討する。これは、拠出制の仕組みにおいては権利救済が強く要請され、反対に非拠出制では権利救済が相対的に弱いとの説明があり得るからである（当時のイギリスにおける「救済に値する貧困か否か」を区別する倫理観も、この観点と関係しよう）。

　しかしながら、この場合、1911年法および1925年法が拠出制で、1934年法の失業扶助部分は非拠出制である。そうであるとすると、権利救済の仕組みとして1934年法の失業扶助部分が酷評を受けるほど劣ることは説明ができても、1925年法が1911年法よりも劣ることの説明がつかない。

　次に、②実体法における要件等が詳細に規定されているか、あるいは個別性の要求から裁量の余地が大きいかという観点の検討を行う。詳細な規則がある場合と裁量の余地が大きい場合とでは、権利救済においても方式の違いが生じうるためである。

　この場合、個々人のニーズの評価を求められる1934年法の失業扶助部分が、裁量の余地が大きいものであることになろうが、やはり1911年法と1925年法との差異を説明することはできない。

　(6)　このように考えると、むしろ当時は、実体法ごとに異なった権利救済制度を作ることに対して疑問がもたれなかった、言い換えると何らかの理論に基づいて体系的な権利救済制度を構築するという視点自体がなかった、と評価することが適切であるように思われる[141]。

　この点、ベヴァリジ報告書が、労災保険にかかる審判所のみを例外としつつ、社会保障法領域における権利救済を統一的な審判所制度において扱うことを構想していたことをどのように評価するかが問題となる。これに関しては、以下のように考察できよう。

　第1に、公的扶助を特殊な制度であると述べていたベヴァリジ報告書ですら、ニーズの評価つまり裁量に基づく国民扶助制度を、何らの法技術的な検討もなく、社会保険一般と同一の権利救済に服せしめようとしたという事実が、理論的・体系的な審判所制度の構築という議論が同報告書以前に存在していなかったことを象徴しているように思われる。

---

141)　なお、この傾向は1945年家族手当法制定時までは残存していると解される（第3章第1節(4)参照）。

また第2に、ベヴァリジ報告書が労災保険のみを例外としつつ統一的な審判所制度を構想した点は、同報告書が真実、統一的な審判所制度が必要であると考えていたのか否かという点からは慎重に評価されるべきである。前述のように、同報告書は社会保障実体法に主たる焦点を当てたものであり、同報告書のうちで審判所制度について言及する部分はわずかであった。つまり、審判所制度の構築に対して十分に検討が尽くされていたとは言えない可能性がある。この点は、同報告書が、労災保険に関してのみ他の統一的な審判所制度から除外すべきことを述べつつ、その確たる根拠を示していない事実にも表れていると言えよう。

　ただし、同報告書が（十分な検討に基づくものではない可能性があるとはいえ）社会保障法領域における統一的な審判所制度を構想したことが、後の時代における立法や審判所をめぐる議論状況に対して一定の影響を与えたことは疑いない。この点については、次章にて詳論する。

　(7) 以上、本章における歴史的検討の結果から、以下のような結論を導くことができよう。すなわち、各社会保障制度ごとに、かなり異なった形態の権利救済機関が設けられており、これらの権利救済機関においては、独立性の達成度もまちまちであったし、総じて、それほど高度の独立性が達成されていたとは言えなかった。また、独立性の程度が相対的に高いものにおいても、所轄の省庁との関連性が未だ強く残っていた。

　これら種々の権利救済機関は、新しく設けられた機関ほど独立性の程度が高くなっているというわけではなく、何らかの実体法上の特徴に基づいて類型化することも困難と思われた。つまり、本章の扱った時代においては、理論的・体系的に審判所制度を構築するという志向自体が欠けていたものと考えられる。

第3章 「準司法的」審判所と積極的職権行使の誕生
―― フランクス報告書の時期（1945～1958年）

　前章で、イギリス社会保障法領域における近代的審判所制度の誕生と定着の過程を検討した。そこにおいて、審判所は個々の実体法制度に付属してそれぞれ独自の展開を見せたことを確認した。

　本章では、1950年代から1960年代を中心に、審判所が実体法の制度ごとではなく、一定の領域ごとに、多少なりともまとまって発展していく過程を観察する。その過程においては、審判所の性格付けに重要な変化が表れ、また社会保障法領域に限らない審判所制度一般に関して、大改革が行われることとなる。さらに、本書が審判所の独立性と並んで核心的な問題として位置づけている「審判所の積極的職権行使」が、学説上・判例上で現れ、徐々に定着していく。

　これらの歴史的過程を検討するにあたって、まず、前章の最後の部分で検討したベヴァリジ報告書を受けての各社会保障制度の変容を確認することから始める。最初に扱うのは、ベヴァリジ報告書の影響を受けた各法制度のうちでいち早く成立した、1945年の家族手当である。

第1節　1945年家族手当法

　(1)[1] 子供のある家庭に対する特別の社会保障給付の必要性は、18世紀末にすでに語られていたが、当時は法律として制定されるには至らなかった。この問題が再び広く議論されるようになったのは第一次世界大戦後であった。しかし、他の欧州諸国が第一次世界大戦と第二次世界大戦の戦間期に子供のための

---

[1]　(1)の記述は、特に断らない限り N. J. WIKELEY *et al.*, THE LAW OF SOCIAL SECURITY (5th ed., 2009), p. 653 に依拠している。

社会保障給付を設けたのとは異なって、イギリスにおいて家族手当として他の諸国と同様の給付が設けられたのは、ベヴァリジ報告書が出されたのちの1945年になってからのことである。

1945年家族手当法（Family Allowances Act 1945；以下1945年法と言う）は、いくつかの点において細かな修正が加えられているものの、ベヴァリジ報告書の提案の大部分を受け入れて設計されている。

(2) 1945年法における給付内容は、以下のようなものであった。

給付は、2人以上の子供を有する家族に対して、最年長の子供を除く子供1人当たり週5シリングの額でなされる[2]。

ここで言う子供とは、義務教育の修了年齢に達していない者[3]（当時は15歳）[4]、あるいは学校でフルタイムの教育を受けているか徒弟に出ている者で16歳になった後の最初の8月1日を迎えていない者である[5]。

(3) 続いて、1945年法の手続的側面について、権利救済制度に主眼を置きつつ検討する。まず、給付請求は国民保険大臣に対して行われる[6]。同大臣の決定に対して不満を持つ市民は、名簿から選任された1人ないし複数の仲裁人に対して上訴をすることができ、この仲裁人（ら）の判断が最終的なものとなる[7]。名簿からの選任の方法は1945年法の条文自体には書かれていないが[8]、実務上は、大法官が名簿の作成と任命を行い、ほとんどの場合法曹資格者を選んだとされる[9]。

また、仲裁人の報酬（旅費や休業補償等を含む）についても、国民保険大臣が、大蔵省の同意を得て決定し、支払う[10]。

(4) 1945年法における権利救済機関は、1925年拠出制寡婦・孤児・老齢年金

---

2) Family Allowances Act 1945, s. 1.
3) Family Allowances Act 1945, s. 2 (1) (a).
4) Family Allowances Act 1945, s. 2 (2) (a), Education act 1944, s. 35.
5) Family Allowances Act 1945, s. 2 (1) (b).
6) Family Allowances Act 1945, ss. 5 (1) and 23.
7) Family Allowances Act 1945, s. 5 (2).
8) Family Allowances Act 1945, s. 5 (5).
9) Franks Report, *Report of the Committee on Administrative Tribunals and Enquiries* (London, HMSO, 1957, Cmnd 218), para. 170.
10) Family Allowances Act 1945, s. 5 (6).

第3章 「準司法的」審判所と積極的職権行使の誕生

法（第2章第3節）のもとでの仕組みを踏襲したものになっている[11]。このように、1945年法が1925年法の審判所制度を採用したことから、審判所（権利救済）制度の設計に関して、理論的な説明を行うことを試みる。

　まず、1945年法の実体部分は、最年長の子供を除く子供1人当たり週5シリングという定型的な給付内容を定めており、個別具体的な事案におけるニーズの評価を含まず、裁量の余地はない。その点で、裁量的な実体法である1934年法の失業扶助制度を利用しなかったことに関しては、説明がつく。しかしながら、ではなぜ1911年法以降の失業保険の審判所制度を採用しなかったのかについては、理論的な根拠を見出すことができず、むしろ立法者も、理論的な検討を実施していなかったのではないかと考えられる。このことは、以下の2点からも裏付けられよう。まず、①1950年代に行われた、審判所制度の大規模な調査（本章第6節）において、年金・国民保険大臣（Ministry of Pensions and National Insurance）が、1945年家族手当法制定時には存在しなかった1946年国民保険法の権利救済の仕組みを家族手当制度にも導入したいと述べたことである[12]。この1946年国民保険法の仕組みは1911年法の失業保険制度の審判所制度をほとんどそのまま踏襲したものであることから、1945年法の制定時にこのような仕組みを導入する可能性があったこと、つまり1925年法の権利救済を選択したことは必然ではなかったことが、上記の年金・国民保険大臣の発言からは見て取れる。そして、②その後実際に、家族手当の権利救済の仕組みは国民保険一般の審判所制度にあっさり吸収されてしまった（後述：第4章）。

　このように、1945年法が1925年法の審判所制度を採用したことに関して、理論的な説明をすることは困難である。よって、先に第2章で論じた時代に引き続き、ベヴァリジ報告を経た1945年法の時点でも、未だ、理論的・体系的に審判所制度を構築しようとする志向は生じていなかったと考えることが可能である。

　(5) 以上のように、1945年法の審判所制度は1925年法の仕組みを踏襲しているため、「独立性」という分析軸による検討も、1925年法の仕組みに対するものがほぼそのまま当てはまると言えよう。すなわち、独立性の観点からも、よ

---

11) N. J. WIKELEY et al., *supra* note 1, p. 179.
12) Franks Report, *supra* note 9, para. 184.

り広い公平性の観点からも、それほど高い評価を与えることができない。

第2節　1946年国民保険法

Ⅰ．実体的側面

　(1)　ベヴァリジ報告書が示した包括的な社会保険の仕組みをほぼ全面的に立法化したのが、1946年国民保険法（National Insurance Act 1946；以下1946年法と言う）である。

　1946年法は、老齢、死亡、傷病、障害、出産、失業という複数の所得喪失事項に対処する制度を設けた。次節において扱う1946年国民保険（労働災害）法（National Insurance (Industrial Injuries) Act 1946）が、労働災害に対処する保険制度を設けているため、同法と1946年法の2つの法によって、所得喪失に対する包括的・総合的な制度が構築されたことになる。

　下記では、1946年法の実体面について概観する。まず、保険料に関する事項を検討し、次に保険給付を概観する。

　(2)　保険料は、所得に比例して詳細に定められているわけではなく、基本的には一律に定められている。被保険者は、イギリスに在住する、義務教育の修了年齢（基本的には15歳）[13]から年金受給年齢（男性は65歳、女性は60歳[14]；以下同じ）までの人であり[15]、この点で普遍的な制度であると言える。

　被保険者は、法の規定によって被用者[16]、自営業者[17]、そして雇用もされておらず自営業者でもない非雇用者（non-employed persons）[18]の3つのクラスに分類される。被用者の週当たりの保険料は、週給が30シリングを超えるか否か[19]、また

---

13) National Insurance Act 1946, s. 78 (2) (b), Family Allowances Act 1945, s. 2 (2) (a), Education act 1944, s. 35. 別様の定めがある場合もある。
14) National Insurance Act 1946, s. 78 (1).
15) National Insurance Act 1946, s. 1 (1).
16) National Insurance Act 1946, s. 1 (2) (a).
17) National Insurance Act 1946, s. 1 (2) (b).
18) National Insurance Act 1946, s. 1 (2) (c).
19) 保険料額に関しては、1946年法の施行（1948年7月）による新たな国民保険制度の実施から最初の5年間と、その5年間の経過後とで、異なった保険料の額が定められていた（National Insurance Act 1946, s. 2 (4). 大まかに言って、5年間経過後の方が1～2↗

男性か女性か、という２つの基準で定まっている。使用者の保険料もまた、その抱える被用者の週給が30シリングを超えるか否か、また男性か女性かという基準で決まる[20]。自営業者の場合、18歳から70歳の間か否か、また男性か女性かの基準によって、保険料が一律に定まる[21]。最後に、非雇用者の週当たりの保険料は、18歳から65歳までの男性18歳から60歳までの女性、18歳以下の男子、同女子で保険料が異なる[22]。

このようにして被保険者および使用者が支払う保険料は、国庫から拠出される資金と相まって、国民保険基金を形成する[23]。給付にかかる資金は、この国民保険基金から支払われる[24]。

（3）保険給付の種類は、①失業給付、②傷病給付、③出産給付、④寡婦給付、⑤保護者手当（guardians allowance）、⑥退職年金、⑦死亡補助金（Death Grant）であり、これらの給付に各種加算がなされる場合がある[25]。

これらの各給付については、細かな規定が置かれているものの、基本的には定型的な給付であり、従前の社会保険（国民保険）の各制度の実体的側面とほぼ同様の規定の仕方であったと言えよう。すなわち、市民個々人の具体的なニーズの評価のような、裁量の余地のある制度とはなっていない。さらに、1946年法のすべての給付に関して、市民は受給要件を満たした場合には、給付を受ける「権利を有する（shall be entitled to）」との文言が条文上用いられている。これらの点は、後に検討する公的扶助に関する法律、すなわち1948年国民扶助法（本章第5節）の規定の仕方とは好対照をなしていた。

そして、後述するように（本章第8節）、この1946年法（および次節の1946年国民保険（労働災害）法）と、1948年国民扶助法の実体的側面における差異が、権利救済機関たる審判所制度の設計において反映されたと考えられる。

ペンス高い）。本文においては、最初の５年間の額（Initial rate）ではなく５年間経過後の額（Permanent rate）によって記述している。
20) 以上、使用者の保険料額に関しては National Insurance Act 1946, 1st sched. part Ⅱ.
21) 以上、自営業者の保険料額に関しては National Insurance Act 1946, 1st sched. part Ⅲ.
22) 以上、被雇用者の保険料額に関しては National Insurance Act 1946, 1st sched. part Ⅳ.
23) National Insurance Act 1946, s. 2 (1).
24) National Insurance Act 1946, s. 2 (1).
25) National Insurance Act 1946, ss. 23-27.

II．手続的側面（権利救済）

（1）上記のような実体的側面を念頭に、ここでは1946年法の手続的側面を、権利救済機関を中心として検討する。ただし1946年法は、「不可解にも（for some inscrutable reason）[26]」、権利救済機関の構成やそこにおける手続等に関してほぼ何らの規定も有せず、これに関する詳細を国民保険大臣が作成する規則（regulations）に委任している[27]。そのため、同法における権利救済等の手続の全容を知るためには、1948年国民保険（給付に関する決定・問題）規則（The National Insurance (Determination of Claims and Questions) Regulations 1948；以下1948年規則という）を参照する必要がある。

給付を受ける権利に関する請求は、市民から、大臣によって任命される保険官（insurance officer）[28]に対して提出される[29]。保険官は、受給権の問題を、申請者たる市民に対して有利に[30]、あるいは不利に[31]、決定し（第一次的決定）、もしくは地方審判所（local tribunal）に照会する[32]（このうち、保険官による地方審判所への照会に関しては重要な論点がある。(4)にて後述）。

受給権の問題に関して不利益な決定を受けた市民は、地方審判所に対して上訴をすることができる[33]。地方審判所は、使用者または被用者以外の被保険者を代表する者からなる名簿から１人、被用者を代表する者からなる名簿から１人、そして大臣によって任命されるチェアマン１人の計３人によって構成され

---

26) W. A. Robson, *Statutes and Reports: The National Insurance Act, 1946* (1946), THE MODERN LAW REVIEW, p. 178.
27) National Insurance Act 1946, s. 43 (1)-(6).
28) The National Insurance (Determination of Claims and Questions) Regulations 1948, reg. 9 (1).
29) The National Insurance (Determination of Claims and Questions) Regulations 1948, reg. 10 (1).
30) The National Insurance (Determination of Claims and Questions) Regulations 1948, reg. 10 (2) (a).
31) The National Insurance (Determination of Claims and Questions) Regulations 1948, reg. 10 (2) (b).
32) The National Insurance (Determination of Claims and Questions) Regulations 1948, reg. 10 (2) (c).
33) The National Insurance (Determination of Claims and Questions) Regulations 1948, reg. 11 (1).

る。前2者の名簿は大臣によって作成されるが、名簿作成の際には、大臣は地方諮問委員会やその他の使用者・被用者団体、友愛組合などからの勧告を考慮しなければならない。チェアマンもその他のメンバーも、在任の期間中、オフィスを保持することができる。地方審判所における審理は、個人の私的・経済的な状況が暴露されてしまう恐れがあるとチェアマンが考える場合を除いては、公開で行われる。当該審理において、上訴人は、バリスタ、アドヴォケイト（advocate）およびソリシタではない者、つまり非法曹の代理人に限り、利用することが許されている。

(2) 保険官、市民、および労働組合等は、地方審判所の裁決に不服がある場合には、裁決から3カ月以内に、国民保険コミッショナーあるいは副コミッショナー（National Insurance Commissioner, deputy Commissioner；以下、これらをまとめて単にコミッショナーという）に対して更なる上訴をすることができる。

コミッショナーは国王によって任命されることとされていて、10年以上の経験を有するバリスタかアドヴォケイトのうちから選ばれる。当事者から要求があった場合、コミッショナーは口頭審理なしでも裁決を為し得ると考えられる場合を除き、口頭審理を行わねばならない。この口頭審理においては、地方審判所の場合と異なり、バリスタやソリシタら法曹による代理も認めら

---

34) The National Insurance (Determination of Claims and Questions) Regulations 1948, reg. 8 (1) (a)-(c).

35) The National Insurance (Determination of Claims and Questions) Regulations 1948, reg. 8 (2).

36) The National Insurance (Determination of Claims and Questions) Regulations 1948, reg. 8 (3).

37) The National Insurance (Determination of Claims and Questions) Regulations 1948, reg. 8 (4), (7).

38) The National Insurance (Determination of Claims and Questions) Regulations 1948, reg. 13 (1).

39) The National Insurance (Determination of Claims and Questions) Regulations 1948, reg. 13 (1).

40) The National Insurance (Determination of Claims and Questions) Regulations 1948, reg. 15 (1) (a)-(c), (2).

41) National Insurance Act 1946, s. 43 (3) (c).

42) The National Insurance (Determination of Claims and Questions) Regulations 1948, reg. 16 (1).

図5 1946年国民保険法における権利救済の仕組み

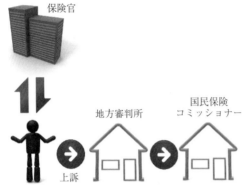

出典：筆者作成

れる。また、上訴が特に困難な法的問題を含んでいるときには、単独のコミッショナーではなく、3人のコミッショナーの合議によって当該上訴が審理される。コミッショナーの決定の謄本は、速やかに上訴人らに送達される。

（3）このように、1946年法の審判所制度は、地方審判所と国民保険コミッショナーという2段階の構造を採っている。これは明らかに、第2章第2節において検討した1911年国民保険法の失業保険部分の権利救済機構をモデルとしている。そしてこの制度は、ベヴァリジ報告書の審判所制度についての提案とほぼ異ならないものであった。

それでは、この1946年法における権利救済機構は、本書の「独立性」という分析軸からはどのように評価されるか。この問題を検討するに当たっては、モデルとされた1911年国民保険法の失業保険部分の権利救済機構（仲裁人裁判所および審判人：1911年法以降の各立法による改正も含むもの）との比較が有用であろう。

（4）地方審判所に関しては、1911年法の仲裁人裁判所との相違点はそう多くない。さらに、上述のように、保険官が地方審判所に対して問題を照会することを許す規定がある。当該規定は、保険官が第一次的決定を地方審判所に対して委ねる規定であり、審判所が権利救済機関としてというよりはむしろ、行政としての行為を行う場合があることを示しており、先述の1911年失業保険法の

---

43) The National Insurance (Determination of Claims and Questions) Regulations 1948, reg. 16 (3) (a).

44) The National Insurance (Determination of Claims and Questions) Regulations 1948, reg. 16 (5).

45) The National Insurance (Determination of Claims and Questions) Regulations 1948, reg. 16 (6).

仲裁人裁判所に関しても見られた規定である（第2章第2節Ⅱ(9)参照）。

(5) 次に、国民保険コミッショナーに関しては、任命権限が国王にあるという点で変わりがない。ただ、1946年法においては条文上、10年以上の経験を有するバリスタかアドヴォケイトである必要があると規定されており、この法曹資格の要求という点が従前の審判人制度と大きく異なっている。独立性の文脈と直接に結び付くわけではないものの、審判所の構成員に法曹資格が要求されたことは、歴史上初めてのことであり、画期的なことであった。

(6) このように、1946年法における審判所制度の独立性は、1911年法以来の失業保険における審判所制度と実態としてほとんど変わらないか、わずかに上昇した程度であると言えよう。この背景には、従前の失業保険における審判所制度が非常にうまくいっていた⁴⁶⁾との高い評価を受けており、それに伴って、ベヴァリジ報告書が審判所制度に関してほとんど改革の提案をしていないことがあったと考えられる。

なお、次節で論じるように、1946年国民保険（労働災害）法のもとでの権利救済制度は、本節で論じた1946年法の制度と酷似している⁴⁷⁾。この2つの法のもとでの権利救済制度の異同に関しては、次節にて詳論することとする。

第3節　1946年国民保険（労働災害）法

(1) ベヴァリジ報告書は、労働災害の問題を、それまでの使用者と被用者の私人間の問題から、国家による強制保険へと改革することを勧告した。そして同報告書は、この労働災害保険を包括的な国民保険の一環とすべきこともまた示した。

1946年国民保険（労働災害）法（National Insurance (Industrial Injuries) Act

---

46) HARRY STREET, JUSTICE IN THE WELFARE STATE (1968), p. 2.
47) 象徴的であるが、1946年国民保険（労働災害）法のもとにおいても、第1段階の権利救済を行う審判所の名称が、条文上は単に「地方上訴審判所」とされており、1946年法のものと酷似している。両者の混同を避けるため、以下の叙述では適宜「国民保険地方審判所」あるいは「労災保険地方上訴審判所」と表記する。なお、第2段階の権利救済を担うコミッショナーに関しては、条文上「国民保険コミッショナー」あるいは「労働災害コミッショナー」との文言の区別がなされている。

1946）は、同報告書の勧告のうちの多くを達成した。すなわち、労災保険制度が作られ、それを国民保険省が管掌することとなった。

（2）しかしながら、前節で検討した国民保険一般の給付にかかる基金と、労働災害に関する基金は別建てとされた。これが、単一の社会保険基金を想定していたベヴァリジ報告書とは食い違った点である[48]。別建ての保険基金が作られたのは、国民保険一般の基金（主に年金）に関しては、国民の年齢や人口の配置などから将来の支出を予測することが容易であったが、他方で労働災害は突発的なものであり、支出に関する予測が困難であり、両者を同じく扱うことが妥当とされなかったという事実に起因すると考えられる[49]。

このように、国民保険一般と労災保険が別個の保険基金を有する状態は、1973年社会保障法（Social Security Act 1973）によって初めて労災保険独自の基金が廃止され、国民保険一般と統一されるまで続く[50]。

Ⅰ. 実体的側面

（1）以下、1946年労災法の実体面について概観する。同法の下における被保険者は、書面か口頭か、明示か黙示かを問わず、イギリスにおいて、あらゆる労働契約（contract of service）および徒弟契約によって雇用されているすべての者である[51]。前章において確認したように、1946年労災法以前の労災補償に関する法では、労働者の所得額によって法適用の有無が決まっており、1946年労災法が初めて、すべての被用者に対して労災補償に関する法を適用した[52]。

被保険者の拠出する保険料は、18歳以上か未満か、男性か女性かによって分かれている。また、被保険者の使用者も保険料を拠出する義務を負っており[53]、それぞれの被保険者の拠出する額と同額を拠出する[54]。

---

48) Sir William Beveridge, Beveridge Report *Social Insurance and Allied Services* (1942, Cmnd 6404), para. 389.
49) 樫原朗『イギリス社会保障の史的研究 Ⅱ』（法律文化社、1980年）668頁。
50) Social Security Act 1973, s. 94 (1)-(11), 特に(7).
51) National Insurance (Industrial Injuries) Act 1946, s. 1 (1), 1st sched. part Ⅰ, art. 1.
52) しかしながら、一定の適用除外は存在した。National Insurance (Industrial Injuries) Act 1946, 1st sched. part Ⅱ.
53) National Insurance (Industrial Injuries) Act 1946, s. 2 (a).
54) 以上、保険料額に関しては National Insurance (Industrial Injuries) Act 1946, 2nd ↗

(2) 同法による保険給付にかかる資金は、労働災害基金（Industrial Injuries Fund）から拠出されるが、この基金は、被保険者およびその使用者によって拠出された保険料[55]、および国庫が拠出する資金[56]によって形成される。つまり上述のように、前節で述べた1946年国民保険法による国民保険基金とは別建ての基金が設けられるということである[57]。

　(3) 受給のためには、労働に起因する事故（accident arising out of and in the course of such employment）によって、被保険者に個人的傷害（personal injury）が発生したことが必要である[58]。給付の種類は、①被保険者が傷害によって稼働できなくなった場合に受給する労働傷害給付（industrial injury benefit）[59]、②被保険者が上記傷害の結果、肉体的・精神的な能力を喪失した場合に受給する労働障害給付（industrial disablement benefit）[60]、③被保険者が傷害によって死亡した場合に受給する労働死亡給付（industrial death benefit）[61]の３種類である。

　①労働傷害給付は、基本部分が週当たり45シリング（17〜18歳の場合は33シリング9ペンス、17歳以下の場合は22シリング6ペンス）[62]である。給付期間は、事故の生じた日から156日間である[63]。

　②労働障害給付は、労働傷害給付の給付終了の日において、被保険者が、永続的な（permanent）、もしくは重大な（substantial＝障害の程度が20％以上と評価される）、肉体的・精神的障害に苦しんでいる場合[64]、あるいは労働傷害給付の給付終了後のいずれかの時点において、重大かつ永続的な障害に苦しんでいる

---

　　sched. part Ⅰ.
55) National Insurance (Industrial Injuries) Act 1946, s. 2 (a).
56) National Insurance (Industrial Injuries) Act 1946, s. 2 (b).
57) 後述のように、同じ「国民保険」という名称を冠しつつ、労災保険だけがその他一般の保険制度と別建ての基金を有するという仕組みは、1973年まで存続する。本書の問題関心からは、この1973年の基金の統合に先立つ1966年に、両制度の権利救済機構がすでに統合されていたことが興味深い。
58) National Insurance (Industrial Injuries) Act 1946, s. 1 (1).
59) National Insurance (Industrial Injuries) Act 1946, s. 7 (1) (a).
60) National Insurance (Industrial Injuries) Act 1946, s. 7 (1) (b).
61) National Insurance (Industrial Injuries) Act 1946, s. 7 (1) (c).
62) National Insurance (Industrial Injuries) Act 1946, s. 11 (3).
63) National Insurance (Industrial Injuries) Act 1946, s. 11 (4).
64) National Insurance (Industrial Injuries) Act 1946, s. 12 (1) (a) (ⅰ)-(ⅱ).

場合に支払われる。[65]

最後に、③労働死亡給付は、労働災害によって死亡した者の寡婦、鰥夫、子供、両親、親類、および死亡者の子供を養育している女性に支払われる。[66]

II. 手続的側面――権利救済（審判所）制度

(1) それでは、1946年労災法の手続的側面を、権利救済機関を中心として検討する。ここでは、給付請求が含む問題の種類によって、3つのルートが設けられている。

同法のもとでの給付に対する請求は、すべて大臣によって任命される保険官[67]に対して提出される。[68]一般的なルートでは、保険官によって第一次決定がなされ、当該第一次的決定に不満がある場合、請求者たる市民は、地方上訴審判所に対して上訴をすることができる。[69]また、給付請求に理由がないと考える場合、保険官は第一次的決定を自らなすこともできるが、そうせずに当該請求を地方上訴審判所に対して照会することもできる。[70]これは、第一次的決定を地方上訴審判所に委ねる規定であると解することができる。

地方上訴審判所は、使用者を代表するメンバー1人以上、それと同数の被保険者を代表するメンバー、そして大臣によって任命されるチェアマンからなる。[71]使用者代表メンバーおよび被保険者代表メンバーが選任される元となる名簿は各地域ごとに大臣が作成し、[72]規則に規定された方法によって選任する。[73]

(2) 地方上訴審判所の決定に対して不服がある場合、市民または保険官は、審判所またはコミッショナーの許可を得た上で、労働災害コミッショナー（Industrial Injuries Commissioner）および副コミッショナー（以下、両者を合わせ

---

65) National Insurance (Industrial Injuries) Act 1946, s. 12 (1) (b).
66) National Insurance (Industrial Injuries) Act 1946, ss. 19-24.
67) National Insurance (Industrial Injuries) Act 1946, s. 44.
68) National Insurance (Industrial Injuries) Act 1946, s. 45 (1).
69) National Insurance (Industrial Injuries) Act 1946, s. 46 (1).
70) National Insurance (Industrial Injuries) Act 1946, s. 45 (3) (b) (i).
71) National Insurance (Industrial Injuries) Act 1946, s. 43 (1).
72) National Insurance (Industrial Injuries) Act 1946, s. 43 (3).
73) National Insurance (Industrial Injuries) Act 1946, s. 43 (4).

第 3 章 「準司法的」審判所と積極的職権行使の誕生

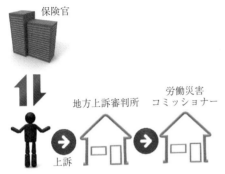

図6　1946年国民保険（労働災害）法上の権利救済制度・「一般的ルート」

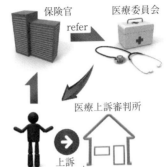

図7　1946年国民保険（労働災害）法上の権利救済制度・「医学的問題ルート」

出典：筆者作成

て労災コミッショナーという）に対して更なる上訴をすることができる。労災コミッショナーへの上訴の許可は、事案に重要な原理や特別な重要性が含まれている場合に与えられる。労災コミッショナーは、10年以上の経験を有するバリスタやアドヴォケイトの中から、国王によって任命される。上訴が特に困難な法的論点を含んでいる場合には、単独の労災コミッショナーではなく、3人の労災コミッショナーの合議によって審理が行われる。

地方上訴審判と労災コミッショナーの行う審理は、いずれも公開される。

（3）ただし、保険官への給付請求が、労災事故によって労働者の稼働能力の減少が生じたか、その稼働能力の減少はどの程度であったか等の「医学的な問題」を含む場合には、以上の一般的ルートとは別のルートが用意されている。このような場合、保険官は自ら第一次的決定を行わず、これらの医学的な問題を含む給付請求を医療委員会（medical board）に照会しなければならない。

---

74) National Insurance (Industrial Injuries) Act 1946, s. 47 (1) (a)–(c).
75) National Insurance (Industrial Injuries) Act 1946, s. 47 (4).
76) National Insurance (Industrial Injuries) Act 1946, s. 42 (1).
77) National Insurance (Industrial Injuries) Act 1946, s. 42 (2) (a).
78) National Insurance (Industrial Injuries) Act 1946, s. 51 (3).
79) しかしながら、このルートにおいて権利救済を担う上訴審判所（本文ですぐ後に述べる医療上訴審判所）は年間1万5000件（H. STREET, *supra* note 46, p. 13.）もの上訴を審理しており、このルートの重要性が低いわけではない。

そしてこの医療委員会が第一次的決定を行う[80]。医療委員会は、2人の医師からなるもので、国民保険大臣によって任命される[81]。この医療委員会の第一次決定に関して不服を持つ市民は、医療上訴審判所（medical appeal tribunal）に対して上訴をすることができる[82]。医療上訴審判所は、チェアマンとその他2人の医師からなり、いずれも大臣によって任命される[83]。

(4) この医療上訴審判所には、上訴に関する管轄権とは異なる役割も与えられていた。すなわち、大臣が、医療委員会が行ったある決定に対して、医療上訴審判所に審理をしてほしいと考える際には、大臣の指示によって保険官は当該問題を上訴審判所に照会し、医療上訴審判所は、上訴を審理する場合と同じように、医療委員会の決定を認容したり変更したりすることができる[84]。

これと類似した規定は、1911年法の失業保険における仲裁人裁判所にも与えられていたし（第2章第3節(9)参照）、前節で述べた1946年法の国民保険一般に関する地方審判所との関係でも（本章第2節Ⅱ(4)）、すぐ上で述べた労災保険の一般的ルートにおける地方上訴審判所においても見られた。しかしながら、他法による規定と比べて医療上訴審判所にかかる規定が特徴的なのは、医療委員会が一応決定をしており、その決定が大臣によって医療上訴審判所に照会されている点である。よって、医療上訴審判所が第一次的決定を委託されていると解することが可能か、非常に困難な問題が生じる（1911年法や1946年法、労災における一般的ルートにおいては、保険官はそもそも何らの決定も行っていない段階で審判所に照会をしていたため、第一次的決定が審判所に委ねられていたと解することに特段問題がなかった）。

この点、条文の文言（「上訴を審理する場合と同じように（as on an appeal）」）はあくまで、同規定による審理が上訴とは別のものであるとの前提に立っていると解される。また同規定は、のちに医療上訴審判所の性質や審理方式に関する裁判例（本章第7節）において問題となるが、同裁判例の判旨もやはり、同規

---

80) National Insurance (Industrial Injuries) Act 1946, s. 39 (1).
81) National Insurance (Industrial Injuries) Act 1946, s. 38 (1), National Insurance (Industrial Injuries) (Determination of Claims and Questions) Regulations 1948, reg. 6 (1).
82) National Insurance (Industrial Injuries) Act 1946, s. 39 (2).
83) National Insurance (Industrial Injuries) Act 1946, s. 38 (2).
84) National Insurance (Industrial Injuries) Act 1946, s. 39 (3).

定による医療上訴審判所の審理は、上訴とは別のものであると考えている。

このように考えると、同規定は第一次的決定でも上訴でもない、ごく特殊な形式の審理の権限を定めたものと解するほかない。

(5) なお、請求者が労災保険の対象資格を有するか否かといった問題に関わる場合、手続は別のルートをたどることになる。すなわち、これらの問題について決定を受けたい市民は、保険官ではなく国民保険大臣に対して申請を行い、同大臣が第一次的決定をする[85]。この大臣の決定に関して市民が不服を有する場合、その不服が法的論点に関わるものであれば、司法裁判所たる高等法院へと上訴をすることができ[86]、この高等法院の決定が終局的なものである[87]。つまりここでは、審判所制度は利用されない。

(6) 最後に、報酬規定に関して確認をしておく。コミッショナーの報酬その他の費用に関しては大蔵省が決定した額を大臣が支払い[88]、保険官や医療委員会、地方上訴審判所、医療上訴審判所に対しては、大蔵省の同意を得て大臣が決定した額を大臣が支払う[89]。

Ⅲ．分　析

(1) 以上をもとに、1946年労災法における審判所制度を分析する。前節において論じた1946年国民保険法の審判所制度と1946年労災法のそれとの類似性を考慮すると、この分析においては、両者の異同に着目することが有益であると思われる。

総じて、1946年労災法のもとでの権利救済機関は1946年国民保険法のものとほとんど同じであった（次章で述べるとおり、1966年に国民保険全体で権利救済の仕組みが統一される。1946年国民保険法と1946年労災法の類似性が、1966年の両制度の統一を容易にしたことは疑いない）。

それでもなお、いくつかの点において両者の間に違いが残っていた。特に重

---

85) National Insurance (Industrial Injuries) Act 1946, s. 36 (1) (a), National Insurance (Industrial Injuries) (Determination of Claims and Questions) Regulations 1948, reg. 2 (1).
86) National Insurance (Industrial Injuries) Act 1946, s. 37 (1).
87) National Insurance (Industrial Injuries) Act 1946, s. 37 (5).
88) National Insurance (Industrial Injuries) Act 1946, s. 53 (1).
89) National Insurance (Industrial Injuries) Act 1946, s. 53 (2) (a)–(b).

要と考えられるのは、次の点である。すなわち、1946年法では、給付請求に関する権利救済手続には単一のルートのみが存在していたのに対して、1946年労災法においては、医学的な問題を含む事案に関して別個のルートが設けられており（第一次的決定の権限も別の行政機関に属していた）、かつこの医学的問題のルートでは1回の上訴しか認められなかった（労働災害コミッショナーへの上訴は許されなかった）点である。

(2) 1946年法（国民保険一般）においても、また1946年労災法における一般的なルートにおいても、コミッショナーは事案に重要な原理上の問題が存在する場合に、それを審理するという役割を負っていた。そうであるとすると、医学的問題に関しても、重要な原理上の問題が生じた場合には労災コミッショナーによる審理を受けさせる、という選択はあり得たはずである。しかしながら、労災コミッショナーは経験豊富なバリスタやアドヴォケイトから選任される法律家であるため、医学的な専門性を有していないので、医学的な問題に関しては判断する能力を有しないという可能性があり、そのことが労災コミッショナーへの更なる上訴の仕組みを設けなかった理由と言えそうである。

このように考えると、医学的問題に関して1度の上訴しか許されない点については、権利救済制度の手厚さが劣っていたと理解することも可能であろうが、（医学的）専門性の観点からは2度目の上訴を設けることは意味がなかったと理解する可能性もあると言えよう。

以上のように、1946年国民保険法の審判所制度と1946年労災法の審判所制度は、独立性の観点からはほとんど差異を見いだせないものの、より広い観点からは、いくらかの差異を有していたと評価することができる。[90]

---

[90] なお、前節の1946年国民保険法、および本節の1946年労災法のもとにおける審判所は、「司法的機能（judicial function）」を果たすのであり、独立の者として（as independent persons）、国民保険大臣の影響を受けない（政策的判断の入り込む余地がない）、との評価をする論考がある（Archibald Safford, *The Creation of Case Law under the National Insurance and National Insurance (Industrial Injuries) Acts* (1954), 17 THE MODERN LAW REVIEW 198.）。しかしながら、このような評価には疑問が残る（本章第6節参照）。

第4節　1946年国民保健サービス法

(1) ベヴァリジ報告が論じた「包括的な保健及びリハビリテーション・サービス」という主張を受け、1946年に国民保健サービス法（National Health Service Act 1946；以下1946年サービス法という）が成立する。同法によって保健医療は、国民保険すなわち社会保険制度から除外された。

この1946年サービス法の特徴をごく大まかに把握すれば、その特徴は、①全国民を対象としていること[91]、②基本的には無料で医療を受けられること[92]、③病院・専門医サービスの国による管理（主要な病院の国有化[93]、および国による専門医への報酬支払い[94]）の3点に集約されよう。

(2) 1946年サービス法のもとにおいても、審判所という名の機関が設けられている。しかしながらその審判所の機能は、上記③、つまり国民保健サービスにおいて医療を提供する医師の資格の得喪に関するものである[95]。よってこの審判所は、本書が問題とするような、市民による社会保障法制度の受給にかかる権利救済とは文脈が異なるのであり、紙幅の都合から、当該審判所に関しては立ち入った議論を行わない。

なお、保健サービスを受けている（あるいは受けようとする）市民の権利救済に関しては、市民とエグゼクティブ・カウンシルの間で生じる紛争は大臣によって決定される、との規定があるのみである[96]。つまり、本書の文脈で言う、給付請求にかかる権利救済機関としての審判所制度は、1946年サービス法にお

---

91) National Health Service Act 1946, s. 1 (1).
92) National Health Service Act 1946, s. 1 (2).
93) National Health Service Act 1946, s. 6 (1)–(2).
94) National Health Service Act 1946, ss. 14 (1), and 54 (1) (a).
95) National Health Service Act 1946, s. 42. なお、この審判所は、10年以上のバリスタないしソリシタとしての経験を有し、大法官によって任命されるチェアマン、エグゼクティブ・カウンシルの代表として大臣によって任命されるメンバー、医師代表として大臣に任命されるメンバー各1人ずつの合計3人で構成される。National Health Service Act 1946, Seventh sched. チェアマンに法曹資格と一定の経験が要求されている点が、注目に値する。
96) National Health Service Act 1946, s. 47.

いては採用されていない。

(3) この背景には、ベヴァリジ報告書が「社会保障」を所得の保障と定義し、同報告書においては医療の保障は社会保障を達成するための前提とされたこと[97]と関わると考えられる。同報告書においては、この国民保健サービスは、社会保険を管掌する省庁とは別個の部局によって運営されることが想定されていた[98]。同報告書は社会保険および公的扶助を社会保障省が管掌し、第一次的決定や権利救済の手続を統一的に扱う仕組みを作ることとしていたが、この国民保健サービスは社会保障省の管轄から外れるため、社会保険や公的扶助と共通の審判所制度が作られるべきとは、同報告書も意図していなかった[99]。

この結果、国民保健サービスの立法に際しても、同時に成立した国民保険一般および労災保険と共通の権利救済機関（審判所制度）が設けられなかったものと考えられる[100]。

第5節 1948年国民扶助法

Ⅰ. 法規定

(1) 前章において検討したように、ベヴァリジ報告書による改革の対象は、社会保険領域のみならず、公的扶助の領域にも及んでいた。同報告書においては、公的扶助はあくまでも例外的な制度ではあるが、重要な制度であると位置づけられていた。

このようなベヴァリジ報告による勧告を受け、1948年国民扶助法（National Assistance Act 1948；以下1948年法という）が制定された。同法は、それまで残存していた救貧法の効力を失わせることを宣言し[101]、これによって救貧法は完全に

---

97) W. Beveridge, *supra* note 48, para. 409.
98) *Id*., para. 427.
99) なお同報告書は、医療サービスをはじめとする社会保障のための前提となる問題が同報告書自身の主たる検討対象からは外れると認識していたため、詳細に論じていない。そのため、同報告書が医療サービスにおいてどのような権利救済機関を想定していたかに関しては、同報告書の記載からは窺い知ることができない。
100) このことは、社会保険一般と医療サービスの間の実体的な制度の差異が審判所制度に影響を与えたということとほぼ同義であるとも考えられる。
101) National Assistance Act 1948, s. 1.

姿を消した。そして、1934年失業法のもとでの失業扶助（前章第4節参照）と、1940年老齢・寡婦年金法のもとでの補足年金（前章第5節参照）に関する給付行政を引き受けていた扶助庁を、新たに国民扶助庁（National Assistance Board）と改称し、国民扶助の給付に関する行政を同庁に管掌させることとした[102]。以下、1948年法のもとにおける国民扶助制度の実体的側面と手続的側面を概観する。

(2) まず、実体的側面に関しては、ある市民が給付を受けるニーズがあるか、当該ニーズに適合的な給付の形態や額（量）はどのようなものかに関して、国民扶助庁が決定をする[103]。給付申請者のニーズや資力の算定のために、国民保険大臣が規則を制定する（委任立法）[104]。

給付が必要であると判断した場合には、国民扶助庁は申請者に、原則として金銭により扶助を給付する[105]。ただし、同庁が適当と考えた場合には、現物による給付を行うことができる[106]。

このように、同法の実体的側面には、これまで論じてきた社会保険各法の規定との差異が明確に表れている。すなわち、従前の社会保険立法には、給付額等に関する詳細な定めが置かれていたのに対して、国民扶助法においては、ニーズの存在の有無・給付の形態や量の測定に関して、行政が広範な裁量を有しているのである。この点は、同法における権利救済制度の在りようにも大きな影響を与えていると考えられる。

(3) 次に、権利救済を含む手続的側面は以下のとおりである。国民扶助庁による不支給決定、あるいは決定された給付の額等に不服がある場合、市民は上訴審判所に上訴をすることができる[107]。上訴審判所は上訴された決定を正当なものと認めることも、自らの決定を代置することもでき、上訴審判所の決定が最終的なものである[108]（つまり、更なる上訴は認められていない）。

---

102) National Assistance Act 1948, s. 2 (1).
103) National Assistance Act 1948, s. 5 (1).
104) National Assistance Act 1948, s. 5 (2).
105) National Assistance Act 1948, s. 8 (1).
106) National Assistance Act 1948, s. 12 (1).
107) National Assistance Act 1948, s. 14 (1) (a)–(g).
108) National Assistance Act 1948, s. 14 (4).

図8 1948年国民扶助法における権利救済の仕組み

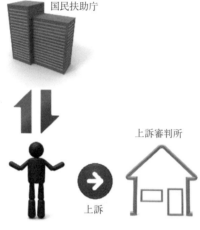

出典：筆者作成

上訴審判所の構成は、チェアマン1人とその他のメンバー2人の計3人である[109]。チェアマンとその他のメンバーのうちの1人は国民保険大臣によって任命され、残りの1人は労働者を代表する者として同大臣によって推薦された者の名簿の中から、国民扶助庁が指名する[110]。1934年失業法の失業扶助制度における権利救済の仕組み（第2章第4節参照）で採用されていた、①処分庁（当時の失業扶助庁）が自身を代表する者をメンバーとして選ぶ仕組み、②上訴の審理のために、まずチェアマンによる上訴の許可を受けることを必要とする規定は、いずれも廃止された[111]。

上訴審判所の構成員の給料は、同大臣との協議の上、大蔵省の同意を得て国民扶助庁が決定し、同庁が支払う[112]。また、上訴審判所で働く事務員についても、国民扶助庁が割り当て、給料も同様に決定した上で支払う[113]。上訴審判所における審理手続等の事項に関しても国民扶助庁が決定する権限を有している[114]。

Ⅱ. 権利救済面における国民保険との乖離

（1）以上のように、1948年法のもとでの権利救済制度は、第2章にて論じた失業扶助制度における審判所をモデルとしていると考えられ、本章第2節および第3節において検討した国民保険一般および労災保険の仕組みとは多くの点

---

109) National Assistance Act 1948, s. 53, fifth sched. 1.
110) National Assistance Act 1948, s. 53, fifth sched. 3 (1).
111) George Lach, *Appeal Tribunals under the National Assistance Act, 1948*, in R. S. W. POLLARD (ed.), ADMINISTRATIVE TRIBUNALS AT WORK (1950), pp. 52-53.
112) National Assistance Act 1948, s. 53, fifth sched. 5.
113) National Assistance Act 1948, s. 53, fifth sched. 6.
114) National Assistance Act 1948, s. 53, fifth sched., 6 (1) (a)-(d).

で対照的である。それでは、この国民扶助法のもとでの上訴審判所を、本書の設定した「独立性」の分析軸をもって検討すると、どのようになるか。国民保険一般および労災保険、さらに第2章で論じた失業扶助制度の審判所と対比しつつ検討する。

　まず注目すべきは、審判所の構成の点である。国民扶助上訴審判所では、チェアマンと残りのメンバーのうちの1人は国民保険大臣によって任命され、残りの1人は労働者を代表する者として同大臣によって推薦された者の名簿の中から、国民扶助庁が指名する。省庁自身を代表するメンバーがいなくなった点では、失業扶助制度における審判所よりも独立性の点における向上が見られるものの、チェアマン以外の2人のメンバーのうち一方のみが利益代表である（もう一方のメンバーの指名には制約がない）点で、国民保険一般および労災保険における審判所よりも独立性を担保する仕組みが乏しいと言える。これは、国民保険一般および労災保険においては使用者が保険料を拠出するため利益代表として審判所のメンバーに加わる必要があるが、国民扶助は保険料による運営ではない（使用者が利害を有しない）ということ、言い換えれば実体制度の財源方式の差異に由来すると言えよう。

　(2) 次に、独立性の観点から多少離れるが、第2段階の上訴の審理が存在しない点は指摘しておく必要がある。失業扶助に関する審判所と同じく、国民扶助に関する審判所においては権利救済の機関は1段階のみであり、国民保険一般や労災保険のようにコミッショナーが第2段階の審理を行うという仕組みが取られていない。[115] 上記のように、国民扶助における審判所の独立性が乏しいと考えられることから、公正な裁決を担保するためには、この国民扶助においてこそ第2段階の権利救済機関が設置されるべきとの考え方もあり得るところ、実際の制度ではそうはなっていなかった。

　(3) このように、国民扶助における権利救済は、国民保険一般や労災保険の権利救済とはかなり異なっている。これは、ベヴァリジ報告書の勧告内容とは大きく異なっていた。

　ベヴァリジ報告書においては、社会保険（国民保険）と公的扶助（国民扶助）

115）　ただし、すでに述べたように、労災保険制度においても医学的問題を含む給付請求に関しては2段階目の上訴ができない仕組みとなっていた。

との別なく、単一の省庁が給付行政を担い、それに対する上訴を地方審判所とコミッショナーが扱うべきであると勧告されていた。しかしながら、現実の制度においては、両者における権利救済機関は、（国民保険大臣が管轄するという点では共通しているが）明らかに区別された制度となったのである。

このことと、前章から本章第1節まで続いていた、実体法ごとの異なった権利救済制度の設置（統一的な審判所制度構築の動機づけ自体の欠如）という傾向とは、異なった文脈で捉えられる必要がある。なぜなら、ベヴァリジ報告書が、（どれほど熟慮してその結論を導いたかは措くとしても）社会保障に関する権利救済を統一的機関によって扱うというアイデアを一応示したためである。つまり、権利救済の制度構築に関しても、同報告書の勧告に従うのであれば、社会保険と公的扶助を統一的に扱う権利救済機関を設置するという選択が導かれたはずである。しかしながら、この同報告書の他の勧告はほぼすべて受け入れつつ、ことさら公的扶助領域の権利救済制度に関してのみ、その勧告を受け入れないような制度設計を行ったことには、何らかの背景事情が存在したと考えることが合理的であろう。

そして、ベヴァリジ報告の意図から外れた制度設計をする差異の説明として最も適切と考えられるのが、国民保険（労災含む）が法令による詳細な規定を設けているのに対し、国民扶助法の規定はごく簡易で、行政が裁量を行使して個々人のニーズを評価し、給付の可否を判断する余地が非常に大きいという事情であると考えられる。実際に、国会（下院）での議論は、国民扶助における裁量の強調を、別個の審判所制度を設ける根拠としている[116]。

さらに、①社会保険とは異なり、公的扶助では保険料の拠出がないため権利救済機関も簡易なものでよい、②公的扶助に頼るような人々はイギリスの伝統的な価値観の下では「救済に値」するか否かが問われる、いわば偏見を受けているような人々であり、そのような偏見が権利救済制度の設計にも影響した、あるいは③ベヴァリジ報告書では、非拠出制で資力調査付きの公的扶助という仕組み自体が当初からマージナルで、かつ年金制度確立までの過渡的なものに過ぎないと考えられていたため、権利救済制度が簡易なものでも重要な問題を[117]

---

116) 586 H. C. Deb. 594, April 21, 1958 参照。
117) W. Beveridge, *supra* note 48, para. 23.

生じないであろうと楽観されていた、という説明もありうる。しかしながらこのうち①は、同じく非拠出制の給付である1945年家族手当法がすぐ後の時代に国民保険制度の審判所に吸収されたこととどのように整合するか明らかでない。これに対し②のような偏見は、国民扶助制度が補足給付制度と名称を変更して数年を経た1970年代にも、なお存在していたと言われることを考えると、1948年法の時点における権利救済制度の設計に何らかの影響を与えていた可能性は否定できない。また③の説明も、ベヴァリジ報告書の影響力の大きさを考えると一定の説得性を有すると言えよう。

第6節　1957年のフランクス報告書——司法的性格への言及

I．背　　景

（1）1954年に起きた、土地の強制収容にかかる政治的不祥事（いわゆるCrichel Down affair）を契機として、市民は、裁判所が必ずしも行政の適法性担保のために役割を果たすとは限らず、自らが有効な権利救済の手立てを有していないことへの不安を感じ始めた。1955年のクロスマン（R. H. S. Crossman）による主張を契機に、人々が政治的立場を超えて、「行政における正義と不正義（executive justice and injustice）」という観点を意識し始め、個々の具体的な市民を国家の行政からより強く保護するための策に注目が集まりつつあった。

このような背景のもと、1957年、審判所制度改革にかかるフランクス報告書

---

118) この点に関して、L. Neville Brown, *The British Social Security Tribunals: A New Unified System for Adjudication of Social Security Benefits* (1986), 17 CAMBRIAN LAW REVIEW, p. 52 は、家族手当制度が伝統的な社会保険と公的扶助の区別を曖昧にし、それによって審判所制度に混乱が生じたことを指摘する。この指摘のように、家族手当制度がイレギュラーなものであると捉えるならば、①の説明は説得性を有することになるであろう。

119) Norman Lewis, *Supplementary Benefits Appeal Tribunals* (1973), PUBLIC LAW, p. 277.

120) William A. Robson, *Administrative Justice and Injustice: A Commentary on the Franks Report* (1958), PUBLIC LAW, pp. 12-13.

121) R. H. S. CROSSMAN, SOCIALISM AND THE NEW DESPOTISM (1956).

122) W. A. Robson, *supra* note 120, p. 13.

123) Franks Report, *supra* note 9.

が公表された。同報告書は、1955年11月に大法官（Lord High Chancellor）によって任命されたフランクス卿（Sir Oliver Franks）をはじめとする16人のメンバー（フランクス委員会）が作成したものであり、その目的のうちの1つは、当時存在した数々の審判所制度の構造と作用を調査し、勧告を行うことであった。同報告書は公表後の審判所制度の在り方に多大な影響を与えたものであるため、詳細に検討する必要がある。

（2）フランクス委員会は①審判所の構成と作動状況、および②土地の強制収容（compulsory purchase）の実施に関する行政手続について調査と勧告を行うことを求められた。フランクス委員会の任命の背景が1954年土地の強制収容にかかる政治的不祥事であったため、上記②が同委員会の調査対象とされたことは容易に理解できるが、同委員会の調査対象に①が加えられたのは、世間において特定の分野に止まらない「行政的な正義」に広く関心が生じていたことを示すと言えよう。

（3）上述のように、同報告書の検討対象は社会保障法領域の審判所に限られないのであるが、本章においては、同報告書のうち社会保障法領域の審判所に対して言及した部分を中心的に検討しつつ、必要に応じて、審判所制度全体にかかる総論部分にも言及する。

以下、同報告書に関する検討を行うが、叙述の順序は同報告書のものに従って総論部分から始めることとする。

Ⅱ．審判所制度全体に関して――総論部分

（1）フランクス報告書では、審判所の「公開性（openness）・公正性（fairness）・不偏性（impartiality）」という特徴が強調されている。さらに、「裁

---

124) Franks Report, *supra* note 9, p. iii.

125) このように、本来問題視された1954年の政治的不祥事とは関係の薄い審判所制度が同報告書の検討対象とされたことを、「審判所はスケープゴートにされた」と評価する論者もあったという。H. W. R. Wade, *The Council on Tribunals* (1960), PUBLIC LAW, p. 355. なお、実際には、1954年の政治的不祥事で行われた行為は制定法上の根拠のない特別の(ad-hoc)手続であったため、同報告書の検討対象外とされた（Franks Report, *supra* note 9, para. 15. また、W. A. Robson, *supra* note 120, p. 14.

126) 例えば Franks Report, *supra* note 9, paras. 23-25. 審判所制度の特徴をこのように描写することは、現在でも通例となっている。

第3章 「準司法的」審判所と積極的職権行使の誕生

決のための機関としての審判所（tribunals as machinery for adjudication）」という考え方は、同報告書によって導入された考え方であると言えよう。同報告書以前においては、審判所を政府の行政部門の一部とみなす理解が一般的であった。この理解は、本書においてこれまで検討してきたような、行政省庁からの独立性の程度やいくつかの法規定（行政から審判所への第一次決定の委託や照会の手続）を見れば、不思議なものではない。このような理解ゆえに、「社会保障（social service）の領域の審判所は、給付行政への付属物（adjuncts to the administration of the services themselves）である」、つまり行政の一部として給付決定を行う機関であると考えられてきた。

これに対して同報告書は、「審判所は行政の機構の一部としてではなく、むしろ裁決（adjudication）を行うために議会によって設けられた機構である」と断言する。裁決とはつまり対立する2当事者間の紛争を解決することであり、社会保障法領域における受給者の立場から言うと権利救済の機関であるということになる。審判所にこのような性格付けを与えたことは、後の審判所の審理の方式に大いに影響を与えた。

(2) 以上を前提に、フランクス報告書が行った審判所制度一般に対する勧告は、次のようなものである。

まず、①審判所の構成に関する勧告のうち重要なものは、(i)チェアマンは大法官によって、他のメンバーは審判所評議会（Council on Tribunals）によって任命されるべきこと、(ii)チェアマンおよびメンバーの解職の権限は大法官に委ねられるべきこと、(iii)上訴を扱う審判所のチェアマンは法曹資格を有しているべきこと、

---

127) Id., para. 40.
128) Nick Wikeley, *Future Directions for Tribunals: A United Kingdom Perspective*, in R. CREYKE (eds.), TRIBUNALS IN THE COMMON LAW WORLD (2008), p. 185.
129) Franks Report, *supra* note 9, para. 40.
130) Ibid.
131) この点につき、すぐ後に述べるように国民保険・労災保険、および家族手当の審判所制度と、国民扶助の審判所では区別がされていた。すなわち、後者の国民扶助上訴審判所は行政としての性格が強い機関とされたのである。
132) Franks Report, *supra* note 9, paras. 48-49, 53-54.
133) Id., paras. 51, 53.
134) Id., paras. 55, 58.

143

(iv)メンバー以外の職員に関しては従前と同じく関連省庁から供給されるべきことである[135]。

続いて、②上訴や裁判所との関係に関しては、(i)基本的には上訴が２回可能な仕組みが設けられるべきこと[136]、(ii)国民保険コミッショナー・労災保険コミッショナーおよび国民扶助上訴審判所以外の審判所の裁決に対しては、法的論点に関して司法裁判所への上訴が定められるべきことである（ただし、国民保険コミッショナー・労災保険コミッショナーおよび国民扶助上訴審判所の裁決は、司法裁判所による司法審査には服する）[137]。

最後に、上記①ですでに触れたことと一部重複するが、③審判所を監督するための機関に関して、(i)審判所評議会を作るべきこと[138]、(ii)大法官が審判所評議会の勧告に効力を付与するための法律を作るべきこと[139]、(iii)同評議会は主たる機能としてフランクス報告書における勧告を個別の審判所に適用できるように調整すべきで、また報告書を公表すべきことである[140]。このうちの(ii)に明確に表れているように、審判所評議会は大法官の権限下に存在する。フランクス報告書がここで大法官を選択したのは、「審判所は今や司法（justice）の機構の一部であるということを強調するため」[141]であると考えられ、上で述べたように行政の機構であるという考えを否定したことと関連している。

Ⅲ．社会保障法領域の審判所に関して──各論部分

（１）上述のように、フランクス報告書は審判所制度全体に対する大規模な改革を企図していた。ここでは、先の審判所制度全般に該当するような一般的提言を念頭に置きつつ、同報告書が社会保障法領域における個別の審判所に対してはどのような提言を行ったかを検討する。検討の対象は、①国民保険地方審判所、

---

135) *Id.*, para. 71.
136) *Id.*, paras. 105-106.
137) *Id.*, paras. 107-112.
138) *Id.*, para. 43.
139) *Id.*, paras. 131-132.
140) *Id.*, para. 133.
141) W. A. Robson, *supra* note 120, p. 20. 大法官の他の選択肢としては、首相（Prime Minister）および枢密院議長（Lord President of the Council）、大蔵大臣（Chancellor of the Exchequer）等があったという。*Id.*, pp. 19-20.

労災保険地方審判所、国民保険コミッショナーおよび労災保険コミッショナー、②国民扶助上訴審判所、そして③家族手当制度における仲裁人である。

（2）まず①に関しては、長年にわたって支障なく運営されており、特に構造を変更する必要はないとの見解が示されている[142]。ただ、以下のように、いくつかの細かい点において変更が勧告されている。

国民保険地方審判所では法曹による代理が禁止されており、他方で労災保険地方審判所では一定の場合にそれが許されていることに関しては、審判所の特徴である非形式性（informality）が害される恐れがあるとして一般に両審判所における法曹代理に消極的な姿勢を示しつつも、国民保険地方審判所においても一定の場合には法曹代理をつけることが許されるべきであるとした[143]。

また、国民保険地方審判所の審理が非公開で、労災保険地方審判所の審理は公開であることに関しては、基本的には両者とも公開で審理を行うべきであるとの見解が表明された[144]。

最後に、それぞれの審判所からそれぞれのコミッショナーへの上訴に際して、審判所による許可を得る手続が不要である場合、上訴の許可が必要な場合など、国民保険一般と労災保険において差異があった点に関しては、両制度における上訴を統一的に運用する時期にあるとして、いずれの制度においても許可を受ける必要なく上訴をすることができるようにすべきであると勧告した[145]。

---

142) 以上、Franks Report, *supra* note 9, para. 172.
143) *Id*., paras. 173-174. この判断の背景にあった事情は以下のようなものである。当時、労働組合等の団体の加入者が上訴をしようとする時には、当該団体の中の、審判所における争いに熟達した非法曹の代理人を利用することができたため、法曹代理を禁止する仕組みで特に問題は生じていないとの見解があり、このことから、国民保険地方審判所と労災保険上訴審判所の統一性を問題とするなら、双方ともに法曹代理を禁止すればよいとの意見もあった。しかし、同報告書は、上訴をしようとする市民が労働組合等に加入していない場合には、このような能力ある非法曹の代理人を付けることが困難とし、一定の場合に許容すべきと考えた。
144) *Id*., para. 175. 例外は、審理が「詳細な（intimate）個人的あるいは金銭的状況」に関わる場合であり、この場合には審判所のチェアマンの裁量によって非公開にされるべきであるとされた。*Ibid*.
145) *Id*., para. 177. これは、コミッショナーへの更なる上訴に関しては、せめて労災保険においても国民保険と同様にすべきだ、という労働組合会議による要求のさらに上をいく内容の勧告であった。*Ibid*.

このように、①に対する勧告を検討すると、フランクス報告書が両制度の差異を縮小する意図を有していたことが分かる。このことは、ベヴァリジ報告書が国民保険一般の審判所と労災保険の審判所を区別する（後者を例外とする）意図をもっていたことと対照的である（第2章第6節Ⅱ）。このような変化の背景には、国民保険一般および労災保険の法施行から10年が経過し、判例法も発展したこと、上訴される事案数の増大に歯止めがかかる見込みであることが挙げられている。[146] 次章第4節で論じるように、1966年には国民保険一般の審判所制度と労災保険のそれとが統一されるのであるが、フランクス報告書がその方向性を示唆していたと言えよう。

　(3)　また、②国民扶助上訴審判所も、満足に機能していると評価された。フランクス報告書の調査の過程では、国民扶助上訴審判所を、上記の国民保険における審判所制度と統合すべきであるとの意見が出されたことを明かし、同報告書は当該意見の可否を、国民扶助上訴審判所における「口頭審理の非公開・更なる上訴の不存在・法曹代理の禁止」という特徴から検討している。[147]

　国民扶助上訴審判所の扱う問題は、国民扶助が資力調査制の給付であるため、上訴人の金銭的状況を暴かざるを得ず、プライバシーの観点から、口頭審理を非公開とする制度設計には理由がある。[148] このプライバシー観点が、統合を否定する十分な理由となるとしつつ、同報告書は次に、国民扶助上訴審判所から国民保険コミッショナーへの更なる上訴の導入の可否を検討している。[149] 結論としては、国民保険コミッショナーへの更なる上訴を否定するのであるが、その根拠が注目に値する。いわく、「形式としては、これらの審判所（補足給付審判所を指す—引用註）は国民扶助庁の地方官吏の決定に対して審理と裁決を行う、ゆえに裁定的機能（adjudicating functions）を行使するのであるが、実際には、同審判所の役割は、事実をさらに調査し、一定の事案ではニーズの程度に関して新たな結論に到達することであり、評価委員会や事案委員会（an assessment or case committee）に類似したものである」。[150] つまり、国民扶助上訴

---

146)　*Id.*, para. 177.
147)　以上、*Id.*, para. 179.
148)　*Id.*, para. 180.
149)　*Id.*, para. 181.
150)　*Id.*, para. 182. なお、同報告書は副次的に、早期に裁決が出される必要性にも言及し↗

審判所は、国民保険領域の審判所制度のような裁決の機関としての役割を担うものではなく、本質的には行政的な性格の機構である、と同報告書は評価した。換言すると、国民扶助上訴審判所だけが、上述の総論部分における「裁決の機構としての審判所」という一般論の例外とされてしまったのである。

さらに、このような公的扶助領域の審判所の手続は、簡易さへの要請が最も強いため、法曹代理人を禁止する必要性が強いとしつつ、例外的に、非法曹の代理人となってくれるような人間関係を有しない市民のために、審判所のチェアマンの許可によって法曹の代理人が許されるべきであると述べた。[151]

(4) 最後に、③家族手当制度における仲裁人に関してであるが、1945年家族手当法によってこの仲裁人制度が設けられた時点では、1946年に設けられることになる国民保険および労災保険における地方審判所とコミッショナーという仕組みが未だ生み出されていなかったため、独自の仲裁人制度が設けられたという事情があった。そのため、年金国民保険省自身が、家族手当に関しても国民保険の権利救済の仕組みを利用したいと考えており、フランクス報告書もそれを相当であると評価した。[152]

Ⅳ．フランクス報告書のまとめ

(1) フランクス報告書は、社会保障法領域の審判所の作動の状況に関しては、基本的にはうまくいっているものと評価した。しかし同時に、いくつかの点において改革のための重要な勧告を行った。それらの第1は、チェアマンの任免権限を、従前のように大臣に与えるのではなく、大法官に与えるべきこと、さらに審判所評議会という機関を設置し、チェアマン以外のメンバーの任命に関わらせるべきことなど、審判所の省庁からの独立性を向上させるための

ている。また同報告書は、国民扶助上訴審判所の裁決に対して、法的観点から司法裁判所に上訴することも許さないとする一方で、同審判所の裁決は司法裁判所による司法審査には服するということを確認している。*Ibid.*

151) *Id.*, para. 183.
152) *Id.*, para. 184. なお、これに伴い、仲裁人が司法裁判所に対して問題を照会できるという規定もなくされるべきであるとされた。そうした場合にも、2回目の上訴がコミッショナーによって、(裁判所の審理のような適法・違法の審査だけでなく) 当・不当まで審理されることになるため、むしろ権利救済の保障の程度は上昇すると考えられた。*Ibid.*

勧告である。そして第2は、審理は基本的には公開とすべきこと、チェアマンには法曹資格のあるものを就かせるべきこと、2回の上訴が可能な仕組みを作るべきことなど、より広く審判所の裁決の公正に資すると考えられる事項にかかる勧告である。

　さらに同報告書は、従来は、行政的な機関と考えられてきた審判所を、裁決のための機構であると宣言した。しかしながら、補足給付審判所のみが行政的な機関であるとされた。このような評価がなされたのは、補足給付審判所の行う審理の内容が、事実を再調査して請求者のニーズを決定するものである点で、第一次的決定と性質的に異ならず、そのやり直しという性質を有していることに起因していた[153]。行政によるニーズ評価を伴う第一次的決定が、裁量性の強い決定であることを考えると、補足給付審判所の行う審理もやはり裁量性が強いことになると考えられる。そうであれば、詳細な法的規定の適用を主たる目的とする国民保険一般および労災保険における審判所と、異なる性質のものと考えられたことにも合理性を見出すことができよう。

　(2) ただし、国民保険に関する審判所を行政的なものではなく、裁決的な(あるいは司法的な)機能を果たすものと捉えるフランクス報告書の見解は、当時としてはやはり例外的に先進的なものであり、同報告書の公表によってすぐに、一般に広く理解されたとは言い難い[154]。審判所を行政ではなく裁決の機構と理解することは、審判所から司法裁判所への上訴の定めを置くべきであるという同報告書の勧告にも深く関連すると思われるが、この点に対しては、通常裁判所や法律専門家が関与する仕組みを作りさえすれば万事がうまくいくと楽観視している点で説得力に欠ける[155]、と批判する学説も見られた。このように、審判所を行政ではなく裁決の機構と捉える理解に抵抗があったという事実は、次

---

153) *Id.*, para. 182.

154) 例えば、フランクス報告書から10年後の1968年の文献が、審判所の行政的な側面を強調している。H. STREET, *supra* note 46, pp. 2-3. なお、1975年の同文献の第2版（HARRY STREET, JUSTICE IN THE WELFARE STATE (2nd ed., 1975), pp. 2-3.）でも当該記述に変更はない。

155) W. A. Robson, *supra* note 120, pp. 16-18. 論者は、審判所から裁判所への上訴の仕組みは高額の費用や手続の複雑さが生じ、専門知識を要求するという点で審判所の利点を消してしまう恐れがあるため、「行政的な」審判所制度は通常裁判所のシステムとは分離されるべきであると主張している。

節で扱う裁判例からも窺い知ることができる。同裁判例は、審判所を行政的な性格と評価する（つまりフランクス報告書の見解と対立する見解を採る）ことによって、そこから、審判所の審理における積極的職権行使を導きだす。審判所の独立性という視角と並ぶ本書の分析軸（積極的職権行使）が、ここで登場することになる。

第7節　裁判例——積極的職権行使の誕生

　これまで本書の扱ってきた審判所の歴史において、審判所をめぐる議論の中心にあったのは、2つの分析軸のうち審判所の独立性に関するものであった。これに対し、本書の今1つの分析軸、すなわち審判所における積極的職権行使を初めて認めた裁判例とされるのが、1958年のハブル事件判決である。[156]
　すでに述べたように、審判所の積極的職権行使は制定法上規定されたものではなく、判例法上発達した原理である。そのため、積極的職権行使を検討するに当たっては、司法裁判所による判例を主たる素材とすることになる。
　審判所の積極的職権行使に関しては、ただ単に事実として審判所がそのような審理を実施しているというだけでなく、法原理として積極的職権行使が存在していることを描き出すことが、本書が審判所の積極的職権行使の史的展開を検討する上での最終的な目的となる。本節で扱う裁判例は、その出発点をなすものである。

I．事案の概要
　（1）本件は、労働災害にかかる事案である。事案中に医学的な問題が含まれているため、労災給付請求にかかる一般的なルート（保険官、地方上訴審判所、労災コミッショナーが関わる）ではなく、医療委員会が第一次的決定を行い、医療上訴審判所が上訴を審理するルートが利用される（第3節Ⅱ(3)参照）。
　1955年7月14日、炭坑夫であったハブル（Hubble）氏は、職務中に生じた事故により背中を負傷し、椎間板脱出症と診断された。ハブル氏は、休業中、傷

---
156) R. v. Medical Appeal Tribunal (North Midland Region), Ex parte Hubble [1958] 2 QB 228, [1958] 2 All ER 374, [1958] 3 WLR 24.

病手当（injury benefit）を受給した上、さらに障害給付（disablement benefit）の給付を申請した。この障害給付の額は、医療委員会の評価する稼働能力喪失率によって決まる。医療委員会は、調査の結果、ハブル氏の現在の症状は職務中の事故に起因するとして、第一次的決定においてハブル氏の稼働能力喪失率を5％と認定した。[157]

これに対してハブル氏は、稼働能力喪失率が5％との認定は低すぎるとして医療上訴審判所に上訴をした。[158] なお国民保険大臣も、ハブル氏の稼働能力の喪失の少なくとも一部は職務中の事故に起因していることについて争っておらず、また、稼働能力喪失率を5％とする認定が高すぎるとも主張していなかった。[159]

上訴を受けた医療上訴審判所は、稼働能力の喪失は、事故以前からハブル氏の有していた症状の悪化によるものであり、職務中の事故によって稼働能力が喪失したのではない、よってハブル氏の稼働能力喪失率は0％である、との結論を導いて、ハブル氏の請求を棄却した。この結論は、ハブル氏と国民保険大臣の双方とも主張していなかったものであったため、もし審判所においても当事者主義が妥当すると解するならば、正当化しがたい結果であった。これによりハブル氏は障害給付を受給できなくなった。

(2) 本章第3節で述べたとおり、医学的な問題に関しては医療上訴審判所の裁決に対して更なる上訴を提起することはできなかった。よって、医療上訴審判所の裁決を争いたいハブル氏は、上訴ではなく、司法審査（judicial review；本編第1章第2節参照）の方法によって、医療上訴審判所の裁決の取消しを通常の司法裁判所に求めることとなる。ハブル氏は、同審判所の決定に対する移送命令（certiorari）を求めて、高等法院女王座部（Queen's Bench Division）に対して司法審査を請求した。その際ハブル氏（の代理人）は、上訴を審理する審判所の権限は上訴を認容するか棄却するかに限られており、大臣（行政）側の反訴がない限り、審判所は医療委員会の認定した評価を減少させたり取り消した

---

157) National Insurance (Industrial Injuries) Act 1946, s. 12 (6).
158) National Insurance (Industrial Injuries) Act 1946, s. 39 (2).
159) 医療委員会の決定について不服があるときは、大臣の指示を受けた保険官が上訴をすることができた（National Insurance (Industrial Injuries) Act 1946, s. 39 (3)）のであるが、本件ではこれもなされていなかった。

りすることはできない、と主張した。

Ⅱ. 判　　旨
(1) ハブル氏の主張に対し、高等法院女王座部は以下のように述べ、ハブル氏による移送命令の申請を棄却した。本書の用いる分析軸との関係では、①第一次的決定を行う医療委員会と、権利救済機関としての医療上訴審判所の関係、②医療上訴審判所の行う審理の性質・方法に着目して、本件判旨を検討する必要がある。

(2)「我々は、(ハブル氏―引用註)の主張は、(1946年社会保険(労災)―引用註)法の目的、および医療委員会と医療上訴審判所の機能に関する誤解に基づいていると考える。同法のもとでの、被保険者による給付請求は、当事者間の訴訟(lis inter partes)と類似するものではない」。「専門的調査機関として、自らに照会された医学的問題を決定するために専門性を駆使することは、医療委員会の権利であり義務である。委員会は、適切と考える場合には、自身で請求者に関する調査を行ったり、自らが専門的な決定に達することができるような事実や証拠を考慮したりすることができる。」

そして「我々は、(医療上訴審判所の―引用註)機能が医療委員会の機能と異なっているとする根拠を見出すことができない」。

1946年労災法39条3項により、大臣の指示で保険官が医療委員会の決定を医療上訴審判所に照会する場合(本章第3節で述べた、上訴とは異なる管轄権)には、医療上訴審判所は、自らが正当と考える決定に到達するためにどのような行動をもなす権利があるし、そうする義務もある。同条同項には「上訴の場合と同じように(as on an appeal)との文言があり、それは、同条2項のもとで不服を有する給付請求者の上訴によって当該事案が医療上訴審判所へと移送された場合にも同審判所が同様の権限を有するという結論を強く示す」。

医療上訴審判所の決定は「当事者間の訴訟ではないのであるから……訴訟とは類似しない調査(inquiry or investigation)に対して、通常の訴訟で裁判所において採られているような実務(practice；当事者主義を指すものと解される―引用註)を適用することで……医療上訴審判所に与えられた無制約の権限に制限を加える理由はない」。

Ⅲ. 検　討

(1) 以上の判旨を、本書の分析視角との関係において検討すると、①医療委員会と医療上訴審判所の関係について、両者とも何ら制約を受けずに決定に達するための調査を実施するという点で、機能はほとんど同じと考えられていたこと、その帰結として、②医療上訴審判所の審理手続は司法裁判所の実務（当事者主義）とは異なるのであり、自ら自由に調査をなしうる、すなわち積極的職権行使を実施することが明らかにされたと言えよう。そしてこの結論には、「上訴」に関する規定である1946年労災法39条2項を解釈する上で裁判所が参照した、同法39条3項（大臣の指示で保険官が医療委員会の決定を医療上訴審判所に「照会」する）の規定が重要な役割を果たしていた[160]。つまり、医療上訴審判所は、法39条3項の「照会」を受けた場合、正当な決定を導くためにあらゆる調査等の権限をも行使してよいのであるが、同条同項には、「上訴の場合と同じように」との文言がある。よって、医療上訴審判所は、法39条2項の「上訴」を受けた場合にも、正当な決定を導くためにどのような権限をも行使してよいということが前提となっている、という理屈である。

権利救済機関であるはずの医療上訴審判所が、第一次的決定を行う医療委員会と同様の機能を有すると考えられていた点、また、その機能が無制約の（当事者の主張・立証活動等に影響・制限を受けない）調査であると考えられていた点から、裁判所は、当時の医療上訴審判所の性格を、「行政の一部として誤りのない給付決定を実施するための機関である」と考えていたことが窺える。つまり、同審判所が職権によって調査を行う権限を有していることは、当該決定の正確性の担保という目的に基づくものとして理解することができよう。

(2) このように、医療上訴審判所の作用が行政的なものであると解すると、

---

[160] ただし、本件で直接に争われたのは、1946年法39条3項（「照会」）による審判所の決定ではなく、あくまでも法39条2項に基づく「上訴」であったことには、改めて注意する必要がある。もし、審判所が1946年法39条3項のように行政的な役割をも担うとしても、上訴を扱う場合にはそれとは全く異なる権限に基づいて審理を行っていると考えることも可能である。つまり、1946年法39条3項の決定を行う際には行政的な機関として積極的職権行使を実施するが、法39条2項に基づく上訴を扱う際には、審判所は行政的な権限ではなくあくまで裁決の権限を行使する、というように、両者の性格が審判所に併存していると理解することもあり得たのである。このような理解を前提とした場合、裁判所の結論は異なったものとなり得たと思われる。

関連するいくつかの問題が想起される。まず、①フランクス報告書が、審判所一般を「裁決の機構」とし、国民扶助（公的扶助）に関する審判所のみを行政的なものであると解したこととの関係であり、次に、②国民保険一般の審判所、あるいは労災保険の一般的ルート（医学的問題を含まない問題）の審判所に関しても、本件判旨のように審判所は行政的な地位に基づいて積極的職権行使を実施すると考えることができるのか否か（つまり本判決の射程の問題）である。

このうち①については、本件判旨は明らかにフランクス報告書の見解とは相容れないものである。フランクス報告書が「裁決の機構」と言った場合の意図は、対立する当事者間の紛争を解決するという点においては、審判所を裁判所と類似する機能を果たすものと捉えることにあったのであり、裁判所とのアナロジーを否定した本件判旨とは対立している。

本判決がどのような射程を有するのかという②の問題については、どう考えるべきか。上述のように国民保険一般の地方審判所にも、また労災保険の一般的ルート（医学的問題を含まない問題）の地方上訴審判所にも、保険官が自ら第一次的決定を実施することが不適当であると考えられる際には、給付請求にかかる問題を審判所に「照会」することができるとの、1946年労災法39条3項に対応する規定が設けられていることから、[161]当該規定を参照しつつ、各審判所の上訴の権限に関する規定を解釈することにより、各審判所の審理における積極的職権行使を肯定しうる。つまり本判決は、第1段階の審理を実施する審判所において一般的に妥当すると考えることが可能である。

そして②の射程の問題は、第2段階の審判所たるコミッショナー（国民保険コミッショナー・労災保険コミッショナー）においても積極的職権行使が該当するか、という更なる問題を提起する。コミッショナーには、第一次的決定を行う保険官が自ら決定を行わずに照会をして、第一次的決定を委ねるという規定はない。その点で、コミッショナーは行政的な機能を担わない、純粋な権利救済・裁決のための機関であるとも考えられる。このコミッショナーに、積極的職権行使が認められるのか、認められるとすればそれはどのような根拠によっ

---

161) 国民保険地方審判所につき The National Insurance (Determination of Claims and Questions) Regulations 1948, reg. 10 (2) (c). また、労災保険地方上訴審判所につき National Insurance (Industrial Injuries) Act 1946, s. 45 (3) (b) (ⅰ).

てか(やはり「行政的機能」と評価されるのか)といった、コミッショナー段階への本判決の射程の問題は、ハブル事件判決からは明らかにならない。これらの問題は、次章の裁判例によって明らかになる。

第8節　第3章の小括——審判所の類型化・積極的職権行使

(1) 前章までの時代(1940年代半ばまで)では実体法ごとに異なった審判所を設置することが通常であったのに対し、ベヴァリジ報告書を経た後の本章の時代では、実体法を超えた共通の審判所制度の可能性が一応想定され、異なった審判所を設置する際には何らかの根拠が存在することが推察されるようになった。これによって、社会保険領域(国民保険一般・労災保険等)における審判所制度と公的扶助領域(国民扶助)における審判所制度の、制度設計(メンバーの任命方法や上訴の審理の回数等)における差異が明確に生じてきた。このような区別の背景には、実体法における規定の差異(詳細に規定されているか、それとも裁量の余地が大きいか)が存在すると考えられた(その他にも、偏見の存在等も疑われた)。

(2) 本書の第1の分析軸、すなわち独立性にも、上記のような社会保険領域と公的扶助領域の差異が反映しており、前者の方が後者よりも高度である。しかしながら、社会保険領域においても、前の時代に比して独立性が飛躍的に向上したわけではない。ただし、審判所の統括機関を設ける等の、フランクス報告書による勧告がなされたことで、次の時代における独立性の点での向上が期待された。

(3) また、本書の第2の分析軸、すなわち審判所の積極的職権行使に関しては、裁判例が初めてその存在を認めた。これは、医療上訴審判所の行政的な性格、上訴以外の審理をする権限を定めた法規定を根拠としており、給付関係に関する正確な決定、すなわち真実の発見を目指すものであったと言える。このような積極的職権行使は、他の審判所にも波及する可能性を有していた。

第4章　社会保険領域と公的扶助領域の審判所の統合
―― ベル報告書の時期（1958～1983年）

　前章において、社会保障法領域の審判所で積極的職権行使が誕生した様子と、フランクス報告書において社会保険領域の審判所が司法的な性質を持つものとみなされたことを確認した。ただし、裁判例や学説の状況を見る限り、社会保険領域の審判所の司法的な性格が十分に認識されていたとは言い難かった。

　また、公的扶助領域の審判所は、独立性も、より広く公正の観点からも、社会保険領域の審判所に比べて劣っており、これは公的扶助領域の審判所がフランクス報告書によって「行政的」な性格と解されていたこととも関連しているように思われた。

　これに対して本章では、社会保険領域の審判所の司法的性格が定着していく様子と、公的扶助領域における審判所の性格に批判が強まり、その司法化が要求される様子、そして最終的に社会保険領域と公的扶助領域における審判所が統合される様子を検討する。このような一連の流れをたどるに際し、本章では、前章のフランクス報告書を受けていち早く行われた制度改正を検討することから始める。

第1節　フランクス報告書を受けての制度改正

Ⅰ．審判所および調査法（1958年）

　(1) フランクス報告書の発行翌年、同報告書が勧告した審判所評議会（Council on Tribunals）の設立を実行に移す法律が定められた。それが1958年審判所および調査法（Tribunals and Inquiry Act 1958）である。

第2編　イギリス

　同法は審判所評議会を設立し[1]、社会保障法領域の各審判所（国民扶助上訴審判所、国民保険地方審判所、同コミッショナー、労災保険地方上訴審判所、同コミッショナー、医療上訴審判所など）もその監理下に置かれた[2]。審判所評議会は10人から15人の、大法官および国務大臣によって任命されるメンバーで構成される[3]。審判所評議会は審判所に関する事項について大法官や国務大臣から照会を受け[4]、それに対して報告書を提出する[5]。また、自らの年間の活動についても大法官らに報告書を提出する必要があり、大法官らはそれを議会に提出する[6]。

　審判所のチェアマンの任命については、大法官によって任命された人々の名簿の中から、審判所の扱う問題に関わる省庁の大臣が、チェアマンを選ぶ[7]。このような任命の対象になる社会保障法領域の審判所は、国民扶助上訴審判所、国民保険上訴審判所、労災保険上訴審判所、医療上訴審判所である[8]。

　審判所評議会は、チェアマン以外のメンバーの任命に関して、任命権を有する大臣に対して勧告を行い、大臣はこの勧告を斟酌（regard）しなければならない[9]。また、大臣は、大法官の同意なく審判所のメンバーを解職することはできない[10]。審判所にかかる規則の制定に関しても、審判所評議会への諮問を経ずに各大臣が規則を制定することはできない[11]。

　(2)　審判所評議会の果たす役割は、以上のように、自ら何らかの権限を行使するものではない（勧告をする役割に止まる。その意味で、審判所評議会の権限は「執行的なものではなく、諮問的な（advisory）もの」である[12]）が、審判所のメン

---

1) Tribunals and Inquiry Act 1958, s. 1 (1).
2) Tribunals and Inquiry Act 1958, s. 1 (1) (a), 1st sched. part Ⅰ, arts. 9-12.
3) Tribunals and Inquiry Act 1958, s. 1 (2).
4) Tribunals and Inquiry Act 1958, s. 2 (1).
5) Tribunals and Inquiry Act 1958, s. 1 (1) (b).
6) Tribunals and Inquiry Act 1958, s. 2 (7).
7) Tribunals and Inquiry Act 1958, s. 3 (1), (6).
8) Tribunals and Inquiry Act 1958, s. 3 (3), 1st sched. arts. 9, 11 (a), 12 (a), (b).　なお、国民保険コミッショナーおよび労災保険コミッショナーがここに加わらないのは、彼らの任命権限が大法官に委ねられている（つまり、行政省庁から切り離されている）ためである。
9) Tribunals and Inquiry Act 1958, s. 4 (1).
10) Tribunals and Inquiry Act 1958, s. 5.
11) Tribunals and Inquiry Act 1958, s. 8 (1).
12) William A. Robson, *Administrative Justice and Injustice: A Commentary on the*↗

バーの任命や規則制定の際に、どのような省庁にも属さない審判所評議会がチェックを加えることに対しては、審判所の所属省庁（社会保障法領域で言えば年金・国民保険省）からの独立性が向上したとの評価を加えることができよう。

Ⅱ．個別の法に対する、規則（regulations）による制度改正

（1）前節で述べた1958年審判所および調査法は、社会保障法領域に限らない、審判所制度一般に関わるような法改正を行うものであった。これに次いで、1958～59年には、立法（act）を待たずに、規則（regulations）によって、社会保障法領域の審判所制度に変更が加えられた。

これらの中で重要なのは、国民扶助上訴審判所[13]・国民保険地方審判所[14]・労災保険地方上訴審判所[15)16)]のそれぞれにおいて、以前は禁止されていた法曹の代理人をつけることを許す規定が置かれたことである。ただし、これは公費による法曹代理（法律扶助）を設けることを意味するのではなく、あくまで自己負担によるものである。これらの変更はいずれも、フランクス報告書の勧告に沿ったものであった。

（2）このように、いくつかの項目に関しては法律によらずに規則によって審判所制度の仕組みに変更が加えられたのであるが、他方、規則によって改正を加えることが適切ではないと判断された事項もあった。すなわち、①労災保険地方上訴審判所から労災保険コミッショナーへの上訴に関する規定を設けること、また、②医療上訴審判所からの更なる上訴を許すというフランクス報告書[17]

↘*Franks Report* (1958), Public Law, p. 21.

13) National Assistance (Appeal Tribunals) Amendment Rules Confirmation Instrument 1958 (S.I. 1958 No. 714).

14) 以上、National Insurance (Determination of Claims and Questions) Amendment Regulations 1958 (S.I. 1958 No. 701).

15) 以上、National Insurance (Industrial Injuries) (Determination of Claims and Questions) Amendment Regulations 1958 (S.I. 1958 No. 702).

16) 上記の複数の規則が下院に問われた際、議員から、審判所制度において法曹代理を設けること、および公開とすることに関して懸念を示す動議が出された。この内容は、審判所の非形式的な性格が破壊されてしまうのではないかというものである。しかし結局、この動議は後に取り下げられた。589 H. C. Deb. 1443-1472, 1958.

17) 586 H. C. Deb. 593-4, April 21, 1958.

の勧告に沿った修正をすることについては、規則ではなく法自体の改正が必要であるとされた。この際、医療上訴審判所の問題と、後述の国民扶助審判所の問題は完全に別であることが強調された[18]。これらの議論はいずれも、労災保険法の複雑性を根拠としている[19]。

また、下院においては、③国民扶助審判所の決定に関して更なる上訴を設けるための検討は、全く行っていないとの答弁がなされた[20]。これは、国民保険・労災保険の審判所制度と国民扶助の審判所制度をそもそも区別していたフランクス報告書の意図に沿ったものである。

Ⅲ．立法（act）による制度改正

（1）フランクス報告書の勧告が出された2年後の1959年、その勧告を受け入れて、家族手当と労災保険に関して審判所制度の改正が行われた。以下、1959年家族手当・国民保険法（Family Allowance and National Insurance Act 1959；以下1959年法という）によって実施された両制度における改正の様子を順次検討する。

1945年に家族手当が設けられた経緯と、その実体・手続両側面を、第3章第1節にて検討した。当時の家族手当制度では、権利救済は仲裁人への1段階の上訴のみの制度となっていた。これに対してフランクス報告書が、家族手当の権利救済は国民保険における権利救済制度によって対処されるべきであると勧告をした（第3章第6節）。

フランクス報告書によるこの勧告が、1959年法によって実現することとなる。同法は、1945年家族手当法のもとでの手当の受給権に関する問題に対しても、1946年国民保険法の権利救済の仕組みが当てはまることとする、と規定している[21]。つまり、家族手当の受給権に関しても、第一次的決定に不服を有する市民は、国民保険地方審判所に上訴を行い、その裁決にもなお不服を有する場

---

18) 586 H. C. Deb. 594-5, April 21, 1958.
19) 586 H. C. Deb. 594-5, April 21, 1958.
20) 586 H. C. Deb. 594, April 21, 1958. 答弁では、このように2段階の上訴の仕組みを設けないことは、十数年前の国民扶助法そのものの制定過程における議論とも一致しているとされた。*Ibid.*
21) Family Allowance and National Insurance Act 1959, s. 1 (1).

第 4 章　社会保険領域と公的扶助領域の審判所の統合

合には、国民保険コミッショナーへと更なる上訴を行うことができるようになったのである。

この法改正によって、家族手当の権利救済制度は、①独立性の見地からは、公的扶助領域と比して相対的に高い程度の独立性を享受することになったし、さらに②二段階の上訴の仕組みとなったことで、より広い権利救済の質の見地からの向上を得たと言うことができよう。

(2) 前章の第 2 節と第 3 節において、1946年国民保険法と1946年国民保険（労働災害）法について検討した。そこでは、両者の権利救済の仕組みがかなり近接していることが明らかになった。これに対して1959年法では、医学的問題に関する上訴についても、労災の受給権にかかる一般的な問題と同じく、2 審としての労働災害コミッショナーへの上訴が認められることとなった点など[22]、国民保険と労災保険の権利救済の仕組みの近接性を一層強いものにするような改正がいくつもなされた。これは、続く1966年の両者の統合を予期させるような動きであった。

(3) これまで検討したように、1958年審判所および調査法、1959年家族手当・国民保険法、さらにその他の法令の改正によって、社会保障法領域の審判所に対するフランクス報告書の勧告は大部分が実現することになった。ところが、この法改正によって、現実にフランクス報告書の意図したような結果が生じたかという点に関しては、更なる検討が必要である。

この点に関してまず疑問が生じるのは、メンバーの任命方法に対する変革の実効性である。上述のように、1958年法によって、審判所のチェアマンの任命に大法官が関与することとなった。具体的には、大法官が作成する名簿（法はこの名簿への登録を「任命」としている）から、行政省庁がチェアマンを選任するという方法である。大法官はどのような行政省庁からも独立した存在であるため、行政省庁が最終的に選任するとは言え、名簿の作成権限が大法官に委ねられたことは、審判所と行政省庁を、任命権限の点で切り離す、つまり審判所の

---

[22] Family Allowance and National Insurance Act 1959, s. 2 (1) (a), (c). その他にも、労災の受給権にかかる一般的な問題に関しては、国民保険一般と同じく、上訴に先立つ「許可」が不要とされた点（Family Allowance and National Insurance Act 1959, s. 3 (1).）などがある。

独立性を向上させるものであると考えられる。

しかしながら、実際には、地方上訴審判所のチェアマンとメンバーに関して、年金・国民保険省内部に命令集（code）[23]が存在しており、その命令集に沿って年金・国民保険省が選んだ人材の氏名が大法官に送付され、大法官がそれをほぼそのまま名簿に登載する、という実務が行われていた[24]。年金・国民保険省のもとには200以上の地方上訴審判所が存在していた[25]ことから、大法官が名簿に登載すべき者を自ら調査することは現実には困難であったという事情が、このような実務の原因となっていたと思われる[26]。

また、審判所のメンバーの解職に関しても、年金・国民保険省の恣意を防ぐために、形式上は大法官の同意が法によって要求されている。しかしながらこの点に関しても、実際には、大法官は省庁の見解に「自動的に（automatically）」合意をしていたという[27]。

以上の検討から、フランクス報告書の提案が法制度上実現したことは、現実的にはそれほど劇的な変化を生じなかったと評価することもできよう[28]。

IV. 第１節のまとめ

フランクス報告書の勧告を受けて、審判所評議会が作られ、同評議会が審判

---

[23] 命令集は20以上存在するが、この文脈ではそのうちの「審判所および委員会に関する命令集（Code for Tribunals and Committees）」を指す。
[24] Susan McCorquodale, *The Composition of Administrative Tribunals* (1962), PUBLIC LAW, p. 299.
[25] *Id.*, p. 298.
[26] この点に関しては、医療上訴審判所との対比が興味深い。医療上訴審判所については、チェアマンの任命を、年金・国民保険省の関与なく、大法官が現実に行っているということが、同省の職員へのインタビューで判明している（ただし、どのようにして大法官が任命の候補者を発見しているかは不明であるという）。このような実務上の際には、医療上訴審判所は、14しか存在せず、地方審判所の200と比して格段の差があるという点が影響していると思われる。*Id.*, p. 307.
[27] *Id.*, p. 303. これは、省庁の官吏へのインタビューによって得られた回答であるという。
[28] なお、チェアマン以外の、個々の審判所のメンバーの選任は、審判所の職員が行っている。使用者や労働者を代表するメンバーは、地方の主要産業を代表する者から選任される。また、被用者を代表するメンバーの任命には、命令集によって特に詳細な定めが置かれている。*Id.*, p. 303.

所のチェアマン以外のメンバーの任命について関わることで、メンバーの独立性の向上が図られた。同評議会は、司法裁判所の司法行政の長である大法官の下に置かれ、どの行政省庁からも独立して広く審判所制度を監督する画期的な機関であり、メンバーの解職や審判所に関する規則の制定で大臣からの諮問を受ける等、審判所制度の行政省庁からの独立性を推進する役割を期待されていた。

　また、チェアマンに関しても、大法官が強く関与する規定が設けられ、年金・国民保険大臣がチェアマンの任命に際して行使する権限に制約を加える意図も示された。

　このように、社会保障法領域の審判所の、行政（年金・国民保険大臣）からの独立性という観点からは、フランクス報告書を受けた後の法規定の改正は前進を見せたと言える。

　しかしながら、実務上は、審判所評議会に与えられた権限は、勧告のような比較的弱いものに止まったし、また、チェアマンの任命に対して、大法官が行政による推薦をそのまま受け入れるような状態になっており、独立性の向上に関して意図されたような成果を挙げてはいなかった。

　なお、本書の今１つの分析軸である積極的職権行使に関しては、この時期の一連の法改正は特に関連するところがない。

第２節　「準司法的」機関と自然的正義——ジョーンズ事件・ムーア事件

　(1)　前章（第３章）第７節において検討したように、1958年の裁判例（ハブル事件判決）は、労災保険における医療上訴審判所の機能を行政的な性格と理解し、そのことを根拠に、当該審判所が積極的職権行使を実施することを認めた。裁判例が審判所を行政的な性格と理解した点は、フランクス報告書の審判所に対する理解とは対立していた。

　(2)　1962年には、同じく労災保険に関するジョーンズ事件判決が出された。[29]しかしこの事件は、医療上訴審判所に関するものではなく、労災保険における

---

29)　R. v. Deputy Industrial Injuries Commissioner, Ex parte Jones. QUEEN'S BENCH DIVISION [1962] 2 QB 677, [1962] 2 All ER 430, [1962] 2 WLR 1215.

一般的ルートの、しかも第2段階の審判所（労働災害副コミッショナー；以下、単にコミッショナーという）に関わるものであった点で、ハブル事件と事案が異なっていた。

リウマチ性関節炎の業務起因性が争点となった本件の審理において、コミッショナーは、2度目の口頭審理が終了した後、裁決を出す前に専門家の助けを求めることが望ましいと考え、事案に関する書類をすべてリウマチの専門家に送り、当該専門家から意見を得た（なお、コミッショナーが専門家から当該意見を得たことは当事者双方に知らされず、当該意見に関して反論等を行う機会も与えられなかった）。その上でコミッショナーは、上訴人（ジョーンズ氏）の請求を棄却した。

このようなコミッショナーの審理方法の違法性が争われた司法審査において、高等法院は、コミッショナーは「準司法的な審判所（a quasi-judicial tribunal）」であるのだから、「明確な規定がある場合を除いて、口頭審理の終了後、自らの裁決を下す前に、個人的に証拠を収集し続ける権限を有しない」と判示し、その違法性を認めた。

（3）この判示については、以下の2点の疑問を指摘しうる。

第1に、ハブル事件が示した積極的職権行使を、審判所が一般的に行うことができるとすると、コミッショナーが「口頭審理の終了後、自らの裁決を下す前に、個人的に証拠を収集し続ける権限」を否定されるとは考えられず、本件判旨のような結論には至らないはずである。

第2に、本件判旨によって、コミッショナーの性格が「準司法的」と表現されたことにも注目しなければならない（本判決以前に社会保障法領域の審判所制度を準司法的と評価した裁判例は、管見の限り存在しない[31]）。この表現からは、コミッショナーが行政機関として第一次的決定をやり直すという観点よりも、当事者間に生じた紛争を解決するという観点がより強く生じており（実際に判旨は、コミッショナーの管轄の対象が「当事者間の事案（a case inter partes）」であるという、

---

30) 当時、コミッショナーの裁決に対する更なる上訴の仕組みは制定法上設けられておらず、当該裁決に不服を持つ市民は、上訴ではなく、通常裁判所に対して司法審査の請求をすることによって当該裁決の効力を争う必要があった。

31) ただし学説においては、以前からこのような表現をするものが見られた。

司法裁判所との類似性を強く感じさせる表現をしている)、先のフランクス報告書による審判所の理解と調和するものである。つまり、本判決によるコミッショナーの性質への評価は、ハブル事件における医療上訴審判所への評価とは全く異なっている。

これらの2点はいずれも、ハブル事件判決の判旨とは両立しない可能性を持っていた。これら2点は相互に関連するのか否か、また本件とハブル事件は整合するのか否かといった問題については、本件のみの検討からは明らかにならない。この点を明らかにしたのが、次に扱うムーア事件判決である。

(4) 1965年のムーア事件判決[32]も、椎間板脱出症の業務起因性に関する争いであった。業務災害傷病手当 (industrial injury benefit) の不支給決定に関する上訴を受けたコミッショナーは、当該事案における審理では提出されていない、本件とは別の、過去の2つの裁決例における医学的証拠[33]を参照した上で、上訴人 (ムーア氏) の証拠を否定し、上訴を棄却した。

上記のようなコミッショナーの審理方法の違法性に関する司法審査が、高等法院を経たのち控訴院において争われた[34]。控訴院は、①第1段階の審判所 (地方上訴審判所) も、第2段階の審判所 (コミッショナー) も、区別なく準司法的な機能を果たすということ、② (ハブル事件を引用しつつ) コミッショナー段階においても積極的職権行使がなされうるが、その際には守られるべき一定の手続 (本判決の用語では「自然的正義 (natural justice)」) があることを示した。

(5) 本判決は、①のとおりハブル事件判決を引用しつつ、審判所制度全体の「準司法機関」性を論じる。しかしながらハブル事件判決においては、医療上訴審判所が準司法的な機構とは考えられていなかった。このような齟齬からは、審判所を行政ではなく裁決の機構と定義したフランクス報告書から数年を経て、裁判所が考える審判所制度の位置づけが変容してきたことが推察されよう[35]。

---

32) R v Deputy Industrial Injuries Commissioner, Ex parte Moore [Court of Appeal] [1965] 1 QB 456.

33) それぞれ、R(I) 35/95, R(I) 33/60.

34) 前掲註(30)と同じ事情で、司法審査の請求によって当該裁決の効力が争われている。

35) 事実、すぐ後の1968年には、ハブル事件では自然的正義の観点は論じられなかったが、「もし論じられていれば」、ハブル氏に反論の機会を与えなかった「審判所の裁決は維↗

ところがこの場合、本件判旨がコミッショナーの積極的職権行使を認めた根拠が問題となる。判旨は、審判所が司法裁判所とは異なること（厳密で形式的な審理をしないこと）、給付にかかる「制定法上の機構の一部」であることを述べてはいるが、行政的性格を否定した今、それらが積極的職権行使を十分に根拠づけているかは疑問である。

　(6) さらに上記の②との関係では、審判所が裁決を出すに当たって踏むべき一定の手続的な義務が、従来は通常の司法裁判所の手続において主に用いられていた「自然的正義」という語で表明された点もまた注目に値する[36]。おそらくそこで言われている内容はジョーンズ事件と異ならないが、ジョーンズ事件においてはこの表現は用いられていなかった。

　(7) 以上、本判決によって、第1段階の審判所（地方上訴審判所）も、第2段階の審判所（コミッショナー）も、区別なく準司法的な機能を果たすこと、そして、自然的正義という一定の手続上の原則に反しない限りにおいて、等しく積極的職権行使を実施できることが明らかになった。

第3節　社会保険領域における審判所の統合（1966年）

　(1) 1966年に、新たな国民保険法（National Insurance Act 1966；以下1966年保

　＼持されえなかったであろう」とする裁判例（R. v. Industrial Injuries Commissioner ex parte Howarth [1968] 4 KIR 621.）が出される。

[36]　イギリス行政法における自然的正義に関しては、WILLIAM WADE AND CHRISTOPHER FORSYTH, ADMINISTRATIVE LAW (10th ed., 2009), pp. 371-470. なお、邦語文献として、岡本博志『イギリス行政訴訟法の研究』（九州大学出版会、1992年）173-193頁。ただし、自然的正義の適用が認められたことを根拠に、審判所の性格が司法的性格と捉えられるようになったと単純に主張できるかには疑問がある。なぜなら、ちょうど本判決が出された当時の1960年前後は、当初は司法裁判所関連に制限的に適用されていた自然的正義の原則がその他の領域にも広がった時期に当たる、という議論が行われているためである（例として堤口康博「英国行政法におけるその後の『自然的正義（Natural Justice）』──1970年代以降の展開をめぐって」早稲田大学政治経済学雑誌328号33頁（1996年））。この場合、審判所が行政的性格と捉えられたままであっても、自然的正義の概念の拡張された適用対象となったという説明も可能となる。しかしながら逆に、本判決のように審判所に対して自然的正義を適用したことがそもそも、自然的正義の適用領域の拡大の契機となったという可能性もある。この問題については、更なる検討が必要である。

険法という）が制定された。この法律は、前年に制定された２つの法律、すなわち1965年の社会保障法（National Insurance Act 1965）と社会保障（労働災害）法（National Insurance (Industrial Injuries) Act 1965）の一部に対して修正を加える法律であった。

（２）権利救済の見地からは、この1966年保険法は注目すべき改正を行った。すなわ

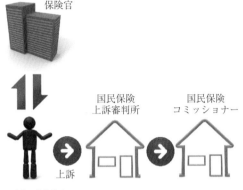

図９　1966年国民保険法による権利救済の仕組み
（国民保険一般と労災保険の審判所の統合）

出典：筆者作成

ち、1965年社会保障（労働災害）法までは残されていた、労災保険地方上訴審判所と労働災害コミッショナーという、労災保険領域独自の権利救済制度の機能を、国民保険一般における上訴の仕組みと統合したのである[37]。これによって、労災保険の受給権に関する問題も、保険官の第一次的決定を経て、そこからの１回目の上訴は国民保険上訴審判所に、更なる上訴が国民保険コミッショナーに対して行われるという構造になった[38]。

この際、国民保険上訴審判所の構成に関しては1965年国民保険法の規定がそのまま用いられることとなった[39]。すなわち、被用者以外の被保険者および使用者を代表する者から構成される名簿から１人[40]、被用者を代表する者から構成される名簿から１人[41]、そして大臣によって任命されるチェアマン１人であ

---

37) National Insurance Act 1966, s. 8 (1).
38) 他方、労災保険のうち医学的な問題を含む事案は、医療委員会が第一次的決定を下し、１度目の上訴が医療上訴審判所へという従前の仕組みが温存された。しかしこの場合も、医療上訴審判所の裁決に対する更なる上訴は国民保険コミッショナーが扱う。
39) National Insurance Act 1966, s. 8 (1) (b).
40) National Insurance Act 1965, s. 77 (1) (a). 実際上は、大部分が人事担当官（personnel officer）のような中級の幹部であり、数人の事実上引退しているような使用者のほかは、使用者はほとんど含まれていなかったという。HARRY STREET, JUSTICE IN THE WELFARE STATE (1968), p. 14.
41) National Insurance Act 1965, s. 77 (1) (b). 実際上は、ほとんどが労働組合の役員で↗

る[42]。これにはもちろん、本章第1章Ⅰにおいて述べた1958年審判所および調査法による大法官や審判所評議会による関与がある。

　なお、法令上定められているわけではないが、チェアマンには事実上、法曹資格を有するものが就くことが多かった[43]。この構成も、その他の任命等に関する規定も、第3章第2節において検討した1946年国民保険法の上訴審判所と変更がない。これに対し、かつての労災保険の地方上訴審判所は、「使用者を代表するメンバー1人以上、それと同数の被保険者を代表するメンバー、そして大臣によって任命されるチェアマン[44]」という構成であったので、①被用者以外の被保険者が利益代表として審判所構成員の名簿に加わる、②利益代表の人数が1人ずつと明示された、という2点において労災保険の権利救済は変化を被ったことになる。

　(3) では、審判所における審理は実際にはどのような様子であったか。第1段階の上訴を扱う地方審判所における審理の雰囲気自体はとてもインフォーマルな様子で、上訴人がリラックスできるようにあらゆることが行われる反面、審理の対象は、上訴人自身では対処することができないほど難解な法的論点に関わることがしばしばあった[45]。しかし、上訴人が組合による支援を受けている場合であっても、法曹の代理人を付けている上訴人はほとんどいなかった[46]。これに関しては、法曹の代理人は大部分の事案では不要であるが、特に労災保険に関わるような複雑な事実問題がある場合には、適切な証拠の提出等の点で有用であるとの評価がされている[47]。

　他方、第2段階の上訴を扱う国民保険コミッショナーに関しては、1966年法

　　あったという。H. Street, *supra* note 40, p. 14.
42)　National Insurance Act 1965, s. 77 (1) (c).
43)　H. Street, *supra* note 40, p. 14.
44)　労災保険上訴審判所のこの構成は、1946年から1965年を通じて変化していない。National Insurance (Industrial Injuries) Act 1946, s. 43 (1), National Insurance (Industrial Injuries) Act 1965, s. 51 (1).
45)　H. Street, *supra* note 40, p. 17.
46)　H. Street, *supra* note 40, p. 27.
47)　*Ibid.* ここでは同時に、法律問題が生じた場合は上訴人は途方に暮れるが、当時はそもそも労災以外の社会保障法についての専門性を有する法曹自体が少ないという状況であったことが示されている。

が新たに規定を設けた。同規定は、10年以上のバリスタないしアドヴォケイトの経験を持つ者の中から、国王が国民保険コミッショナー長（Chief National Insurance Commissioner）と、その他の国民保険コミッショナーを任命する、というものである[48]。

(4) このように1966年法は、本書の２つの分析軸（独立性・積極的職権行使）との関係は直接的ではないものの、国民保険一般と労災保険の権利救済の機構を統一した[49]という点で重要である。言い換えると、同法によって、社会保険領域全体における権利救済機構の一般化が達成されたのである。これは、国民保険の実体的側面との関係からも注目すべき事実であった。というのも、国民保険一般と労災保険では、労災が保険化した1946年法以降、歴史的に保険基金が別個に設けられており、1973年社会保障法（Social Security Act 1973）によって初めて労災保険独自の基金が廃止され、国民保険一般の仕組みと労災保険が完全に統一されたのである[50]。

つまり、実体法の統一に先立って権利救済の機構が統一されていたということであり、これは、①実体的制度の差異を超えて審判所制度を統一しようとする方向性（これは後の時代にさらに顕著になる）が現れていた点、また②権利救済制度は常に実体法に牽引される形で発展するわけではないことを示す点で、非常に興味深い。

第４節　国民扶助から補足給付へ──公的扶助の変容（1966年）

(1)[51] ベヴァリジ報告書の勧告を受け、1948年に、それまでの救貧法を廃して国民扶助制度が設けられたことに関しては、第３章第５節で検討した。国民扶

---

48) National Insurance Act 1966, s. 9 (1).
49) ここで1966年法による審判所制度における大まかな上訴認容率を示しておく。家族手当に関する１度目の上訴は８％、同じく労災に関わる問題は33％以上、その他の給付に関しては20％ほどである。なお、コミッショナーへの上訴（つまり２度目の上訴）の認容率は、すべての問題を合わせた値で25％ほどの認容率である（ただし、家族手当に関してのみ12％以下）。H. STREET, *supra* note 40, p. 26.
50) Social Security Act 1973, s. 94 (1)–(11), 特に(7).
51) (1)の記述に関しては、特に断らない限り N. J. WIKELEY *et al.*, THE LAW OF SOCIAL SECURITY (5th ed., 2005), p. 274 に依拠している。

助制度制定の時点では、ベヴァリジ報告が述べていたように、社会保険制度と、公的扶助のような資力調査付き給付制度は別個の役割を持っているのであるから、これら各々の制度の管理監督方法は別個に設けることが正しいと考えられていた。[52]そのため、国民扶助庁は独立した省庁として設置された。しかし、国民扶助は、それを特殊例外的な制度と考えていたベヴァリジの想定よりも、現実には大きい役割を果たすことが判明する。そして、①国民扶助庁の官吏に対して与えられた裁量が非常に大きかったため、受給申請に対する萎縮効果を生じる、②救貧法時代のスティグマ意識が残存している、という問題点が明らかになった。

そのため、当時の労働党政権は、1966年社会保障省法（Ministry of Social Security Act 1966）によって[53]、国民扶助庁を解体し、公的扶助制度を社会保険制度と同じく、新たに作った社会保障省の管轄下に置いた上[54]、補足給付（supplementary benefit）と呼ばれる新たな公的扶助制度を設置した。社会保険制度と公的扶助制度を同一の省庁によって監理することで、公的扶助給付のまとっていたスティグマを払拭することが目指された（ただし実際は、後述のように社会保障省の内部に補足給付委員会（supplementary benefits commissions）が設立され、同委員会が補足給付にかかる行政を行っていた[55]）。同法が公的扶助制度にもたらした最大の変化は、給付の可否の判断にかかる行政の裁量性を国民扶助制度よりも減少させ、受給要件を満たせば給付が権利として与えられることを明確に[56]

---

52) もっとも、ベヴァリジ報告書は、このような実体法上の差異にかかわらず統一された省庁が所得保障全体を扱うべきだと考えていた。

53) Ministry of Social Security Act 1966, s. 2 (1). 同時に、以前の年金・国民保健省も解体された。

54) Ministry of Social Security Act 1966, ss. 1 (1) and 2 (1).

55) Ministry of Social Security Act 1966, s. 3 (1). 先にも述べたが、かつての国民扶助庁のように独立の省庁ではないことに注意が必要である。

56) この1966年の国民扶助制度に関し、深澤龍一郎は、「週単位の給付の要件と基本的な金額が法令によって定められるにとどまり、そのほとんどが委員会（補足給付委員会を指す―引用註）の裁量にゆだねられていた」（同「イギリスの公的扶助領域における行政審判所の展開（一）」法学論叢143巻5号（1998年）93頁）、あるいは「上限のない裁量」（「同（二・完）」法学論叢145巻3号（1999年）75頁）と述べ、裁量の大きさを強調している。しかし、深澤のこのような見解は、1980年の公的扶助領域の法改正（本章第6節にて後述）との比較において1966年補足給付制度を評価してのものである。そのた↗

した点である。

(2) 以下、国民扶助制度の実体的側面をまず概観し、そののち手続的側面を検討することとする。

実体的側面においてまず注目すべきは、先に述べたとおり給付の権利性が条文上明確にされたことである。すなわち、イギリスに居住する16歳以上のすべての者で、その資産が自らのニーズ（requirements）を充足するに足りない者は、以下の給付を受ける資格を有する（shall be entitled ... to benefit）との規定が置かれた。これは、前身の1948年国民扶助法が、受給者の権利という形式ではなく国民扶助庁の義務（It shall be the duty of the Board... to assist persons...）という形式で規定を置いていたことと好対照をなすと言えよう。

具体的な内容に目を移すと、年金受給年齢に達した者には補足年金（supplementary pension）が、当該年齢未満の者には補足手当（supplementary allowance）が給付される。給付額に関しては付則および大臣の定める規則によるとされ、付則を見ると、ニーズの計算方法および資力の計算方法について詳細な規定が置かれている。ごく大まかに言えば、受給申請者の週ごとのニーズ、および資力が計算され、前者と後者の差額分について受給申請者は受給権を得る。また、例外的な事情がある場合には、この計算された額を超える（あるいは下回る）給付がなされうるというように、行政の裁量の余地も認められていた。

この週ごとの給付が基本となるが、これとは別に、受給申請者に例外的なニーズが存在し、補足給付委員会がすべての状況に照らして合理的と考える場合には、当該ニーズを充足するために単一給付（single payment＝一時金での給

　め、本書が1946年国民扶助制度との比較において、1966年補足給付制度の裁量の減少を論じることは、深澤の見解とは対立しない。
57) Ministry of Social Security Act 1966, s. 4 (1).
58) National Assistance Act 1948, s. 4.
59) Ministry of Social Security Act 1966, s. 4 (1) (a).
60) Ministry of Social Security Act 1966, s. 4 (1) (b).
61) Ministry of Social Security Act 1966, s. 5 (1)–(2).
62) Ministry of Social Security Act 1966, sched. 2.
63) Ministry of Social Security Act 1966, sched. 2 part Ⅰ art. 1 (a)-(b).
64) Ministry of Social Security Act 1966, sched. 2 part Ⅰ art. 4 (1) (a)-(b).

付)を行う決定をすることができた。この単一給付に関しては、何らの基準となるような規定もなく、実施については補足給付委員会の広範な裁量に委ねられていたが、実際には、裁量行使の方法にかかる「Aコード('A' Code)」と呼ばれる内部規範が存在していた。

以上、補足給付制度の実体的側面を検討した。ここで注目すべき点は、①週ごとの基本的な給付に関して詳細な規定を置いたこと(前身の国民扶助制度との比較における裁量の減少)、しかし対照的に、②例外的事情による週ごとの給付額の増減、あるいは例外的ニーズによる単一給付という、何らの規定も置かれず補足給付委員会の裁量のみに委ねられた仕組みが存在していたことである。これらのうち②の裁量にかかる給付は、公的扶助領域の実体的側面に関して後々まで続く論争を引き起こすことになる。

(3) 翻って、補足給付制度のもとにおける手続的側面はいかなるものであったかを、特に権利救済(審判所)制度の面に着目して検討する。

上記のように、年金・国民保険省と国民扶助庁が存在しなくなり、その権限の大部分は社会保障省に移管された。同時に、社会保障省の内部に補足給付委員会が設立され、ある市民が補足給付の受給権を有するか否か、有する場合にはその額はいくらかという問題に関しては、同委員会が第1次的決定を行う権限を行使することとなった。

そして、補足給付委員会の第一次的決定に対して不服を有する市民は、上訴審判所(以下、他の制度の上訴審判所との区別の便宜のため、補足給付上訴審判所という)に対して上訴をすることができる。補足給付上訴審判所については、下記

---

65) Ministry of Social Security Act 1966, s. 7.
66) このAコードの公表に関しては、補足給付委員会は強く反対していたものの、結局1970年にハンドブックを出版してAコードを公表し、それまでの歴史上最も詳細に政策を説明することとなった。Richard Silburn, *Social Assistance and Social Welfare: the Legacy of the Poor Law*, in PHILIP BEAN AND STEWART MACPHERSON (eds.), APPROACHES TO WELFARE (1983), p. 143.
67) Ministry of Social Security Act 1966, s. 2 (1).
68) Ministry of Social Security Act 1966, s. 3 (1). 先にも述べたが、かつての国民扶助庁のように独立の省庁ではないことに注意が必要である。
69) Ministry of Social Security Act 1966, s. 5 (1).
70) Ministry of Social Security Act 1966, s. 18 (1).

第4章　社会保険領域と公的扶助領域の審判所の統合

のような定めがある。①チェアマン1人とその他のメンバー2人によって構成される。チェアマンを含むすべてのメンバーは大臣によって任命され、その他のメンバーのうち1人は労働者を代表する者である。チェアマンの資格に関しては特に規定が置かれておらず、通常は法曹資格を持たない者がチェアマンに就いていた（この点は、国民保険上訴審判所でもチェアマンの資格に関して規定は置かれていなかったが、現実にはほとんど法曹資格を有する者がチェアマンに就いていたことと対照的である）。②審判所は、大臣によって割り当てられた地区を管轄する。③チェアマンの報酬やメンバーの手当ては、大蔵省の同意を得て大臣が決定した額を、大臣が支払う。④審判所の職員に関しても、大臣が任命し、同様に手当を支払う。その他、詳細に関しては大臣が規則を制定する。

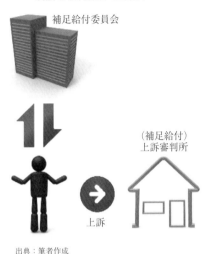

図10　1966年社会保障省法における補足給付制度の権利救済の仕組み

出典：筆者作成

なお、補足給付上訴審判所の裁決に対する、更なる（2段階目の）上訴に関しては、規定が置かれなかった。

（4）以上のように、補足給付上訴審判所では、ほとんどのチェアマンが法曹資格を有しておらず、また1回の上訴しか認められていなかった。このような特徴は、前身の制度である国民扶助上訴審判所の特徴を引き継いだものであり、国民保険の審判所（権利救済）制度とは様々な点で大きな隔たりがあった

---

71)　Ministry of Social Security Act 1966, s. 28, sched. 3, art. 1.
72)　Ministry of Social Security Act 1966, s. 28, sched. 3, art. 3 (1).
73)　N. J. WIKELEY *et al.*, *supra* note 51, p. 180.
74)　Ministry of Social Security Act 1966, s. 28, sched. 3, art. 2.
75)　Ministry of Social Security Act 1966, s. 28, sched. 3, art. 4.
76)　Ministry of Social Security Act 1966, s. 28, sched. 3, art. 5.
77)　Ministry of Social Security Act 1966, s. 28, sched. 3, art. 6.

（この点が、次節において検討するベル報告書によって強い批判を受けた）。それでは、国民保険制度の上訴審判所と比較しつつ、独立性の分析軸から補足給付上訴審判所を検討する。

　まず、チェアマンおよびその他のメンバーの任命（さらにメンバー以外の職員の任命も）は、すべて大臣が行うことになっている。さらに、チェアマンを含むメンバーや職員の報酬に関しても、その他規則の詳細に関しても、大臣が強いイニシアチブを発揮する旨が定められている。しかしながら、この国民扶助地方上訴審判所に対しても、本章第1章Ⅰにおいて述べた1958年審判所および調査法による大法官や審判所評議会による関与がある。その点では、独立性の観点から法規定を検討する限り、国民保険地方審判所との差はそれほど大きくなかったものと解される。

　しかしながら、国民保険における2回目の上訴は、国王によって任命される点で国民保険地方審判所よりも一層独立性の強いコミッショナーが審理を行っていたのに対し、補足給付においては2回目の上訴が許されていなかったのであり、これは、それぞれの制度における権利救済の仕組みを全体として見たときに、補足給付における権利救済の仕組みの独立性が劣っているということを意味すると言えよう。

　(5) つまり総じて、社会保険領域の審判所と公的扶助領域の審判所の権利救済機関の、1940年代（あるいはもっと以前）からの差異は、1966年時点においてもほぼそのまま残されていたということである。また、後の時代との関係においては、国民保険地方審判所においては法規定がなくとも実務上ほとんど法曹がチェアマンに就いていたのに対し、補足給付上訴審判所においてはほとんど法曹がチェアマンを務めていなかったという点を、もう一度強調しておく必要もあろう。

　1957年のフランクス報告書の時代には、社会保険領域と公的扶助領域の審判所の差異が妥当なものとされ、公的扶助（当時は国民扶助）領域の審判所もうまくいっていると高評価を受けていたのだが、この後の時代には大きな変化が生じる。それは、公的扶助の実体法の規定や、世の中の動き（運動）と関わっていた。

第5節　ベル報告書（1975年）

（1）イギリスの公的扶助領域において、従前の国民扶助制度に代わって1966年に補足給付制度が創設されたことを、第4節にて検討した。これに続く1970年代には、補足給付制度と市民の権利、およびその救済をめぐる問題が多様な展開をみせる[78]。それらは、①テスト・ケース戦略、②リーガリズムへの懐疑、そして③補足給付上訴審判所への痛烈な批判である。

①テスト・ケース戦略とは、補足給付制度の法解釈を司法裁判所における司法審査の方法で争い、受給者たる市民にとって有利な法解釈を含む判決を裁判所から引き出すことによって、当該判決の効果を補足給付上訴審判所に波及させ、審判所レベルでも統一的に市民にとって有利な裁決が得られるようにする試みである[79]。これは、1960年代のアメリカにおける福祉権運動のイギリスへの影響を背景としたものであるとされる[80]。

しかし、本来的に個別事情に対応する柔軟性が必要とされる、裁量性の高い補足給付制度の運営に、司法裁判所が審査・介入を行うことに対する否定的見解が生じる。これが、②リーガリズムへの懐疑である。この見解の代表的論者はティトマス（Richard M. Titmuss）およびスカーマン卿（Sir Leslie Scarman）である[81]。ティトマスは、福祉権運動と連動したアメリカにおけるリーガリズムが公的扶助領域の権利を断片（fragmentation）化したことを指摘し、イギリスの補足給付制度においても判例法や先例に基づくリーガリズムに強い警戒を示している[82]。またスカーマン卿は、リーガリズムによって市民が押さえつけられ、また給付行政上の目的が歪められてしまうことへの危惧を示した[83]。そし

---

78) 第4節に続き、本節の記述も、深澤・前掲註(56)「(一)」および「(二)・完」に多くを負っている。
79) 深澤・前掲註(56)「(二)・完」69-70頁参照。
80) 深澤・前掲註(56)「(一)」94頁。
81) 深澤・前掲註(56)「(二)・完」70頁。
82) Richard M. Titmuss, *Welfare "Rights", Law and Discretion* (1971), 42 THE POLITICAL QUARTERLY, pp. 124-126. この見解の背景には、補足給付制度の裁量的要素に対する、制度の柔軟性を導くものであるとの肯定的評価がある。
83) SIR LESLIE SCARMAN, ENGLISH LAW- THE NEW DIMENSION (1974), p. 44. 深澤・前掲↗

て、司法裁判所自身も、「補足給付制度における決定の統一性」を、一応は自らの任務としつつ、そのような任務を「抑制的なもの」に止めることを表明した。[84]

このように、司法裁判所が補足給付制度に対して介入を控えることになると、補足給付上訴審判所が、受給者たる市民の権利救済を第一義的に担うこととなる。補足給付実体法が多くの批判を受けていたのに対し、上訴審判所はそれまであまり研究されていなかったが[85]、このような事情を受け、1970年代になってやっと、③補足給付上訴審判所の能力に対して批判的検討を行う研究が見られるようになる[86]。これらの研究は、総じて、補足給付上訴審判所の能力の欠如を手厳しく批判し、早急な改革を要求するものであった[87][88]。

(2) このような背景の中、1972年末に健康・社会保障省から補足給付上訴審判所の研究を委任されたベル（Kathleen Bell）は、1975年に報告書（以下、ベル報告書と言う）を提出した[89]。

ベル報告書は、問題の原因を、審判所の個々のチェアマンの間に力量の開きがあること[90]に求めた。当時、補足給付上訴審判所のチェアマンには、法律上、法曹資格が要求されておらず、非法曹のチェアマンが全体の大部分を占めて

＼註(56)「(二)・完」70頁。

84) 深澤・前掲註(56)「(二)・完」72頁。R. v. Sheffield Supplementary Benefits Appeal Tribunal, ex p. Shine [1975] 1 W. L. R. 624.

85) Norman Lewis, *Supplementary Benefits Appeal Tribunals* (1973), PUBLIC LAW, p. 257.

86) *Ibid.* MICHAEL ADLER AND ANTHONY BLADLEY (eds.), JUSTICE, DISCRETION AND POVERTY: SUPPLEMENTARY BENEFIT APPEAL TRIBUNALS IN BRITAIN (1975).

87) N. Lewis, *supra* note 85, p. 279; Ruth Lister, *Supplementary Benefit Appeal Tribunals: An Urgent Case for Reform*, in M. ADLER AND A. BLADLEY (eds.), *supra* note 86, p. 181.

88) ただし、このような問題が当時、広く世間の注目を集めていたとは言い難いように思われる。例えばアドラー（Michael Adler）とブラッドリー（Anthony Bladley）は、補足給付審判所の質は他の領域の審判所において達成されるものと比して低く、その改革の必要性がとても強まっているにもかかわらず、この問題が政治家や組合、専門家からの十分な注目を集めていないことを指摘し、同審判所の改革に向けて世論や政府に影響を与えるために研究をしたことを示している。Michael Adler and Anthony Bladley, *Introduction*, in M. ADLER AND A. BLADLEY (eds.), *supra* note 86, p. 4.

89) Kathleen Bell, Bell Report *Research Study on Supplementary Benefit Appeal Tribunals* (1975).

90) *Id.*, pp. 5-7.

いた。当時の補足給付実体法の規定が、「幅があり、問題を含み、時として不明瞭なほどの裁量権」を定めたものであったため、非法曹のチェアマンでは問題に適切に対処することが困難であった。

よって、ベル報告書はまず、かつてフランクス報告書が出された以後、審判所は司法化の流れの中にあり、公的扶助領域の審判所もその流れと無関係でいることはできない、と指摘する。そのうえで、補足給付上訴審判所は以下のような方向性で改革されるべきであるとの勧告をする。すなわち、①補足給付審判所のチェアマンに法曹資格を要求する、②社会保険領域における仕組みとパラレルに、補足給付審判所からもう一段階の上訴の仕組みを作る、そして③最終的には公的扶助領域と社会保険領域の審判所を統合する。

（3）ただし、ベル報告書も、審判所を司法裁判所と全く同じようにフォーマルな手続を採る機構にすることを目指したわけではなかった。ベル報告書が描いていたモデルは、法曹資格のあるチェアマンが主宰し、非法曹のメンバー2名が、非形式的で柔軟な手続とのバランスをとるような手続であった。これは、審判所は「積極的で援助的な役割」を果たしてくれるものとの市民の期待に応えるべき、との根拠からであった。

（4）この、チェアマンに法曹資格を要求するという議論に関しては、興味深い対比をすることができる。1958年の時点（つまり補足給付審判所の導入前、国民

---

91) ベル報告書が調査を行った当時は、17人のチェアマンが存在し、法曹資格を有するチェアマンはそのうちたった3人であった。Id., pp. 4 and 7.
92) この点、社会保険領域の審判所のチェアマンには、法文上の要求はなかったものの法曹資格を持つ者が就くことが事実上かなり多かった。なおこの点に関し、以前の論文（山下慎一「イギリス社会保障法領域における審判所の「職権主義」の生成と展開——1990年代後半以降を中心に」九大法学103号（2011年）1-60頁）の脚注74（同30頁）において、当時の社会保険領域の審判所では法曹資格が法律上明確に要求されていたと記したが、これは誤りであるため訂正する。
93) K. Bell, *supra* note 89, p. 20.
94) Id., p. 19.
95) Id., p. 23.
96) Id., p. 25.
97) Id., p. 26.
98) Id., p. 18.
99) Id., p. 22.

扶助の時代)に、基本的にすべての審判所のチェアマンに法曹資格を要求すべきとのフランクス報告の勧告をめぐる議論において、当該勧告に反対する文脈で、法曹資格を有しないチェアマンが多い国民扶助上訴審判所が現実には非常にうまく作動しているということが議会(下院)において議論された上、研究者もそれに賛同していた[100][101]。

しかしながら、後継機関である補足給付上訴審判所に関しても、審判所評議会およびその他の一部の学者が同審判所を肯定的に評価していたこと、国民扶助の実体法は先述のように裁量性が高かったこと、非法律家のチェアマンの質が国民扶助審判所の時代と補足給付審判所の時代とで大きく異なるという事態は考え難いことからすると、実際には、国民扶助審判所も補足給付審判所と同等の質しか保持していなかったと考えるのが自然であろう。両者の評価が変化したように見える現象は、上記の社会的運動や研究の進展に起因すると考えられる[102]。

ベル報告書においてなされた上記のような勧告は、同報告書と同時期の多くの研究者が補足給付上訴審判所に対して加えた批判の内容と共通するものであった。つまり、公的扶助領域の審判所を肯定的に評価したフランクス報告書から20年ほどの時期を経た1970年半ばにおいては、補足給付上訴審判所の能力を肯定的に評価することはもはや困難な状況になっていたのである。

第6節　補足給付制度の「規則」化と審判所制度

1975年には社会保障法 (Social Security Act 1975) が、1976年には補足給付法 (Supplementary Benefits Act 1976) が制定されたが、これらはいずれも従前の仕組みに対して大きな修正を加えるものではなかった。しかし、その後の1980年社会保障法 (Social Security Act 1980；以下1980年法という) においては、公的扶

---

100) Parliamentary Debates, House of Commons, vol. 575, no. 158, Oct. 31, 1957, col. 406.
101) W. A. Robson, *supra* note 12, p. 22; S. McCorquodale, *supra* note 24, p. 326. ただし後者は、国民扶助上訴審判所とその他の審判所(国民保険地方審判所や家賃審判所(Rent Tribunal)、地域的土地評価裁判所(local valuation court)など)をまとめて評価した研究であることに注意が必要である。
102) なお、N. Lewis, *supra* note 85, p. 258 を参照。

助、つまり補足給付制度に関して、実体的側面でも手続的側面でも重要な変化が生じた。これまでの叙述との関連で、まず同法の手続的側面から検討する。

I．権利救済面

(1) 1980年法は、手続的側面のうち特に権利救済制度に関して、ベル報告書の改革案を一部取り入れるような制度改正を行った。すなわち、国民保険コミッショナーの名称が社会保障コミッショナー（Social Security Commissioner）へと変更され、この社会保障コミッショナーが補足給付上訴審判所の裁決に対する更なる上訴を扱うこととする規定が設けられた[103]。これによって、公的扶助領域においても、2回の上訴の途が確保された[104]。また、社会保障コミッショナーに就くためには、その前身である国民保険コミッショナーと同様、10年以上の法曹としての経験が要求されたことから、公的扶助領域の権利救済制度において初めて、法律上法曹資格が要求される機関が設置されたという意味もあった。これらはまさに、ベル報告書の期待していたことであった。

(2) さらに注目すべきは、2度目の上訴を審理する社会保障コミッショナーの裁決に不服がある場合、司法裁判所たる控訴院（日本の高等裁判所に相当）に対して更なる上訴を提起することが可能とされたことである（つまり、高等法院が省略される）[105]。この上訴は法的観点に関するものに限定され[106]、また、コミッショナーあるいは控訴院の許可が必要とされる[107]。

従前、司法裁判所は司法審査という（上訴とは全く異なる）形式でのみ審判所の裁決を審理していたのであるが、上記のような1980年法の規定によって、社会保障法領域においては、審判所と司法裁判所が連続性を持った権利救済制度を形成することとなった。言い換えると、審判所は、裁判所と一定の同質性を有することが認められたということであり、第2章以降論じてきた、社会保障法領域の権利救済においては司法裁判所が意図的に排除されてきた歴史を考えると、この改正は画期的な意義を持つものであったと言えよう。

---

103) Social Security Act 1980, s. 12.
104) Social Security Act 1980, sched. 2 part II art. 15A (1).
105) Social Security Act 1980, s. 14 (1).
106) Social Security Act 1980, s. 14 (1).
107) Social Security Act 1980, s. 14 (2) (a) and (b).

図11　1980年社会保障法による補足給付制度の権利救済の仕組み

出典：筆者作成

II. 実 体 面

(1) これに対して、1980年法が補足給付の実体面に対して加えた改正も、「1948年以降の公的扶助の最も遠大な改革」と評されるほど重要である。本章第3節において述べたように、1966年の補足給付の導入によって、給付の権利性が明確化され、給付判定の際に行政に生ずる裁量も、以前の制度である国民扶助よりも制限されたものとなった。しかし、この補足給付制度に対しては、1976年から1978年の間に健康・社会保障省の官吏のチームが実施した報告によって、制度を単純化し、分かりやすく、コストのかからない制度を作るべきとの主張がなされた。特に、①週ごとの基本的な給付に対する例外事情による加算（補足給付委員会の裁量によるもの：本章第4節(2)において言及）が、当初の想定とは異なり例外ではなく原則化してしまった結果、1970年代に膨大な額に上り、財政を圧迫した点、②この例外事情による加算をイギリス全体で統一的

---

108) 特に注記のない限り N. J. WIKELEY et al., supra note 51, p. 275 に依拠している。
109) R. Silburn, supra note 66, p. 145.
110) 1968年には54万件であったこの例外事情による加算は、1979年には4倍の225万件にも上っていた。なお、本章第3節にて言及したもう1つの裁量の給付である、例外的事情による単一給付も、1968年の47万件から1979年の113万件へと大幅に増加している。R. Silburn, supra note 66, p. 144.

に運用することが不可能であったことから、国民の間に不公平感が生じていた点が問題とされた。

　これを受けて、本章第4節(2)において言及した、例外的事情に対する裁量的加算（例外的事情による週ごとの給付額の増減）と裁量的給付（例外的ニーズによる単一給付）はいずれも廃止された。そして新たに、週ごとの基本的な給付は、通常ニーズ（normal requirements）、追加的ニーズ（additional requirements）、住宅ニーズ（housing requirements）から構成されることとなり、このうちの追加的ニーズが、従前の例外的事情に対する裁量的加算に対応する。また、例外的ニーズ（exceptional need）に対応するための「単一給付（single payment）」が設けられた。これは、従前の例外的ニーズによる単一給付に相当し、給付の名称自体は従前とほぼ同一であった。1980年法は、以前は省庁内部における裁量行使のための内部規範しか存在しなかったこの種の例外的な加算や給付を、法規たる性質を有する「規則（regulations）」として制定し直したのであるが、そこでの規定は、複雑で膨大な量となった。つまり、給付に際して裁量の働く余地が著しく減少したということである。

　(2)　このような法改正によって、補足給付制度の問題点として挙げられた①財政上のコストの問題と、②各地域間の不公平感、という2点の解決が図られた。すなわち、①給付要件が細部にわたって規則に制定されたことで、政府が補足給付制度に対して財政上のコントロールを強く及ぼすことが可能になった。また、②多少の裁量の余地が残されてはいたものの、受給者は詳細に規定された要件ないし基準を満たせば受給権を得ることができるようになり、国内各地における差異と不公平感という問題は解消するようにも考えられた。しかしながら、制度の単純化も、市民の権利の明確化も、結局は失敗に終わったと

---

111)　Social Security Act 1980, sched. 2 part Ⅰ art. 30 による修正後の、Supplementary Benefits Act 1976, sched. 1 art. 2 (1).

112)　Social Security Act 1980, sched. 2 part Ⅱ arts. 1 (1) (b) and 3 (1).

113)　本章第4節において言及したAコードを指す。しかしながら、Aコードという内部規範が公表された後も、多くの市民は、行政による裁量の行使は恣意的なものであるように感じ、給付の権利性や、申請が適切に対処されているか否かについて、確信を持てなかった。R. Silburn, *supra* note 66 p. 144.

114)　*Id.*, p. 146.

評されている。[115]

Ⅲ．1980年法のまとめ

　以上のように、1980年法の補足給付制度における実体的側面の変化（裁量の減少と「規則」化）が、権利救済構造の変化についても影響を与えていたことは疑いないであろう。つまり、例外的な給付における裁量性の減少を目論み、数百ページにも及ぶような複雑で詳細な規定を有する規則が制定されたことによって、補足給付制度にかかる紛争が「法的な（法令違反の有無が問われる）」紛争としての色彩を強めたことから、それまで公的扶助領域では許されていなかった、法曹資格を有するコミッショナーへの2回目の上訴の仕組みを設けざるを得なかったものと考えられる[116]。そして、このような紛争の「法的」性質が、さらに2段階目の審判所であるコミッショナーから、司法裁判所への上訴という仕組みを歴史上初めて誕生させたと言えよう。

　これらは、第1に、従前長年にわたって別個独立の制度として存在してきた社会保険領域の審判所と公的扶助領域の審判所を一部統合するという意味で、さらに第2に、社会保障法領域の権利救済において歴史的には対立する存在であった審判所と司法裁判所が、「上訴」を通じて連続的な制度を形成したという意味で、画期的な変化であった[117]。

　ただし、次章第1節で検討するように、詳細な規定を規則として設けた補足給付制度は、それほど長い期間存続することはできず、1986年の法改正によって次なる制度に取って代わられることとなる。

---

115) *Ibid.*
116) この1980年の法改正による膨大な規定を備えた規則の制定によって、「専門家の助けなしでは、効果的な権利救済を受ける機会は（実際上）減少した」という議論（*Id.*, p. 147.）も、公的扶助領域の権利救済の問題が複雑かつ高度に法的な問題となったことを示している。このことは、権利救済機関も同時に高度の法的能力を有する必要があることを含意する。
117) もちろん、これまで述べてきたように、司法裁判所は司法審査と言う方法によって社会保障法領域の審判所制度と関わってきた。なお、この1980年法による司法裁判所への上訴の仕組みの導入によって、社会保障法領域における司法審査は他の領域よりも一層、数が減少した。N. J. Wikeley *et al.*, *supra* note 51, p. 205.

第7節　社会保険領域と公的扶助領域の審判所の統合、統制機関（1983年）

I. 審判所制度の統合

（1）先の第6節で検討したように、1980年社会保障法によって、公的扶助領域（補足給付制度）でも2回目の上訴が許されるようになり、社会保険領域と公的扶助領域の権利救済機構は近接性を強めつつあった。このような流れの中、1983年健康・社会サービスおよび社会保障裁決法（Health and Social Services and Social Security Adjudications Act 1983；以下1983年法と言う）が、ベル報告書の勧告を実現し、社会保険領域と公的扶助領域の審判所制度を完全に統一することになる。[118]

（2）具体的な改正内容は下記のとおりである。1975年社会保障法において、国民保険にかかる受給権の問題に関して第一次的決定を担うこととされた保険官と、1976年補足給付法において、補足給付の受給権にかかる第一次的決定を担っていた給付官の仕組みが統一され、その名称が給付判定官（adjudication officer）になった。[119] さらに、従前はそれぞれ国民保険地方審判所と補足給付上訴審判所によって担われてきた、1度目の上訴の審理が、新たに設けられた社会保障上訴審判所によって統一的に担われることになった。[120][121] この社会保障上訴

---

[118] 同法は、本則においてはなにも定めておらず、一切が付則（schedule）8において定められている。さらに同法付則8も、1975年社会保障法および1976年補足給付法の仕組みをほぼそのまま踏襲し、名称のみを変更している。Health And Social Services And Social Security Adjudications Act 1983, sched. 8 part I art. 1.

[119] Health And Social Services And Social Security Adjudications Act 1983, sched. 8 part I art. 1 (1). ここで、"adjudication officer" という語は「裁決官」と直訳することができるものの、「裁決」という用語は一般的に不服申立て・権利救済機関による判断を想起させるし、本書もここまでそのような一般的な用語法によってきたので、混乱を避けるために「給付判定官」の語を当てる。なお、同項により、家族所得補足法（Family Income Supplements Act 1970）の補足官（supplement officer）の役割も同時に給付判定官に移管された。

[120] Health And Social Services And Social Security Adjudications Act 1983, sched. 8 part I art. 1 (2).

[121] ただし、医学的問題を含む上訴に関しては、従前どおり別個のルート（医療上訴審判所）が設けられていた。このルートは、2度目の上訴を審理するコミッショナー段階

図12 1983年法における権利救済の仕組み
（社会保険と公的扶助の審判所の統合）

出典：筆者作成

　審判所の構成は、1人のチェアマンと2人のその他のメンバーである[122]。その他のメンバーのうちの1人は、首席審判官が被用者を代表すると考える者からなるパネルから選出される[123]。そして残りの1人は、首席審判官が使用者あるいは稼得者（earner；被用者を除く）を代表すると考える者、および給付に関連する領域の状況に関して知識・経験を有し、その領域に関連して生活したり働いたりしていると考える者からなるパネルから選出される[124]。

　＼で他の通常のルートと合流する。医療上訴審判所の構成変更に関しては、Health And Social Services And Social Security Adjudications Act 1983, sched. 8 part Ⅱ art. 9.

122) Health And Social Services And Social Security Adjudications Act 1983, sched. 8 part Ⅱ art. 2 による修正後の、Social Security Act 1975, s. 97 (2).

123) Health And Social Services And Social Security Adjudications Act 1983, sched. 8 part Ⅱ art. 2 による修正後の、Social Security Act 1975, s. 97 (2A). 同項は、同じく Health And Social Services And Social Security Adjudications Act 1983, sched. 8 part Ⅱ art. 7 により置き換えられた Social Security Act 1975, sched. 10 art. 1 (3) を参照している。

124) Health And Social Services And Social Security Adjudications Act 1983, sched. 8 part Ⅱ art. 2 による修正後の、Social Security Act 1975, s. 97 (2B). 同項は、同じく Health And Social Services And Social Security Adjudications Act 1983, sched. 8 part Ⅱ art. 7 により置き換えられた Social Security Act 1975, sched. 10 art. 1 (4) (a)-(b) を参照している。

(3) ここで、社会保障上訴審判所のチェアマンの任命の方式に関して、従前の制度からの乖離があることに注目する必要がある。すなわち1983年法では、チェアマンは、大法官が作成する名簿の中から、首席審判官（後述）によって任命されることとなっている[125]。チェアマンには、5年以上のバリスタ、ソリシタあるいはアドヴォケイトとしての経験が要求される[126]。[127]

上記のとおり、社会保障上訴審判所のチェアマンの任命が、かつてのように所轄の大臣によって任命される（そこでも大法官や審判所評議会が関与はしていたものの、最終的な任命は大臣が行っていた）のではなく、大法官と首席審判官によって行われる仕組みになった点が、独立性の観点からは格段の進展であった。また、公的扶助領域の審判所制度が社会保障法領域の審判所と統合され、そのチェアマンに法曹資格が法律上要求されるようになった点も、公的扶助領域の権利救済の実務にとっては、大きな意義のある変更点であった。

II. 審判所の統括機関――独立性の進展

(1) 1983年法によるもう1つの改革として、この社会保障上訴審判所の独立性を確立するために、統括機関としての社会保障上訴審判所首席審判官オフィス（the Office of the President of Social Security Appeal Tribunals）という新たな機構が設けられたことが挙げられよう[128]。具体的には、大法官が法務総裁（Lord Advocate）との協議を経て、社会保障上訴審判所と医療上訴審判所の首席審判官（president）を任命する[129]。この首席審判官には、10年以上のバリスタ、ソリシタあるいはアドヴォケイトとしての経験が要求される[130]。首席審判官は、自ら

---

125) Health And Social Services And Social Security Adjudications Act 1983, sched. 8 part II art. 2 による修正後の、Social Security Act 1975, s. 97 (2D) (a).
126) Health And Social Services And Social Security Adjudications Act 1983, sched. 8 part II art. 2 による修正後の、Social Security Act 1975, s. 97 (2C).
127) Health And Social Services And Social Security Adjudications Act 1983, sched. 8 part II art. 2 による修正後の、Social Security Act 1975, s. 97 (2E).
128) N. J. WIKELEY et al., supra note 51, p. 191.
129) Health And Social Services And Social Security Adjudications Act 1983, sched. 8 part II art. 8 によって Social Security Act 1975, sched. 10 に挿入された paragraph 1A, (1) (a).
130) Health And Social Services And Social Security Adjudications Act 1983, sched. 8 part II art. 8 によって Social Security Act 1975, sched. 10 に挿入された paragraph 1A, (2).

オフィスを有することができる[131]。在職期間中、定年（72歳、一定の場合には75歳[132][133]）に達した場合、あるいは大法官によって不行跡（misbehaviour）あるいは無能力によって解任された場合[134]以外は、首席審判官はオフィスを去る必要はない[135]。このように、首席審判官は高度の身分保障を享受していた。

さらに、社会保障上訴審判所で働く、メンバー以外の一般事務職員の任命までもが、首席審判官の権限となった[136]。首席審判官は、社会保障上訴審判所で働く人々に、オフィスを与えることもでき[137]、その場合には彼らも首席審判官が与えられた者と同様の身分保障を享受する。

（2）また、ベル報告書が審判所の構成員の能力面を批判したことは先述のとおりであるが（本章第5節）、その事実を反映して、首席審判官は、社会保障上訴審判所首席審判官オフィスの統制下にある審判所のチェアマンやメンバーに対して、訓練を課し、彼らの能力の向上に努めるべき制定法上の義務を負った[138]。このような義務はイギリスのその他の審判所制度を見渡しても非常に特異[139]

---

131) Health And Social Services And Social Security Adjudications Act 1983, sched. 8 part II art. 8 によって Social Security Act 1975, sched. 10 に挿入された paragraph 1A, (11) (a). しかしこの際、対価やその他の条件に関して大臣と大蔵省の同意が要求された。

132) Health And Social Services And Social Security Adjudications Act 1983, sched. 8 part II art. 8 によって Social Security Act 1975, sched. 10 に挿入された paragraph 1A, (5).

133) Health And Social Services And Social Security Adjudications Act 1983, sched. 8 part II art. 8 によって Social Security Act 1975, sched. 10 に挿入された paragraph 1A, (6).

134) Health And Social Services And Social Security Adjudications Act 1983, sched. 8 part II art. 8 によって Social Security Act 1975, sched. 10 に挿入された paragraph 1A, (7).

135) Health And Social Services And Social Security Adjudications Act 1983, sched. 8 part II art. 8 によって Social Security Act 1975, sched. 10 に挿入された paragraph 1A, (4)and (7).

136) Health And Social Services And Social Security Adjudications Act 1983, sched. 8 part II art. 8 によって Social Security Act 1975, sched. 10 に挿入された paragraph 1B.

137) Health And Social Services And Social Security Adjudications Act 1983, sched. 8 part II art. 8 によって Social Security Act 1975, sched. 10 に挿入された paragraph 1A, (11) (b) and (c).

138) Sir Andrew Leggatt, Leggatt Report *Tribunals for Users: One System, One Service* (2001), p. 138.

139) Health And Social Services And Social Security Adjudications Act 1983, sched. 8 part II art. 8 によって Social Security Act 1975, sched. 10 に挿入された paragraph 1D, (i) and (ⅱ). なお、このうち(i)は、チェアマンやメンバーの会合（meeting）を手配す↗

なものであった[140]。ここで創出された、審判所の統制機関（あるいは同機関の長）によるトレーニング実施の義務は、次章において述べるように、社会保障上訴審判所首席審判官オフィスの後継機関に引き継がれ、さらに後の時代にまで続いていくことになる。

（3）このように、社会保障上訴審判所首席審判官オフィスの創出によって社会保障法領域の審判所の独立性は格段の進展を見せた。ただし、首席審判官やチェアマンも含め、社会保障上訴審判所に関する仕事をする人々の報酬・手当等の面では、大臣が大蔵省との合意の上決定し、大臣が支払うこととなっていた[141]。この財政に関する点においては、省庁および大臣（sponsoring department）の影響力は依然として残っていたが、逆から言えば、もはや省庁および大臣が審判所に対して影響力を行使できるとすれば、それはこの財政面に限られていたとも評価できよう。

Ⅲ．当事者の支援のための積極的職権行使

（1）上記のように、1983年法によって設けられた社会保障上訴審判所首席審判官オフィスは本書の分析軸のうち審判所の「独立性」に強く関わっていた。しかし実はそれに止まらず、本書のもう1つの分析軸、すなわち「積極的職権行使」との関係においても、同オフィスは重大な位置づけを与えられる。

同オフィスの初代首席審判官はバート裁判官（Judge Byrt）であった。彼は下院の社会保障委員会において、社会保障法領域の審判所の役割を次のように描写した（発言の時期が、次章以降の叙述と時系列的には多少前後するが、制度改正等の関係で本節において扱うのが適当であるため、ここで紹介する）。

「審判所は、その独立した司法的役割を念頭に置きつつ、関連するすべての事実の解明（clarification）、および必要な場合にはその精緻化（elaboration）に努めなければならない。……審判所はこのような調査（enquiry）を効果的に行いうるような雰囲気を作らなければならない。審判所は、上訴人が司法裁判所

　る（arrange）義務である。

140) Godfrey Cole, *Creating and Maintaining an Effective Scheme of Training in the Independence Tribunal Service* (1996), 3 JOURNAL OF SOCIAL SECURITY LAW, p. 122.

141) Health And Social Services And Social Security Adjudications Act 1983, sched. 8 part Ⅱ art. 8 によって Social Security Act 1975, sched. 10 に挿入された paragraph 1A, (10).

にいる時に感じるような困惑や圧迫感をなくすためにできることをせねばならない。……根底に流れているのは、上訴人が自身の能力を最大限に発揮すること、またそうできたと上訴人が感じることを可能にする (enable) ように、審判所が万事において振舞わなければならない、という原理である」。[142]

(2) バート判事のこの発言は、審判所が、①事案の解明に努めるべきこと、②上訴人を支援するような役割を担うべきことを明らかにしている。そしてその際、「独立した司法的役割」を念頭に置くべきであるとも述べている。ここから分かるのは、第1に、審判所は当事者に事案解明のためのすべての責任を任せるようなアプローチを採るべきではないということ（＝積極的職権行使）であり、第2に、これと関連して、審判所の「独立」性は両当事者から形式的・一律に距離を置くことを要求するものではなく、一方当事者（司法裁判所で困惑や圧迫感を感じるような上訴人とされていることから典型的には市民が念頭に置かれていると解される）への援助はむしろ必要とされるということである。

(3) 以上のように、バート判事によって、「積極的職権行使・市民の援助・審判所の独立性」という3要素の関係が明らかにされたということができよう。市民の援助という問題は、本章第7節のベル報告書においても語られていたものの、そこでは、市民の援助が積極的職権行使や審判所の独立性とどのように整合するのかということが明らかではなかった。[143]この点において、バート判事が審判所の積極的職権行使を理論面において一歩先に進めたと評価できる。

(4) さらに、バート判事が社会保障上訴審判所首席審判官オフィスの首席審判官として上記のような主張を行ったことにも意味がある。すなわち、同オフィスは社会保障法領域の審判所に対して、本節Ⅱ(1)で述べたような強い権限を行使できる。よって、バート判事の思想が同オフィスという統制機関を通じて、数多くの審判所に対して浸透していく可能性があった。それまでの審判

---

142) House of Commons Social Security Committee, Social Security: Changes Implemented in April 1988, Minute of Evidence (HC 437, Session 1988-89) 36-37. N. Wikeley, *Future Directions for Tribunals: A United Kingdom Perspective*, in ROBIN CREYKE (ed.), TRIBUNALS IN THE COMMON LAW WORLD (2008), p. 187.
143) それ以前は、審判所の「非形式性 (informality)」が上訴人に対して有利である、との一般的な議論がされるのみであった。

所の審理の態様は、例えばベル報告書によって描写されたように、個々のチェアマンの能力に左右される部分が大きかったことを考えると、この審判所一般への波及の可能性という点においても、審判所の積極的職権行使は進歩したと評価できよう。

Ⅳ. まとめ——1983年法による改正への評価

　(1)　このように、1980年と1983年の法改正によって、社会保険領域と公的扶助領域の手続的な側面（すなわち第一次的決定の主体と、2度の上訴を可能とする権利救済制度）が完全に統一されるに至った。そして、すべての審判所において、法規定によって法曹資格を有するメンバーが加わることが要求されることになった。

　さらに、1983年法が審判所の統括のための機関を作ったことは特筆に値する。チェアマンの任命が大臣の権限から除外され、首席審判官によって実施されたことは、審判所制度から省庁の影響を完全に排するための第一歩として、独立性の面で新たな局面に突入したと評価することができよう。ここでは、給与面等の財政面において、省庁とのつながりが残されるにとどまる。

　(2)　また、本書の今1つの分析軸である積極的職権行使に関しても、社会保障上訴審判所首席審判官オフィスの設置により、新たな展開の萌芽が感じられた。すなわち、同オフィスの初代首席審判官が、審判所の積極的職権行使を、上訴人たる市民に対する支援・援助という観点から位置づけたのである。従前の裁判例は、審判所の行政としての権限、あるいは真実の発見といった根拠によって積極的職権行使を位置づけていたが、審判所の独立性が進展し、行政としての性質が薄められると（準司法機関化）、このような根拠づけはもはや正当性を失う。つまり、審判所の積極的職権行使の理論的根拠が大きく変容を遂げる可能性があった。

第8節　第4章の小括——審判所の統合・司法への近接化

　(1)　本章の扱った1958年から1983年の時代では、社会保障法領域の実体法が大きく変動し、審判所制度を取り巻く状況もそれに劣らず大きな変化を見せ

た。特に、ベル報告書による勧告を受けて、社会保険領域と公的扶助領域において長年独立した制度となっていた審判所制度が統一され、2つの領域を単一の審判所制度が扱うことになったこと、さらには社会保障コミッショナーの裁決に対して司法裁判所たる控訴院へ上訴を提起することが可能とされたことは、重大な変化であったと言えよう。

（2）審判所の独立性の点では、当初から審判所のチェアマンを含むメンバーに関してできるだけ省庁からの影響を少なくしようとする意図が感じられた。まず、審判所評議会が勧告的な役割を果たし、大法官が任命に間接的に関わるという仕組みが設けられたが、後には社会保障上訴審判所首席審判官オフィスが作られ、より直接的な形で、省庁の影響力を排する方向へと進んで行った。これにより、審判所制度の独立性は新たな局面に入った。

（3）さらにいくつもの裁判例によって、第1段階・第2段階の区別なく、あらゆる上訴を扱う審判所は、行政的ではなく準司法的な権限を行使するのであり、自然的正義の原則を守る限り、積極的に職権を行使した審理を行いうることが明らかにされた。このように審判所の性格付けが変容したことで、前章の時代とは異なり、審判所の行政的な性格から積極的職権行使を根拠づけることが困難になった。この点に関して、社会保障上訴審判所首席審判官オフィスの初代主席審判官が、当事者の支援という観点から積極的職権行使を位置づけたことが、今後の新たな展開を示唆していた。

第5章　独立性の進展と、積極的職権行使の危機
―― 1998年社会保障法まで（1986～1998年）

第1節　1986年の公的扶助実体法改革と権利救済制度への影響

　(1) 前章第6節で、内部規範に代わって、規則により補足給付制度に詳細な規定が設けられた様子を検討し、同第7節で、補足給付制度（すなわち公的扶助領域）の権利救済の仕組みが社会保険領域と完全に統合された過程を考察した。このように、当時は公的扶助領域において、実体・手続両側面において頻繁に法改正が繰り返されていた。そして、このような法改正の波は1986年の補足給付制度の廃止と、新たな公的扶助制度である所得補助（income support）および裁量的社会基金（discretionary social fund）の導入へとつながっていく。以下、1986年の法改正に至る経緯を概観する。

　(2)[1] 1984年に、公的扶助の仕組みをより単純にするとともに、高いニーズを有する人々に一層効果的に配分することが可能か、という点を念頭に、補足給付制度の見直しが行われた。この見直しの結果が翌1985年6月に緑書として発表された[2]。緑書では、補足給付制度の欠点として、規則に規定された要件の詳細さに代表されるような複雑性が挙げられた。

　とりわけ強い批判を受けていたのは、1回的・例外的ニーズに対応するための単一給付であった。前章第4節において論じたように、この単一給付に関しては、過去の経験から行政の裁量の幅を極小化するために、従前の内部規範に

---

1) (2)の記述に関しては、特に断らない限り N. J. WIKELEY et al., THE LAW OF SOCIAL SECURITY (5th ed., 2005), p. 276 に依拠している。

2) Green Paper *Reform of Social Security* (1985, Cmnd 9517). なお、緑書とは「議会での議論の材料とするために政府の計画・試案を述べた文書で、議会討論資料（Command Paper）の一種」である。小山貞夫『英米法律語辞典』（研究社、2011年）487頁。

代わり、膨大で詳細にわたる要件を規則において定めた。この難解な規則に従って給付申請に対する第一次的決定をなすこと、さらには、その第一次的決定に対して市民側から膨大な数の上訴が行われたことの双方が、行政にとって、事務的および財政的に多大な負荷となっていた。

この緑書も、続いて同年12月に出された白書[3]も、緑書の提示した問題の原因は、補足給付制度の構造そのものにあるとした。つまり、補足給付制度が、基本的な週ごとの給付と、例外的・特別なニーズに対応するための給付という2つの独立の仕組みを併せて実施するという構造である。この構造をとった結果、特別のニーズのための給付によって、基本的な週ごとの給付が効率的に申請者に配分されることが阻害されているとされた。よって、これらの2つの機能を分割させることは必須であった。

このような経緯から、1986年社会保障法(Social Security Act 1986;以下1986年法と言う)は、補足給付制度を廃止し、基本的な週ごとの給付を引き継ぐ「所得補助(income support)[4]」と、所得補助から独立した、例外的・緊急的なニーズに対応する裁量に基づく「裁量的社会基金(discretionary social fund)[5]」という2つの別個の制度を作り出した。以下、それぞれの制度の実体面と手続面を検討する。

I. 所得補助

まず、所得補助制度の実体的側面を検討する。イギリスに在住する人で、①16歳以上である、②収入がないか、規定の額を超えていない、③報酬のある仕事に従事していない、④労働能力がある、さらに教育を受けていない、という

---

3) White Paper *Reform of Social Security* (1985, Cmnd 9691). なお、白書とは「議会討議資料(Command Paper)の一種で、提案する法案について政府の政策を述べた文書;緑書(Green Paper)と違い政府の改革案が示されている」。小山・前掲註(2)1207頁。

4) Social Security Act 1986, s. 20 (1) (a). この所得補助は、家族クレジット(family credit)、住宅給付(housing benefit)という他の2つの給付とともに、資力調査付きの給付(income-related benefits)の項目に置かれている。

5) Social Security Act 1986, s. 32. 社会基金は1986年社会保障法の条文上、所得補助等の資力調査付き給付とは別個の部分に置かれている(資力調査付き給付が第Ⅱ部で、社会基金は第Ⅲ部。なお、第Ⅰ部は年金)。このように、所得補助と社会基金が別個独立の制度であることが条文の配置にも表れている。

要件をすべて満たす場合に、所得補助の受給権が与えられる[6]。給付額は、申請者に収入がない場合は規定の額、収入がある場合には規定の額とその収入の差額である[7]。

Ⅱ．権利救済面

（1）次に、1986年法の手続的側面を、権利救済制度に重点を置いて検討する。ただし、前節で論じたように、すでに社会保険領域と公的扶助領域の審判所制度が統合されたため、1986年法によって改正された権利救済制度は、所得補助だけでなく社会保険における給付にも当然に適用される。

この手続的側面に関して、1986年法は、1975年社会保障法の規定を準用すると規定しているが、ここで言う1975年社会保障法は、前章第7節で扱った1983年健康・社会サービスおよび社会保障裁決法（Health and Social Services and Social Security Adjudications Act 1983）による修正を受けた後のものである[8]。すなわち、1986年法においても、前章第7節で論じたような審判所制度が基本的にはほぼそのまま用いられているということになる。

（2）しかしながらなお、審判所の仕組みについて、いくつかの点において重要な制度改正が行われた。これらの改正も、1986年法による1975年法の修正という形式をとっている。

まず、社会保障上訴審判所の裁決を受けた後、社会保障コミッショナーに対して更なる上訴を提起する際には、社会保障上訴「審判所の裁決が法的過誤を含むこと」が必要とされた[9]。また、これに加えて、同じく社会保障コミッショナーへ上訴するためには、社会保障上訴審判所のチェアマンまたは社会保障コミッショナーによる上訴の許可が必要とされた[10]。

これらの規定には、コミッショナー段階に至る事件の数を減らそうとする意

---

6) Social Security Act 1986, s. 20 (3) (a)-(d).
7) Social Security Act 1986, s. 21 (1) (a)-(b).
8) Social Security Act 1986, s. 52 (6) (d), (3).
9) Social Security Act 1986, sched. 5, part Ⅰ, art. 7 (1) による修正後の、Social Security Act 1975, s. 101 (1).
10) Social Security Act 1986, sched. 5, part Ⅰ, art. 7 (3) による修正後の、Social Security Act 1975, s. 101 (5A) (a) and (b).

図があったと考えられる。

Ⅲ．裁量的社会基金

(1) 次に、上記の所得補助から分離された、例外的・緊急的なニーズに対応する裁量に基づく制度である裁量的社会基金を検討する。

まず、社会基金という基金（fund）が設立され[11]、そこから、①出産および葬儀の費用に対応する給付[12]、および②社会保障大臣によって出された命令（directions）や指針（guidance）に従ってその他のニーズに対応する給付[13]が行われる。社会基金は大臣によって管理され、給付は大臣によってなされる[14]が、上記②の給付に関する機能は、大臣によって任命される社会基金官（social fund officers）によって担われる[15]。この給付の可否や額に関しては、社会基金官が広い権限と裁量を有している[16]。さらに、社会基金官は当該給付に関して返済すべき旨を定めることもでき[17]、返済の定めがされた給付は、大臣から受給者に対して法的に返済を請求できる[18]。

(2) 続いて、裁量的社会基金における権利救済の仕組みを検討する。ここでは、上記の所得補助制度（および社会保険領域）において採用されていた審判所制度の利用が除外されたことが、決定的に重要である。

申請者やその代理人によって再審査請求（application for review）が行われた場合には、社会基金官は第一次的決定を再審査しなければならない（この場合、第一次決定をなした社会基金官自身が再審査を行うことも許されている[19]）。また、この再審査は、社会基金官自らが適切と考える時には、申請人の請求なしに行うこともできる[20]。

---

11) Social Security Act 1986, s. 32 (1).
12) Social Security Act 1986, s. 32 (2) (a).
13) Social Security Act 1986, s. 32 (2) (b).
14) Social Security Act 1986, s. 32 (5).
15) Social Security Act 1986, s. 32 (8).
16) Social Security Act 1986, s. 33 (2)-(4) 参照。
17) Social Security Act 1986, s. 33 (4).
18) Social Security Act 1986, s. 33 (5).
19) Social Security Act 1986, s. 34 (1) (a).
20) Social Security Act 1986, s. 34 (1) (b).

上記の手順で再審査された決定は、申請者らの更なる再審査請求があった場合には、後述の社会基金コミッショナー（social fund commissioner）が任命する社会基金検査官（social fund inspector）によって、再々審査をされる[21]。この際、社会基金検査官は、社会基金官による決定を承認する（confirm）ことも、自らの決定をそれに代置することも、社会基金官に当該問題を照会する（refer）こともできる[22]。この再審査や再々審査においては、社会基金官や社会基金検査官は、大臣が発した命令や指針に従って決定を下さなければならない[23]。

図13　1986年社会保障法上の裁量的社会基金における権利救済の仕組み

社会基金官

内部的再審査

審判所制度の利用不可
（※一部の定型的給付を除く）

出典：筆者作成

　前出の社会基金コミッショナーは、大臣によって任命される[24]。社会基金コミッショナーは、大臣によって自身に割り当てられた職員の中から、社会基金検査官やその補助をする職員を任命する[25][26]。

　この社会基金コミッショナーは、審判所制度における、権利救済機関としてのコミッショナー（社会保障コミッショナー等）とは全く性質を異にする存在である。このことは、①自ら上訴に関する審理を行うことはない点、②社会基金検査官の決定の質を監視し、その上昇の責任を負う[27]上、社会基金検査官のパフォーマンスに関して大臣に対して年に一度報告を行う義務を負っている点[28]を見れば明らかであると言えよう[29]。つまり、権利救済機関である社会保障コミッ

---

21) Social Security Act 1986, s. 34 (3).
22) Social Security Act 1986, s. 34 (4) (a)–(c).
23) Social Security Act 1986, s. 34 (6), (7).
24) Social Security Act 1986, s. 35 (2).
25) Social Security Act 1986, s. 35 (4).
26) Social Security Act 1986, s. 35 (3) (a)–(b).
27) Social Security Act 1986, s. 35 (5) (a)–(c).
28) Social Security Act 1986, s. 35 (6).
29) この社会基金コミッショナーにおけるような「コミッショナー」の用語法は、歴史↗

ショナー等（これらはしばしば（準）司法的と評される）と異なり、ここにおける社会基金コミッショナーは、純然たる行政のための機関なのである。

(3) このように、裁量的社会基金においては、今や社会保険および公的扶助法領域において共通に用いられるに至った権利救済（審判所）の仕組みが適用されず、内部的な再審査制度のみが用いられることとなった[30]。よって、市民が外部的な独立の機関に権利救済を求めるには、司法裁判所に対して司法審査を請求するよりほかない。それではなぜ、社会基金制度における権利救済が、審判所制度から除外されたのか。これに関しては、2つの観点から説明することが可能であると考えられる。1つは補足給付（およびその他の社会保障給付）と社会基金の、実体法上の規定の差異という観点であり、今1つは、国家財政的な観点である。

(4) 前者を敷衍すると、補足給付は一定の要件を満たした者が権利として与えられる給付であるのに対し[31]、すでに述べたとおり社会基金の給付の可否や額に関しては、社会基金官が広い権限と裁量を有しているという差異があり、このような実体法上の差異が、権利救済制度の差異に反映しているということである。

このような実体法上の規定の差異による説明は、次のような事実からも根拠

的に見るとそれほど特異なものではない。本書第2章第2節Ⅰ（1911年国民保険法の医療保険部分）において、保険コミッショナーという役職が存在していたが、この保険コミッショナーも給付行政を行う省庁の大臣との結びつきが非常に強く、「行政的」な役職であると評されていた。ただし、社会基金コミッショナーと保険コミッショナーでは、後者は自ら権利救済（紛争の解決）を行っていた点において差異があり、同じくその点において、（時代としては古いにもかかわらず）後者のほうが近代的審判所制度と一部重複する性格を有していたと言えよう。なお、「コミッショナー」という名称は、イギリス型の公共部門のオンブズマンにも用いられることがある。例えば、国会任命行政監察官（Parliamentary Commissioner for Administration; Parliamentary Commissioner Act 1967 参照）、保健サービスコミッショナー（Health Service Commissioner; National Health Services Reorganisation Act 1973 参照）、地方行政監察官（Commissioner for Local Administration; Local Government Act 1974 参照）などである。

30) ただし、本編第1章で説明したとおり、通常裁判所による司法審査制度を利用することはできる。社会基金に関する司法審査については、TREVOR BUCK, THE SOCIAL FUND: LAW AND PRACTICE (3rd ed., 2009), pp. 203-246 が詳しい。

31) Social Security Act 1986, s. 20 (3).

第 5 章　独立性の進展と、積極的職権行使の危機

づけられる。すなわち、社会基金の給付の中にも、内部的再審査制度ではなく通常の審判所制度による権利救済に服する例外的な給付が存在するのである。具体的には、社会基金のうち、出産および葬儀の費用に関しては、1975年社会保障法における権利救済を含む手続的規定が適用される[32]。つまり、社会保険給付と同様に、給付判定官が申請に対する第一次的決定を下し、これに不服がある市民は社会保障上訴審判所に上訴を行い、それにも不服がある場合には、更なる上訴を社会保障コミッショナーへ提起できる。上記(1)のように、出産および葬儀の費用は、一般的な裁量的給付とは法規定上別個に定められており、性質としても、出産や葬儀に関するニーズは定型的に評価をすることが容易であると考えられ、個別具体的・多様な事情を考慮したニーズを、裁量を駆使して評価する余地が少ない[33]。このように給付決定の差異の裁量の余地が少ないという点においては、出産および葬儀の費用は、社会保険や所得補助の給付との類似性が高く、それらと共通の権利救済機関（審判所）の管轄に加えることが妥当とされたものと考えられる。

　(5) これに対して、上記のうち2つ目の観点、すなわち国家財政的な観点を敷衍すると、以下のようになる。上述したように、1986年法によって所得補助と社会基金という別建ての制度が導入された背景の1つに、両制度の前身である補足給付制度の単一給付に関して、膨大な数の上訴が社会保障上訴審判所に対して行われたという事情があった。そして、これらの上訴のうちのおよそ4分の1が、認容されていたのである[34]。これに対して新たに導入された社会基金においては、給付を行うための基金の額に上限が設定されている関係上（このように上限を設定することこそが政府の狙いでもあった）、審判所が上訴を積極的に認容し、給付総額が基金の限度額を超過するようなことがあってはならなかった[35]。

---

32) Social Security Act 1986, s. 52 (6), (3). および、Social Security Act 1986, sched. 5 part I art. 4 による修正を受けた Social Security Act 1975, s. 98 (2A) (a).

33) なお、実体的側面とは離れるが、上述のように給付にかかる第一次的決定の主体も異なっている（出産および葬儀の費用に関しては、社会基金官が担わない）。このような第一次的決定権限の差異も、裁量の要素の大小を反映していると考えられる。

34) N. Wikeley, *The Future of Social Security Appeal Tribunals* (1987), 17 FAMILY LAW, pp. 133-135.

35) HARTLEY DEAN, SOCIAL SECURITY AND SOCIAL CONTROL (1991), p. 168.

しかし他方で、審判所が社会基金の上訴を扱うと仮定して、その場合に審判所が財政のような政策的な問題を考慮して審理を行うと、審判所に対する信頼が揺らいでしまう[36]。このように、社会基金が厳しい予算の限度額を有している性質から、それに関する権利救済制度から審判所制度が除外されてしまうことは、不可避であった[37]。

(6) このように、社会基金に関する権利救済制度が審判所を除外した理由は、実体法における裁量と国家財政という２つの観点から説明できる。しかしながら、上記２つの観点はそれぞれ独立しているわけではなく、相互に関連していることに注意する必要がある。つまり、仮に社会基金の実体法を詳細に規定し（つまり裁量を縮小し）、それを満たした者全員に受給権を付与するとすれば、給付に要する費用の総計を予測することが困難となる。これに対して、現実の制度のように給付に関して広範な裁量を設けることで、給付額の総計を、予算の上限に合わせて調整することが可能となる。

このように考えると、国家財政的な観点が、実体法上の規定（裁量の程度）の差異という観点を包摂する関係にあると考えられる。よって、社会基金における権利救済制度の特殊性（審判所制度の排除）は、大きくは国家財政的な観点から説明されると言ってよいであろう。

Ⅳ. 1986年法のまとめ

(1) 1986年法が公的扶助制度を、規定に基づいて運営される所得補助と、裁量の余地が非常に大きい社会基金という２つの部分に分けたことは、実体的には従前との大きな変化であった（しかし後者にも、裁量の余地が少ないと考えられる給付が一部含まれていた）。さらに、社会基金における権利救済においては、広く社会保険および公的扶助領域に用いられていた審判所制度が利用されず、内部的な再審査制度のみが用いられることとなった。

(2) 社会基金に関する権利救済が、審判所制度から除外された理由は、２つの観点から説明することができる。１つは、上記のような実体的な差異を反映

---

36) *Ibid.*
37) Neville Harris, *Widening Agendas: the Social Security Reviews and Reforms of 1985-8*, in NEVILLE HARRIS (ed.), SOCIAL SECURITY LAW IN CONTEXT (2000), p. 137.

して、権利救済制度も異なっていた、とする説明である。すなわち、給付に関して裁量の余地が比較的少ない所得補助に関しては、通常の審判所制度による権利救済を適用する一方、裁量の余地が大きい社会基金に関しては、内部的再審査の制度のみが用いられた（このため、社会基金のうちでも裁量の余地が少ないと考えられる給付に関しては審判所制度の対象になった）。

（3）これに対して、2つ目の観点は、国家財政的な観点から審判所の関与を排除したという説明である。すなわち、審判所を権利救済機関として導入してしまうと、審判所は財政のような政策的な理由を考慮しない性格であるため、社会基金導入前のように、審判所が積極的に上訴を認容してしまう恐れがあり、そうすると、社会基金に厳しい予算の上限を設けた意味がなくなってしまう。

（4）これら2つの観点は相互に無関係ではなく、後者が前者を包摂する関係にあるということが可能である。つまり、社会基金に関する権利救済において審判所制度が排除された理由は、広く国家財政的な観点から説明されよう。

第2節　審判所の積極的職権行使と代理人の関係についての研究の進展

Ⅰ．ゲン報告書——背景と概要

（1）前節のような法改正が行われた1980年代後半には、審判所の将来に影響を与えるような研究も見られた。それが、大法官府による委託を受けたゲンら（Hazel Genn and Yvette Genn）によって1989年に公表された、審判所と代理人の関係についての実証的研究[38]（以下、ゲン報告書と言う）である。同報告書は、通常裁判所における訴訟に臨む市民が、国費によって法曹代理人を付けることのできる法律扶助（Legal Aid）の制度を、審判所の審理に対しても利用できるように拡張すべきか否かを調査し報告することを目的としていた。社会保障上訴審判所をはじめとする社会保障法領域における審判所においてもそうであるが、一般に審判所では上訴を行う市民が自らの負担において代理人を付けることは許容されていたものの、代理人の費用を公費によって賄う制度（法律扶助）

---

[38] HAZEL GENN AND YVETTE GENN, THE EFFECTIVENESS OF REPRESENTATION AT TRIBUNALS: REPORT TO THE LORD CHANCELLOR (1989).

は原則として利用できないこととされており、このような制度設計に対する疑問が強まったという事情が、同報告書の公表の背景に存在していた。[39]

なお、ゲン報告書が公表される以前から、審判所でも法律扶助を利用できるようにすべきであるとの主張は見られたし、それに関する実証的な研究を志向した文献も存在していた。[40]しかしながら、その中でもゲン報告書は、その質の高さや研究対象とされたデータの膨大さから、審判所と代理人の関係に関する画期的な研究業績であると位置づけられている。[41]そのため、本節において審判所の積極的職権行使と代理人の関係を整理するに当たっては、同報告書を中心に検討をする。

(2) ゲン報告書の概要は、社会保障上訴審判所、移民裁定官 (Immigration Adjudicator)、労働審判所 (Industrial Tribunal)、および精神保健審判所 (Mental Health Review Tribunal) における審理を対象として、代理人の有無が上訴の認容率に及ぼす影響と、そのような影響が生じる理由を調査する[42]、というものである。調査の方法は、①審判所の事案のファイルの分析（社会保障上訴審判所に関して1115件）[43]、②口頭審理の観察（同じく289件）[44]、③73の審判所のチェアマンやメンバー、職員ら、26人の行政省庁の代理人、81人の上訴人側代理人、そして上訴人本人（社会保障上訴審判所に関して190人）らに対するインタビュー[45]である。

以下では、社会保障上訴審判所に関する調査結果に焦点を当てて検討する。

Ⅱ．調査結果①——代理人が上訴の結果に及ぼす効用

(1) まず、前提として社会保障上訴審判所における審理の現状が示された。これによると、同審判所の審理において代理人を付けていない上訴人は、全体

---

39) *Id.*, p. 1.
40) 例えば、ANNE FROST AND CORAL HOWERD, REPRESENTATION AND ADMINISTRATION TRIBUNALS (1977) など。
41) Michael Adler, *Social Security and Social Welfare*, in PETER CANE AND HERBERT KRITZER (eds.), THE OXFORD HANDBOOK OF EMPIRICAL LEGAL RESEARCH (2010), p. 409.
42) H. GENN AND Y. GENN, *supra* note 38, p. 4.
43) *Id.*, p. 7.
44) *Id.*, p. 7.
45) *Id.*, pp. 7-8.

の84％に及ぶ。また、全体で1115件の事案のうち、30％の事案において、上訴が全部あるいは一部認容され、70％は棄却された。

　代理人の有無による上訴の認容率は、下記のとおりである。まず、そもそも上訴人が口頭審理に出席をしない場合には、認容率は12％に過ぎなかった。次に、上訴人が単独で口頭審理に出席した場合の認容率は42％、友人や親類を代理人として伴って上訴人が出席した場合の認容率は47％、友人や親類以外の代理人を伴って上訴人が出席した場合の認容率が53％であった。

　(2) ゲン報告書は、調査によって得られたこれらの数値から、統計上有意ではないものを取り除いた上、結果に影響を及ぼす可能性のある諸条件を調整し、代理人の存否という要素が、上訴の成否にどのような影響を及ぼすかを数値によって算出した。その結果、上訴が認容される可能性は、代理人の付かない場合の30％から、付いた場合には48％まで上昇するということが明らかにされた。

III．調査結果②――上訴の結果以外に対する代理人の効用

　(1) 同報告書によると、社会保障上訴審判所のチェアマンの間には、同審判所の役割に関して共通の認識が形成されており、それは社会保障上訴審判所首席審判官オフィスによるトレーニングの賜物であるとされた。チェアマンの持

---

46)　*Id.*, p. 19. なお、友人や家族を代理人としたものが全体の4％、同じく市民相談所（Citizens Advice Bureau）の代理人を利用した者が4％、ソリシタを利用した者が1％等となっている。*Ibid.*

47)　*Id.*, p. 66.

48)　以上、*Id.*, p. 68. なお、代理人の種類によっても認容率に差があった。最も認容率が高かったのは福祉権センター（Welfare Right Centre）の代理人で67％、ソリシタは3番目に高い56％、親類や友人を代理人とした場合は41％であった。*Id.*, pp. 69-70.

49)　なお、この調査においては重回帰分析（multiple regression analysis）の手法が用いられている。つまり、代理人が勝訴できそうな事案のみを選んで受任する（または勝訴の見込みがない事案では代理人は受任を断る）、あるいは勝訴できそうな市民が代理人を付けたがる、などの諸要素の相互依存の可能性を考慮した上で、代理人と上訴認容の関係が分析される（*Id.*, pp. 65-66.）。この重回帰分析の結果によると、社会保障の事案における代理の決定要因（determinant）は、代理人から助言を受けられるか否かであった。*Id.*, p. 77.

50)　*Id.*, pp. 76, 107, and 243. 参照、*Id.*, Appendix A.

51)　*Id.*, p. 159.

つ共通認識とは、審判所が上訴人たる市民に対する援助的なアプローチをとること、および口頭審理が積極的に職権を行使して追行されることである。さらに、すべてのチェアマンとメンバーが、ゲンらのインタビューに対して、代理人の付いていない上訴人を援助・支援する義務（obligation）があると感じていると回答した。

(2) しかしながら、社会保障上訴審判所において上訴人の代理人を務めたことのある者は、実務上、同審判所は上訴人の主張を詳細に調べることをしておらず、積極的職権行使を実施していないと評価している。さらに、審判所の手続が柔軟で、チェアマンらが代理人の付いていない上訴人を支援するようなアプローチをとるとしても、なお上訴人らが不利な立場に置かれていることに変わりはない、との見解が優勢であった。

ただし、このように大部分の代理人経験者が、同審判所が積極的に職権を行使した審理追行をする能力に欠けているとする一方で、中には、社会保障上訴審判所は、他の審判所との比較では最も上訴人に対して親しみやすく、代理人が居なくとも勝訴する確率が高いと考える者もあった（現に、代理人不在の場合の勝訴率を単純に比較すると、同審判所の42％に対して、移民のケースでは16％、雇用に関して38％、精神保健審判所において15％である）。

(3) また、上訴人たる市民の視点からは、以下のような議論がなされている。まず、多くの市民はそもそも、社会保障上訴審判所における審理が何を意味しているかということを正確に理解しておらず、上訴が棄却された場合はも

---

52) *Id.*, p. 159.
53) なお、口頭審理への省庁側の出席者（presenting officer）らが、自らが十分な訓練を受けていないため、代理人の付いた市民よりも審判所の審理において不利な立場に立たされると感じていることも示されている。*Ibid.*
54) *Id.*, p. 164.
55) *Id.*, p. 162.
56) *Id.*, p. 170.
57) *Id.*, p. 163.
58) *Id.*, p. 221. 彼らは、上訴が単なる行政による第一次的決定の見直しであると考えているため、第一次的決定を覆すような説得的な主張が必要であることを理解していない。*Ibid.* さらに、そもそも社会保障上訴審判所は、「慈愛と同情」に基づいて決定を下すものだと誤解しており、同審判所が法令に沿った裁決を下すこと自体にいらだちを感じるような市民も多い。*Id.*, p. 231.

第5章　独立性の進展と、積極的職権行使の危機

とより、自らの上訴が認容された場合にすら、同審判所の審理において感じた苦痛に対して不満を感じることがある。[59]

このような状況において、代理人を付けていた上訴人は、代理人が法規定や審判所に関する知識を与えてくれなかったとしても、その存在のみによって安心が得られること、[60]上訴が認容されたかどうかにかかわらず、自らが相手方たる行政よりも不利な立場に置かれていることに対する不安感が解消され、対等に争う「フェアな機会」を得たと感じられたこと等から、代理人を付けたことに強く満足していた。[61]これらの調査結果は、市民にとっては上訴の結果のみが関心事であるわけではなく、いわば手続的公平の実感という観点からも、代理人の存在が重要な意味を持っていることを示している。

Ⅳ. ゲン報告書のまとめ——審判所の積極的職権行使と代理人

（1）以上のように、ゲン報告書によって審判所における代理人の存在の重要性が実証的に明らかにされた。この重要性は、大きくは、代理人の存在によって①社会保障上訴審判所における上訴の認容率が30％から48％まで上昇すること、②上訴人たる市民が相手方たる行政に対して不利な立場に置かれているという感覚が解消され、公平な審理を受ける機会を得られたとの感覚が得られること、の2点から根拠づけられると言えよう。

（2）同報告書は、社会保障上訴審判所のチェアマンやメンバーの間で上訴人たる市民を援助するための積極的職権行使という理念が浸透していることを、彼らに対するインタビューによって明らかにし、実際に、同審判所における審理が他の領域の審判所と比較して、市民にとって利用しやすいものであるということも示した。しかしながら、同審判所の積極的職権行使は、代理人の不在をカバーするほどの効果を挙げてはいないという厳しい評価も提示された。

---

59) *Id.*, p. 231.
60) *Id.*, p. 237.
61) *Id.*, pp. 240-241. 代理人を付けずに上訴を棄却された市民が、上訴が棄却されたこと自体よりも、自らが不利な立場に置かれていたことに対して不満を表明していたこともまた、象徴的である。*Id.*, p. 240.

第3節　1991年・独立審判所サービス

（1）前章第7節で、1983年健康・社会サービスおよび社会保障裁決法によって、社会保障上訴審判所首席審判官オフィスが設立されたこと、これにより社会保障関連省庁から独立した統制機関によって審判所を管理しようという、独立性の確保の新たな段階が訪れたことを明らかにした。

この社会保障上訴審判所首席審判官オフィスは、1991年に独立審判所サービス（Independent Tribunal Service）へと名称を変更し、統制する審判所の範囲を徐々に拡大していった。その結果、同サービスはイギリス最大の審判所組織になった。[62] 独立審判所サービスは、当初、社会保障上訴審判所と医療上訴審判所、そして予防接種禍審判所（vaccine damage tribunals）を管轄していたが、その後新たに同サービスの管轄下に入ったものは、①障害上訴審判所（disability appeal tribunals；1992年）、②児童手当上訴審判所（Child Support Appeal Tribunals；1993年）である。

（2）独立審判所サービスの長官は、法廷実務指示（practice directions）を発するための明確な権限を制定法上有しているわけではないが、実際には1992年社会保障執行法（Social Security Administration Act 1992）の付則2や1991年児童手当法の付則3に定められた権限に一部依拠して、法廷実務指示を発している。[63] 法廷実務指示の内容は多岐にわたっており、例えば審判所内で喫煙してはならない（命令第4）というごく実際的な規定がある一方、上訴人の自宅における審理や、審判所の審理の延期（adjournment）[65]のように、上訴の開催方法に関わるもの（命令第5）もある。[64]

---

62) 本文より少し後の時期ではあるが、1996年に公表された論文では、同サービスには6063人のメンバーと884人のチェアマンが所属しているとされる。これは、ヨーロッパレベルでも最大かもしれないという。Godfrey Cole, *Creating and Maintaining an Effective Scheme of Training in the Independence Tribunal Service* (1996), 3 JOURNAL OF SOCIAL SECURITY LAW, p. 122.

63) Howard Levenson, *ITS Presidential Practice Directions* (1994), 1 JOURNAL OF SOCIAL SECURITY LAW, p. 76.

64) *Id.*, p. 77-78.

65) *Id.*, p. 77.

第 5 章　独立性の進展と、積極的職権行使の危機

　なお、審判所の構成員の独立との関係では、独立審判所サービスの長官は、審判所の監理（administration）に関する限りで法廷実務指示を発することができ、それ以外の事柄（どのような裁決を出すべきか等）に関してそれらを発する権限はない[66]。

　(3)　さらに、独立審判所サービスは、審判所のチェアマンが、質の高い審理を行うことができるかを評価し監理するシステム（monitoring system；以下、監督システムと言う）を作り出した。同システムは、審判所の構成員（特にチェアマン）が、市民が満足するような役割を果たすことができるように能力を向上させる支援をする仕組みである[67]。

　この監督プロセスの中では、監督者が新人チェアマンの審理に同席し、審理に評価を加える仕組みがある（能力評価表）。この場合にも、監督者は新人チェアマンの審理の内容には干渉しないとされるが、監督システムの存在と、個々の審判所（その構成員）の独立性は対立・矛盾しないのか、という疑義は生じうる。しかしながらこの点については、能力評価表に挙げられた各項目を見る限り、評価を受けるチェアマンの審理の内容にわたるような評価が行われる危険は少ないように思われる。というのも、能力評価表は、審理の進行方法や雰囲気作りなど、手続的側面に関する項目のみで構成されているからである[68]。

　かつて同サービスの長官を務めたホールデン判事（Judge Derek Holden）は、独立審判所サービスにおける監督システムが非常にうまく機能したと評価し、司法裁判所においても、裁判官に対して似たような監督システムを作成することを提案した[69]。

　(4)　また、独立審判所サービスの長官が、同サービスに所属しているチェアマンやメンバーらの能力の向上を確保するために、彼らに対してトレーニング

---

66)　*Id.*, p. 76. このように解した場合にのみ、審判所のメンバーが法廷実務指示に違反したことを、当該メンバーの再任の可否判断の際に考慮（*Id.*, p. 77）しても、審判所の独立性の観点と矛盾しないということになろう。

67)　当該システムについては、L. Tanya Parker, *Monitoring Performance in Tribunals of the Independent Tribunal Service* (1994) 1 JOURNAL OF SOCIAL SECURITY LAW, pp. 54-58 参照。

68)　*Id.*, pp. 58-61 には、Appendix として能力評価表が示されている。

69)　Derek Holden, *Time to Judge the Judiciary*, THE TIMES (November 9, 1993).

を課す法的義務を負うことは、同サービスの前身である社会保障上訴審判所首席審判官オフィスの時代と変わりない[70]。このトレーニングを実際に行っていた論者によると[71]、トレーニングに際しては、社会保障法領域の審判所の特殊性（法令の複雑性、積極的職権行使の伝統）が意識されていたようである。つまり、社会保障に関する法令は高度に複雑かつ難解であり、審判所制度が法律扶助（Legal Aid）の対象になっていないということを考えると、市民は、代理人を付けられず、混乱と恐れを抱き、法令を理解しないまま上訴に臨むこととなる[72]。その結果、審判所は審理において積極的に職権を行使する必要があり、そのように振舞うためにはチェアマンが（同時にその他のメンバーもある程度は）、高度な法的能力と事案管理能力を有していなければならない[73]。

ここでは、積極的職権行使と代理人（法律扶助）の問題が強く関連づけられていることが注目に値する。次章において詳述するように、この傾向は、後の審判所制度の大改革の先導を果たしたレガット報告書と、それへの反応において、議論の的となる。

第4節　審判所にかかる規則改正——1996年

（1）前章において、社会保障法領域の審判所における積極的職権行使が定着していく様子を検討した。しかしながら、国家財政の問題を背景として、審判所の管理にかかる費用の縮減が求められるようになった1990年代後半以降の時期を境目として、審判所と、積極的職権行使を取り巻く状況に変化が訪れる。

1990年代後半の審判所制度の改正は、1996年と1998年という2つの段階に分かれているが、本節ではこのうち1996年の規則改正を扱う。

---

70)　Social Security Administration Act 1992, Sched. 2, para. 5 (a) (ⅱ).
71)　ただし、独立審判所サービスは上述のように、管轄権を様々な審判所へと拡大していったため、傘下にかなり異なった専門性を有する審判所を治めることになり、このような異なった専門性を有するチェアマンらに対して一律のトレーニングを課すのが妥当か、というような問題が生じたようである。G. Cole, *supra* note 62, p. 127.
72)　*Id.*, p. 125. 同論考の筆者はフルタイムのチェアマンであり、司法訓練官（Judicial Training Officer）でもある。
73)　*Ibid.*

第 5 章　独立性の進展と、積極的職権行使の危機

　(2) 1996 年、審判所の審理手続に関して、法律（act）ではなく規則（regulation）によって、いくつかの改正が加えられた。下院の議事録によると、当時の社会保障大臣は、この改正の目的として、審判所の決定の「正確性」の「向上」や「個人の権利」の「保護」を挙げている。[74]しかし他方で、同時に審判所の人事管理等に関する「費用対効果を高める」[75]ことにも言及しており、財政面への配慮という意図が現れているようにも見える。

　(3) この規則改正の中で最も重要なのは、上訴人が口頭審理の開催を望む場合、それを明示的に選択（opt in）しなければならなくなったことである。[76]それ以前は、一部の例外を除いて、基本的にすべての上訴が口頭審理をされることになっていたので、[77]これは原則と例外の転換と評価されよう。学説は、この改正が上訴人たる市民に対して大いに不利益をもたらすことを懸念していた。なぜなら、上訴が認容されるためには、口頭審理への出席を通じた上訴への（審判所に問われたことに対して上訴人（市民）が口頭で受け答えをし、自己の主張を補完するというような形式での）参加が決定的に重要な要素になると考えられてきたところ、[78]市民が口頭審理を明示的に選択しなければ書面審理のみが行われることとなるためである。

　審判所における口頭審理に出席した上訴人は、出席しなかった上訴人よりも上訴を認容される可能性が高いという事実は、[79]統計によっても裏付けられている。1998 年当時の統計によると、口頭審理に出席した上訴が請求を認められた割合は、45％（代理人とともに出席した場合には 63％にまで上昇）であり、これと対照的に、口頭審理に出席しなかった上訴人の上訴認容率は 17％に止まっている。[80]

---

74)　H. C. Debates, vol. 282, 23 Jul 1996, Col. 299.

75)　*Ibid.*

76)　Social Security (Adjudication) and Child Support Amendment (No. 2) Regulations 1996. この選択がない場合、上訴は提出された書面のみに基づいて判断される（書面審理）。

77)　N. Wikeley, *Burying Bell: Managing the Judicialisation of Social Security Tribunal* (2000), 63 THE MODERN LAW REVIEW, p. 496.

78)　*Id.*, p. 496.

79)　Select Committee on Social Security, *Eighth Report: The Modernisation of Social Security Appeals*, para. 42 (1999).

80)　Social Security Statistics 1999, Table H5.03. この統計に対して、社会保障省は、口↗

(4) また、書面審理において積極的職権行使の実施が困難となるかどうかに関しても、検討が必要である。この点に関しては、書面審理においても積極的職権行使が妥当することを前提に、このような場合に審判所が順守すべき自然的正義の要請に関して検討した論考がある[81]。

しかしながら、書面審理において、口頭審理と同様の積極的職権行使が実施されるか、あるいはその効用が発揮されるかについては疑問がある。というのも、書面審理は基本的には提出された証拠のみに基づいて行われるものであるため、口頭審理のように審判所が上訴人たる市民に質問をしてその真意を明らかにするようなことができない。このような状況では、審判所は何を目指して職権を行使すればよいか判断できず（提出された書面に関連する、ありとあらゆる論点について積極的職権行使を実施することは現実的には考えられない）、その行使について消極的にならざるを得ないように思われる。そして実際に学説の多くが、口頭審理の例外化は実務上、審判所における積極的職権行使を困難にしてしまうであろうと予測していた。

(5) このように、1996年の法改正は、それまで原則であった口頭審理の開催を例外化することによって、上訴の認容率の低下が予想された点で、上訴人たる市民の利益を脅かす恐れがあった。さらに、新たに原則化された書面審理は、この改正は審判所による積極的職権行使の実施の可能性に対しても多大な影響を与える可能性があった。

　頭審理を選択しない上訴人は上訴に対してもともとさほど熱心でない人々であるから、口頭審理への参加と上訴の認容率には関係がなく、上記のような結果は驚くべきことではない、と反論している（Select Committee on Social Security, *supra* note 80, para. 42. Appendix 4）。しかし、社会保障省の見解に対しては異論が強い。例えば、上訴人の多くは、書面によって自己の主張を明確になすことには困難を感じるが、対話形式での説明はできるし、求められれば証拠の提出もできるのであるから、口頭審理に出席することは大いに有用である、との見解がある（*Id.*, para. 42.）。

81) L. W. Blake, *Paper Hearings and Natural Justice* (2004), 12 JOURNAL OF SOCIAL SECURITY LAW, p. 26.

第5節　積極的職権行使に関する法解釈上の問題——1998年社会保障法

Ⅰ．法制定の背景と独立性に関する両義性

（1）前節において、1996年に規則のレベルで審判所制度が一部改正された様子を検討した。これに対し本節では、1998年に実施された法律レベルでの審判所制度の改革を取り扱う。これは1996年の改正と軌を一にするものであると評価できるが、1998年の改正が審判所制度に与えた影響は一層大きかった。

本書の分析軸との関係では、まず独立性の点に関わる変更がなされた。しかし、今1つの分析軸である積極的職権行使との関係で、重大な法解釈上の問題を惹起する条文が置かれたことが、一層注目に値する。

（2）1996年7月に出された政府の提言書は、社会保障に関する行政過程および審判所制度について、「より簡素な、より正確な、より費用対効果の高い」制度の導入を目指した。この提言書の内容を実現するため、1998年社会保障法（Social Security Act 1998；以下、1998年法と言う）が制定された。1998年法の特徴に関しては、まず審判所の独立性の観点から議論を行う必要がある。

1998年法は、第1に、独立審判所サービスが管轄していた5つの審判所を統合し、単一の上訴審判所を作り出した。そして、独立審判所サービスを、審判所として審理を実施する機能に関わる「司法的部分」と、審理以外の業務を行う職員を供給することなどの司法的部分の補助的な業務を実施する「行政的部分」に分離させ、前者を上訴サービス（Appeals Service）、後者を上訴サービス・エージェンシー（Appeals Service Agency）とした。その上で、前者には審判所のチェアマンやメンバーのみが属し、後者は社会保障省の外局になった。

（3）この1998年法は、審判所の独立性という点に関しては、相反する両義的な性質を有していた。これらのうち、まず独立性を進展させた点から検討する。

1998年法によって、上訴サービスの長官（president）、および個々の審判所

---

82) Department of Social Security (1996), *Improving Decision Making and Appeals in Social Security* (Cm. 3328).
83) Social Security Act 1998 (1998 c. 14).
84) Social Security Act 1998, s. 4.

のチェアマンないしその他のメンバーのすべてに対して、大法官が直接任命を行うこととされた。[85]この点、かつて（1960〜70年代）は、審判所のチェアマンやメンバーの任命に対して、社会保障関連の省庁が強い影響力を行使していたのに対し、1983年健康・社会サービスおよび社会保障裁決法によりチェアマンの任命が大法官によってなされるようになったことで、独立性は進展していた（第4章第7節）。この1983年法の段階では、チェアマン以外のメンバーの任命は首席審判官（大法官によって任命され、省庁からの独立性が比較的強い）によって行うこととされていたものの、首席審判官は制度上の位置づけとしては、社会保障関連省庁と完全に切り離されているわけではなかった（具体的には報酬の支払いなどの点）。これに対し1998年法は、完全に行政省庁から影響を受けることのない大法官に、審判所のメンバーの任命の権限までも与えるという選択をしたのである。この1998年法による法改正によって、「上訴審判所のメンバーの機構的な独立性は、いまや、これまでのどの時期よりも強くなった[86]」とされる。

（4）しかしながら他方で、1998年法は審判所の独立性を後退させる要素もまた含んでいた。すでに述べたように、1998年法によって従前の独立審判所サービスが解体され、審判所の審理そのもの（司法的業務）を担う上訴サービス、その補助としての行政的業務を担う上訴サービス・エージェンシーという2つの組織が作られたが、問題は後者の上訴サービス・エージェンシーに関わる。

1998年法改正前には、審判所の審理日程に重大な遅延が生じていた。[87]政府はこの原因を、独立審判所サービスの業務の非効率性に求め、業務の効率性の向上のために、独立審判所サービスを解体し、補助的・行政的業務（すなわち審判所行政）にかかる部分を分離させることとした。[88]このような経緯から、審判

---

85) Social Security Act 1998, ss. 5 and 6.
86) N. Wikeley, *supra* note 77, p. 480.
87) 1983年法の段階では、10週間程度の遅延でも許容しがたいと考えられていたのに対し、1996年までに26週間程度にまで延びていた。*Id*., p. 481.
88) しかしながら、審理の遅延を独立審判所サービスのみに帰責するのは不合理であるとの主張が強い。いわく、審理の遅延の原因は多面的であり、独立審判所サービスにも一部責任があるとしても、社会保障省の対応が遅いこと、上訴人やその代理人が審理の延期を要求すること、そもそも上訴の数を増大させるような頻繁な実体法改正を行うこと等にも同様に責任がある。*Ibid*.

第 5 章　独立性の進展と、積極的職権行使の危機

所行政を扱う上訴サービス・エージェンシーは、社会保障省の外局（executive agency）[89]とされ、社会保障大臣に対して答責性を負うことになった[90]。これによって上訴サービス・エージェンシーと社会保障省の結びつきが強まり、従前は独立審判所サービスが（社会保障省から与えられた枠内であるとは言え）審判所行政にかかる予算の配分に対して有していた一定の自律性が失われてしまった[91]。

（5）そして、このように1998年法が審判所にかかる行政的業務を上訴サービス・エージェンシーに委ねたことが、のちに審判所制度の独立性に対して更なる脅威を与えた。翌年に制定された1999年社会保障及び児童手当（決定および上訴）規則（Social Security and Child Support (Decisions and Appeals) Regulations 1999；以下、1999年規則と言う）は、審判所のチェアマンやメンバーではない、補助的業務をする職員（つまり審判所行政に関わる者であり、上訴サービス・エージェンシーに所属する社会保障省の職員）に対して、一定の範囲で上訴の審理を打ち切る（striking out）権限を与えたのである[92]。このような権限は、単に審判所行政のみに関わるものとは言い切れず、裁定（adjudication）的な権限が行政的な性質と偽装された上で、行政省庁との関連の深い上訴サービス・エージェンシーの職員に与えられたと見ることもできよう[93]。このように審判所の独立性を掘り崩す1999年規則の制定の下地も、1998年法によって形成されたものであると言える。

（6）以上のように、1998年法は、一方で審判所の独立性を向上させるような規定（審判所のメンバーの任命に関わるもの）を設けつつ、他方ではその独立性に対する脅威を与えるような規定（審判所行政について、社会保障省の影響を強めるもの）をも設置していた。このように1998年法は両義的な性格を有していたの

---

89) 通常、非公務員から人材が長官として登用され、管轄省庁（本文の場合は社会保障省）に対して半自律的な権限を与えられている。しかし、管轄省庁から独立した法的主体ではない。WILLIAM WADE AND CHRISTOPHER FORSYTH, ADMINISTRATIVE LAW (10th ed., 2009), p. 41.
90) Lord Hardie, HL Debates, vol. 588, cols. 964-966, 20 April 1998; N. Wikeley, *supra* note 77, p. 480.
91) N. Wikeley, *supra* note 77, p. 482.
92) Social Security and Child Support (Decisions and Appeals) Regulations 1999, reg. 46.
93) N. Wikeley, *supra* note 77, p. 482.

であるが、同法に対しては総じて、独立性を進展させたというよりは後退させたとの評価が強い[94]。このような評価は、審判所への予算の配分や内部での振り分け、また補助業務を行うような職員の配置のような審判所行政の問題は、審判所の審理そのものを行うメンバーらの任命と同じく、審判所の独立性の問題に強く関わる重要な問題であることを示すものと言えよう。

II. 法規定による積極的職権行使への制限——法解釈上の問題

(1) 1998年法は、審判所の審理における積極的職権行使に関して重大な影響を与える恐れのある規定を設けた。この規定によって、審判所の積極的職権行使が、直接に制定法の解釈問題として論じられることになった。

1998年法12条8項(a)は、以下のように規定している。

> 12条　上訴審判所への上訴
> 8項　本条のもとでの上訴を裁決するにあたり、上訴審判所は、
> (a)上訴によって提起されていない論点を考慮する必要がない。

政府はこの規定を設けた理由を、審判所が集中的に審理をし、それによってより早く結論に至ることを可能にするためである、と述べる[95]。

(2) ここで、同規定が作られたことによって、論理必然的に審判所における審理の現実が変化するわけではない、ということには注意を向ける必要がある。同規定は、「上訴によって提起されていない論点を考慮する」ことを禁止しているのではなく、あくまでその「必要がない（need not）」と規定するのであり、その点に関する裁量を審判所に与えているに過ぎない。つまり、従前どおり、審判所は「上訴によって提起されていない」論点を職権により考慮することもできるのであり、審判所における積極的職権行使が理念として確立して

---

94) *Id.*, pp. 479-484; Roy Sainsbury, *Social Security Decision Making and Appeals*, in N. HARRIS (ed.), *supra* note 37, pp. 208-230. なお後者の論考は、社会保障給付に関して行政が行う第一次的決定が、1998年法以前は通常の行政ラインから一定の独立性を保った官吏によって行われていたのに対し、1998年法によって、このような第一次的決定が社会保障省の大臣の権限になったことに対しても、独立性の観点から批判を加えている。

95) N. Wikeley, *supra* note 77, p. 496.

いるのであれば、同規定の存在に影響されず、審判所は自主的に積極的職権行使を行い続けることも十分考えられる。[96]

　しかしながら、前章第7節において論じたように、積極的職権行使を市民に対する援助という視点から位置づけようとする立場からは、積極的職権行使が審判所の「義務ではない」ことが法規定によって明示されてしまうことが問題である。審判所の援助的・積極的職権行使は、行政よりも情報力・発言力・法的知識等の点で劣る市民を援助することによって、市民と行政の力関係を是正する機能を持っている。つまり、これまでは、市民（上訴人）が法的知識に欠けていて、自己に有利な法的論点を主張していなかった場合、審判所は上訴人の援助のために積極的職権行使により当該論点を検討すべきである、したがって、それがなされなかった場合には、審判所は違法な裁決をしたのであり、当該裁決は取消されるべきである、と市民たる上訴人が主張することがあり得た。

　ところが、1998年法12条8項(a)によって、論点の取捨は審判所の裁量の問題であり、援助的・積極的職権行使の実施は法的義務ではないとされてしまうと、上訴人たる市民は上記のような主張をすることができなくなってしまう。結局、審判所が当事者を援助する積極的職権行使は、法的な問題ではなく事実上の、しかも審判所の各チェアマンの姿勢に左右される問題とならざるを得ない。

　(3) 同規定については、学説も、審判所の伝統である積極的職権行使アプローチとは矛盾するなどと評価していた。[97] また、低所得の児童や家族の支援・擁護を目的とする公益団体であるCPAG（Child Poverty Action Group）も、大法

---

96) 事実、同規定を含む1998年法が制定されてから2年が経った後にも、ある社会保障コミッショナーは、コミッショナーの審理の特徴を、「積極的に職権を行使する。コミッショナーは、当事者の一方あるいは双方の申立て（submission）を拒否することができ、また上訴の両当事者のいずれもが提示していない法的論点を形成する（raise）ことができる」と表現している（Select Committee on Social Security Minutes of Evidence, Memorandum submitted by the Office of Social Security and Child Support Commissioners (APP 4) (http://www.publications.parliament.uk/pa/cm199900/cmselect/cmsocsec/263/0030107.htm)（2014年10月31日閲覧））。ここでは、1998年法の規定の影響が生じていないようにも思われ、そうであれば、上訴人たる市民に対し、事実上何らの不利益も生じないと考えられる。

97) *Ibid.*

官府の政務官に対して送った手紙の中で、同規定には審判所の積極的職権行使を制限しようとする意図が明確に表れており、審判所において「対等な戦いの場（"level playing field"）」が確保されえない、と懸念を表明した[98]。このように、同規定が審判所の当事者援助的な積極的職権行使に与える影響が強く危惧されていた。

（4）以上のとおり、1998年法制定によって次のような恐れが生じた。まず、①上訴人たる市民は、審判所の積極的職権行使による援助を安定的に享受しうるという確証が得られない。積極的職権行使は審判所が、そうすべき義務を負わないにもかかわらず、進んで「事実上」行っている措置に過ぎないこととなるためである。そのため、②審判所によって「対等な戦いの場」が設けられず、市民と行政の力関係が不均衡なまま審理が行われても、積極的職権行使の実施・不実施は審判所の裁量に属する選択の問題なので、そのような審理が違法・法的過誤の問題を生じることはない[99]。これらの帰結として、③第1段階の審判所から第2段階のコミッショナーへの上訴、さらにはコミッショナーから司法裁判所への上訴には法的過誤が必要であるため[100]、審判所の積極的職権行使の不実施を理由とする上訴は不可能になる[101][102]。

このように考えると、1998年法12条8項(a)という法規定の提起する問題は、非常に重大であったと評価することができよう。

---

98) この手紙は、移民に関する問題を扱う審判所において上訴人が法曹代理人をつける場合に、代理人の費用を法律扶助の対象とするという大法官の見解に関連して送られたものである（移民に関する上訴を法律扶助の対象とするなら、社会保障領域の上訴も同じく対象としてほしい、という内容）。Select Committee on Social Security Minutes of Evidence, Letter to Ms Jane Kennedy MP, Parliamentary Secretary, Lord Chancellor's Department from Child Poverty Action Group (http://www.publications.parliament.uk/pa/cm199900/cmselect/cmsocsec/263/0021610.htm)（2014年10月31日閲覧）。

99) もちろん、この場合でも、審判所の裁決機関としての、あるいは準司法的な性格に照らして一般的に違法の問題を生じるような行為はある（例えば自然的正義に反する不意打ちなど）。しかし、これは積極的職権行使とは関連のない問題である。

100) 第1段階の審判所から第2段階のコミッショナーへの上訴に関して Social Security Act 1998, s. 14 (1). またコミッショナーから司法裁判所への上訴に関して Social Security Act 1998, s. 15 (1).

101) さらに、上訴とは区別される救済方法としての司法審査も、適法か違法かを審査するものであるため、成功する見込みはほぼないと考えられる。

102) ただしこれらの場合にも、審判所における審理が一般的な手続的公正を欠いていたことを理由とする上訴は、少なくとも理論上は可能である。

Ⅲ．積極的職権行使への現実的な制約——人的構成の変化

（1）上記のような法解釈問題のほかにも、審判所の積極的職権行使の実施に関して制約を与える可能性のある規定が設けられた。

1998年法の実施に関わる詳細は、1999年社会保障・児童援護（決定・上訴）規則[103]（以下、1999年規則）によって定められる[104]。同規則による審判所の構成に関して、特に注目に値するのは、審判所の構成人数に関する変更である。

1999年規則36条は、1人制の審判所を原則とし、2人制あるいは3人制の審判所は同規則に規定される例外的な場合にのみ利用されることになった。上院の議事録では、上訴に時間がかかり過ぎることが特に問題視されており[105]、審判所の構成人数を改正することで、「上訴サービスが、専門性を必要とする事案に集中し、すべての上訴人に対して彼らが提供すべきサービスを迅速化することが可能となる[106]」と述べられている。このことは、原則3人によって構成されてきた審判所制度に関する大きな変化であった。しかしながら、社会保障法領域の3人制の審判所が、上訴段階における審理の遅延に寄与しているとの証拠はほとんどない[107]、との見解に鑑みると、この規定は単に財政上の支出を抑制することのみが目的であったのではないかとも疑われる。

政府の提言書は、そもそも1人制の審判所の場合にすら法曹資格は必要ないとしていたが[108][109]、1998年法では、審判所の構成員のうち少なくとも1人は法曹資格を有していなければならないとされ[110]、その限りで審判所の審理が過度に非法的なものにならないよう歯止めがかけられている。

---

103) Social Security and Child Support (Decisions and Appeals) Regulations.
104) Social Security Act 1998, s. 16 (1).
105) H. L. Debates, vol. 598, 23 March 1999, col. 1266.
106) *Id.*, col. 1267.
107) Nick Wikeley, *Social Security Tribunals after the Social Security Act 1998*, (1999) 6 JOURNAL OF SOCIAL SECURITY LAW, p. 172. むしろ、上訴に際して社会保障省の職員の書類提出が遅れていることが、上訴の審理遅延の要因だとの指摘もある。なお、J. BALDWIN *et al.*, JUDGING SOCIAL SECURITY (1992), pp. 162-166.
108) Department of Social Security, *supra* note 82, p. 25.
109) 提言書に現れていたように、政府の意図としては、1人制あるいは2人制の審判所によって、審査手続の効率性と柔軟性を促進する意図があったという。R. Sainsbury, *supra* note 94, p. 225 (2000).
110) Social Security Act 1998, s. 7 (2).

(2) さらに1999年規則は、審判所の構成に関して、今1つ、重要な改正を行った。1998年法によると、審判所を構成するメンバーを選出するもととなる名簿の詳細は、規則によって定められることになる[111]。これを受けて1999年規則35条および附則3が名簿に関する詳細を定めている。そこに定める、名簿に登載される資格は、①法曹資格（Legal Qualifications）、②医学的資格（Medical Qualifications）、③会計資格（Financial Qualifications）、④障害資格（Disability Qualifications）の4種である。①は、1990年裁判所・法的サービス法（Courts and Legal Services Act 1990）71条に言う一般的資格を有する者等であり[112]、②は、一定の要件を備えた医者であり、また③は、一定の協会に属している勅許会計士である[113][114]。これらに対し、④には、有償・無償で障害者関係の仕事に従事していること、あるいは自身が障害者であることにより、障害に関する知見を有している者が含まれる[115]。

この規定によって、伝統的に社会保障法領域の審判所制度にメンバーとして含まれていた、労働者・使用者代表という利益代表が、失われてしまうこととなった[116]。これは非常に重要な改正にも思えるが、実際にはそれほど議論を生じることなく実施された。唯一、顕著な批判は、利益代表が失われたという側面というよりも、むしろ上訴人たる市民にとって親しみやすく感じられ、また事実認定や発言の信用性の評価といった点において、法曹資格を有するチェアマンとは異なる、「常識的な」視点を提供する機能を果たしていた非法律家（lay member）メンバーが失われるという側面に関するものであった[117]。

---

111) Social Security Act 1998, s. 6 (1)-(3).

112) Social Security and Child Support (Decisions and Appeals) Regulations 1999, sched. 2, Para. 1.

113) Social Security and Child Support (Decisions and Appeals) Regulations 1999, sched. 2, Paras. 2 and 3.

114) Social Security and Child Support (Decisions and Appeals) Regulations 1999, sched. 2, Para. 4.

115) Social Security and Child Support (Decisions and Appeals) Regulations 1999, sched. 2, Para. 5.

116) ただし、上述のように障害者は、障害に関する知見を有する者として、審判所の構成員名簿に入ることができる。これは、あくまで障害に関する専門家としての枠での登用ではあるが、事実上、利益代表と類似の機能を発揮する余地はあるかもしれない。

117) Michael Adler, *The Lay Member: A Sorry Goodbye* [Guest Editorial] (1999), 6↗

(3) 審判所の構成に関する変更、特に審判所の構成人数が減じられたことにより法曹資格のあるチェアマンが単独で審理をすることになった点について[118]、積極的職権行使の観点からは以下のような懸念を指摘することができる。

確かに、社会保障法以外の領域の多くの審判所で、法曹であるチェアマンが単独で審理することはある。しかしながら、これら社会保障法以外の領域の多くでは、裁決を下すチェアマンは「当事者主義的な構造の中」に置かれており、「論点の形成に関して当事者やその代理人に頼ることができる」[119]。これに対し、「社会保障の審判所は伝統的に積極的に職権を行使するよう努めてきた」[120]。しかしながら、社会保障法領域の審判所が積極的職権行使を行うことは、チェアマン以外の「メンバーの助けなしでは一層困難になる恐れがある」[121][122]。つまり、いかに能力の高い法曹たるチェアマンであっても、要求される様々なタスクを1人でこなすことは困難であるという点で、審判所の人的構成に対する変更が、積極的職権行使の実施に対して事実上の強い影響を与える恐れがあったのである。

Ⅳ. 1998年法に関するまとめ——積極的職権行使の危機

(1) 1998年法を法案の段階で分析したセインズバリー（Roy Sainsbury）は、同法案によって利用者たる市民のために有利になる点は「ほとんど思い浮かば[123]

↘Journal of Social Security Law, p. 103.
118) 議事録によると、制定当初、審判所の新たな人数構成に関して、政府は、法曹資格のあるチェアマンが単独で審理をするのが全体の25％、2人での審理が50％、3人での審理が25％となると予想していた。H. L. Debates, vol. 598, 23 March 1999, col. 1274. これに対し、イギリスにおいて貧困に対する活動を行っている Child Poverty Action Group (CPAG) は、50％が単独での審理になり得るとの懸念を示していた。Social Security Committee, The Modernisation of Social Security Appeals, H. C. 581-i, Minutes of Evidence, p. 13.
119) N. Wikeley, *supra* note 107, p. 165.
120) *Ibid*.
121) *Ibid*.
122) 本文に掲げた諸点のほかにも、1998年法および1999年規則は、上訴をしようとする市民の権利を脅かされる恐れを生じる改正をしていた。ワイクリーは、審判所の構成のほかに、上訴への期間の制限と、誤った上訴を審判所が打ち切ること（striking out）の規定を非常に強く問題視していた。*Id*., pp. 155-185.
123) R. Sainsbury, *The Reform of Social Security Adjudication*, Ch. 22 in M. Harris and M. Partington (eds.), Administrative Justice in the 21st Century (1999), p. 462.

ず、同法案を拙速なものとして酷評し、法案の真の意図は「公共支出の抑制」にあるに過ぎない、と断じている[124]。この評価に象徴されるように、1998年法においては、本書の2つの分析軸、すなわち審判所の独立性、および積極的職権行使という両者に関して、政府の財政に関する考慮の影響が強く表れていた。

(2) まず独立性との関係では、1998年法は審判所のメンバーの任命に関して、独立性を向上させるような規定を設けると同時に、審判所行政に関する社会保障省の影響を強める、つまり独立性に対する脅威となる規定をも設置していた。後者の規定により、公正な裁決という観点からは悪影響の恐れがある、処理する事案の件数の向上といったマネジリアルな観点が審判所行政に影響を与えることになる[125]。このように1998年法は、独立性の観点からは両義的な性格を有していたのであるが、同法に対しては総じて、独立性を進展させたというよりは後退させたとの評価が強い。

(3) これとともに1998年法は、積極的職権行使を事実上困難とするような法改正（審判所の構成人数を原則3人ではなくしたこと）、さらに、上訴人が審判所の積極的職権行使による援助に頼ることを困難とする法改正（論点の取捨を審判所の裁量とする規定を置いたこと）を行った。もちろん、審判所が裁量によって積極的職権行使を実施することは依然として可能であった。しかしながら、①審判所の構成にかかる法改正で、積極的職権行使の実施が事実上困難になったことから、審判所が裁量によって積極的職権行使を実施するかということが強く疑問視されたこと、②実施が義務ではないことが法律によって明示されると、市民が、審判所が積極的職権行使を実施しなかったことを違法であると主張できる余地がなくなり、それが更なる上訴を求める際の理由に該当しなくなること、以上の2点から、市民の援助に資するような積極的職権行使は、存続の危機に瀕したと評価することが可能である。そして、これらの法改正の背後にも、政府の財政に関する考慮が存在していると考えられた。

---

124) *Ibid.*
125) N. Wikeley, *supra* note 77, p. 482.

第5章　独立性の進展と、積極的職権行使の危機

第6節　第5章の小括——代理人の研究、審判所に対する財政の影響

（1）公的扶助領域の実体法が、規則によって運用される部分と裁量の余地が大きい部分に分割され、後者は通常の審判所制度の対象から除外された。また、審判所の独立性を、さらに上昇させようとする一連の法改正がなされた（独立審判所サービス）。

（2）さらに、社会保障上訴審判所における代理人の存在の重要性が、ゲン報告書による実証的な研究によって明らかにされた。この重要性の根拠は、代理人の存在が上訴の認容率を30％から48％まで上昇させること、および上訴人たる市民が相手方たる行政に対して不利な立場に置かれているという感覚が解消され、公平な審理を受ける機会を得られたとの感覚が得られることである。同報告書では、同審判所において当事者援助的な積極的職権行使が定着し、いくらかの成果を挙げていることが認められたが、それによって代理人が不要になるレベルには至っていないことが示された。

（3）しかしながら本章で扱った時代において最も注目されるべきは、審判所を取り巻く状況の変化である。そして、これらの制度改革の背景には、審判所の運営にかかるコストを減らそうとする財政的な原因があった。

第1に、独立性との関連では、審判所行政に関する社会保障省の影響を強めるような制度設計がなされた。この規定により、公正な裁決という観点からは悪影響の恐れがある、処理する事案の件数の向上や審理の効率化といったマネジリアルな観点が、審判所に影響を与えることが強く懸念された。

第2に、積極的職権行使との関連で重要な改正は以下のとおりである。まず口頭審理が例外化され（1996年規則）、続いて審判所の構成人数がかつての3人から1人あるいは2人へと減らされた（1998年法）。このような制度改革は、審判所の利用者たる市民に多大な影響を与える可能性があった。上記のような制度改正の影響と併せ、1998年法が積極的職権行使を審判所の裁量の問題とする規定を設けたことによって、社会保障法領域の審判所において伝統的に行使されてきた積極的職権行使が危機に瀕した。このことも、市民が公正な上訴の審理を受ける上で重大な問題を生じる恐れをはらんでいた。

第6章　「司法」審判所と、積極的職権行使の法理の確立
　　　──レガット報告書以降（2001年〜現在）

第1節　レガット報告書とそれを取り巻く状況

Ⅰ．レガット報告書

　(1)　本節では、2000年代前半にイギリスの審判所領域一般に対する大改革が実施される様子を検討する。その前提として、イギリスにおけるどのような社会状況が審判所改革を導いたのか、つまり審判所制度改革の背景を概観しておく。この背景には、刑事司法および民事司法における改革があった。

　イギリスの刑事司法の領域においては、20世紀後半から一連の大規模な司法改革が実施された[1]。この一連の改革は、「犯罪摘発という社会全体の利益と市民の権利・自由との適正な健康の確保を意図して」[2]、1977年に「刑事手続に関する王立委員会（The Royal Commission on Criminal Procedure）」が設置されたことに端を発している。そして近年では、「刑事司法制度をより近代的、効率的かつ公正なものとするために」[3]、1999年12月に改革案の提言を求められた控訴院裁判官のオウルド卿（Sir Robin Auld）が、2001年10月に「イギリス刑事裁判所制度改革に関する報告書」を発表している[4]。

---

[1]　イギリスの刑事司法の改正に関しては、三井誠「イギリス刑事司法の改革（1）──1984年警察・刑事証拠法及び1985年犯罪訴追法を中心に──改正の概要─連載開始にあたって」ジュリスト937号（1989年）63頁、稲田隆司「イギリスの『1984年警察及び刑事証拠法』の改正『実務規範』（一）」熊本法学102号（2003年）237頁、板津正道「イギリスにおける刑事司法改革の動向──オウルド報告書とその反響」判例タイムズ1085号（2002年）21頁など。

[2]　三井・前掲註(1)64頁。

[3]　板津・前掲註(1)21頁。

[4]　オウルド報告書の提言は「現在の必要以上に複雑な起訴手続や上訴手続を簡明なも↗

第6章 「司法」審判所と、積極的職権行使の法理の確立

　ほぼ時を同じくして、民事司法の領域でも大規模な改革が実施された[5]。この民事司法改革も、1980年代の半ばから本格的展開をみせる[6]。そして1990年の法曹制度改革等を経て、1996年にウルフ卿（Lord Woolf）の主導によって発表された報告書[7]とそれに続く1999年司法へのアクセス法（Access to Justice Act 1999[8]）の制定まで、民事司法にかかる改革は「ほぼ間断なく続い」ていた[9]。

　(2)　上記のような民事・刑事における司法改革を受けて、政府の次なる関心は行政法領域、特に審判所の改革に向けられた[10]。1950年代におよそ30種類しか存在しなかった審判所は、2000年にはその種類を100近くまで増大させており、その上、それぞれの審判所は、利用される頻度や構成員の資格、審理において採られる手続に関する差異が非常に大きい。それにもかかわらず、審判所一般にかかる改革は、1957年にフランクス報告書が出されて以来、半世紀近くの間実施されていなかった。

　このような問題意識のもと、2000年5月18日、ロンドンで行われた審判所評議会の会議において、当時の大法官アーヴィン卿（Lord Irvine）は、審判所制

　　　のにすること、情報技術を各段階で積極的に活用するなどして事務処理上の無駄を極力省くこと」等を含んでいる（板津・前掲註(1)26頁）。
5)　民事司法改革に関しては、加藤新太郎・長谷部由起子・我妻学「〈鼎談〉イギリス民事司法改革の行方——ウルフ・レポートの動向を中心として」判例タイムズ49巻7号（1998年）4頁、我妻学「英国における1999年司法へのアクセス法（一）」東京都立大学法学会雑誌41巻1号（2000年）50頁、戒能通厚「司法改革と法専門職」比較法研究61号（1999年）107頁、長谷部由起子「イングランドの民事訴訟制度改革——ウルフ卿中間報告書のめざすもの」成蹊法学43号（1996年）69頁など。
6)　戒能・前掲註(5)108頁。
7)　Lord Justice Woolf, *Access to Justice: Interim Report* (Lord Chancellor's Department, 1995) and Lord Justice Woolf, *Access to Justice: Final Report* (Lord Chancellor's Department, 1996). 同報告書もまた、訴訟費用や訴訟にかかる時間の遅延等、財政やコストの面に関して特に強い関心を有している。田島裕「司法へのアクセス——ウルフ・レポートが日本法に示唆するもの」判例タイムズ1182号（2005年）110頁。
8)　なお、同法自体は「民事および刑事司法制度全体」にかかるものである。我妻・前掲註(5)50頁。
9)　戒能・前掲註(5)108頁。
10)　以下、(2)の記述はLord Chancellor's Department, Press Notice 158/00, 18 May 2000 (http://www.tribunals-review.org.uk/pn18-05-00.htm)（2014年10月31日閲覧）、およびMichael Adler, *Tribunal Reform: Proportionate Dispute Resolution and the Pursuit of Administrative Justice* (2006), 69 MODERN LAW REVIEW, p.960による。

度の改革のために、審判所に関する広範な調査を実施することを発表した。この調査を実施する委員会の議長には、控訴院の元判事であるアンドリュー・レガット卿（Sir Andrew Leggatt）が任命された（以下、レガット卿によって率いられた委員会をレガット委員会と言う）。

レガット委員会は、審判所制度一般について様々な証拠を集めて検討を重ね、2001年3月、審判所制度改革にかかる報告書『利用者のための審判所——1つのシステム、1つのサービス（Tribunals for Users: One System, One Service）[11]』を公表した（以下、レガット報告書と言う）。このレガット報告書を受けて、のちに政府が2004年に白書を公表し[12]、この内容が2007年審判所・裁判所・執行法に規定された。2007年法は、その後に定められた多数の規則などと相まって、第1章で述べたような現在の審判所制度を形成している。本節で検討するのは、このうちのレガット報告書である。

（3）レガット報告書の要点は、大きく分けると2点であった[13]。第1が、単一の審判所機構（Tribunal Service）を作ることであり、第2が、審判所を市民にとって利用しやすくし、代理人を付けずに市民が自分自身で上訴を行うことを容易にすることである。そしてこの双方が、本書の設定している審判所の「独立性」と、審理における「積極的職権行使」という両分析軸に深く関わっている。

第1の、単一の審判所機構を作ることの最大の眼目は、審判所の独立性を強化することである。同報告書は、当時イギリス国内に70種類以上の審判所が濫立しており、それらは利用者たる市民のためにというよりは、むしろ行政側の必要と便宜を目的としているという状況を問題視した[14]。その上で、審判所の、行政省庁からの独立性を完全なものにするために、単一の審判所制度の構築を目指したのである[15]。つまり、審判所のチェアマンや構成員の任命はもとより、

---

11) Sir Andrew Leggatt, *Tribunals for Users: One System, One Service* (2001).
12) White Paper *Changing Public Services: Complaints, Redress and Tribunals*, Cm. 6243 (2003).
13) Michael Adler, *Who is afraid of Sir Andrew Leggatt?* (2002), 9 JOURNAL OF SOCIAL SECURITY LAW, p. 182.
14) Michael Adler, *Waiting in the Wings: The Leggatt Report, the White Paper and the Reform of Tribunals* (2006), 13 JOURNAL OF SOCIAL SECURITY LAW, p. 76.
15) 独立性という考え方そのもの、および行政への言及からも分かるように、同報告書は基本的に行政対個人（citizen-state）の紛争を扱う審判所の改革を念頭に置いていた。

第 6 章 「司法」審判所と、積極的職権行使の法理の確立

その補助をする職員の提供、仕事を行うための事務所の提供、審判所に関わるすべての人々への報酬の支払い等の、審判所に関わる一切の権限を、（審判所が扱う紛争の元となる）第一次的決定を行う行政省庁から完全に取り去ってしまい、それらの権限を審判所サービス（Tribunal Service）という、どの行政省庁からも独立した単一の機構に委ねることで、審判所の独立性をいわば司法裁判所と近い水準にまで引き上げることが目標とされた。

（4）それでは、まずレガット報告書は2000年以前の社会保障法領域の審判所制度の独立性をどのように評価したかにつき、順次検討する。

まず、上訴サービスに対する評価は次のようなものである[16]。審判所のメンバーと、メンバーではない職員（administrative staff）のつながりは密接で、本来であれば審判所の審理に関わるメンバーが行うべき内容の決定（上訴の延期、あるいは上訴打切りの決定まで）を、メンバーではない事務職員が行うことが許されている（第 5 章第 5 節Ⅰ参照）。この点に関しては、審判所のメンバーの中にも、上訴事案の結果に対して直接に利害関係を有する省庁が、審判所制度に必要な資金を拠出しているのは不適切ではないか、との意見を述べる者があった。

次に、同報告書は、社会保障・児童手当コミッショナー（以下、単にコミッショナーと言う）に対しては、次のような評価を下した[17]。コミッショナーに関する管理監督は、大法官府の執行機関（executive agency）である裁判所サービス（Court Service）によって行われるため、報酬面でも、審理の補助のために提供される職員の面でも、社会保障省への依存はなく、独立性が肯定される（ただし、裁判所サービスと上訴サービスとの連携が欠如していることは深刻な問題であるとされた）。しかし、コミッショナー段階における審理の一方当事者となる社会保障大臣が、コミッショナーの審理手続に影響を与える法や規則の制定の権限を有しているという点で、独立性に関する重要な問題点がある。

以上のように、上訴サービスもコミッショナーも、程度の差こそあれ、行政からの十分な独立を獲得するには至っていないとの評価を受けている。このような評価に基づき、同報告書は、社会保障法領域の審判所制度を、単一の審判

---

16) 以下、A. Leggatt, *supra* note 11, pp. 134-135.
17) 以下、*Id.*, pp. 184-185.

所制度の例外とはしなかった。しかし、これに対しては、後述のように年金社会保障省は強い反発を示す。

（5）レガット報告書の要点の第2、つまり審判所を市民にとって利用しやすくし、代理人を付けずに自分自身で上訴を行うことを容易にするということは、「利用者のための審判所（"Tribunals for Users"）」という同報告書のタイトルや、同報告書の掲げる「非形式性、単純性、効率性、そして比例性（proportionality）」というスローガンによく表れている。このようなレガット報告書の方針は、審判所が上訴を行う市民を援助するようなアプローチをとることを推奨するとともに、代理人の利用を消極的に評価することになる。そしてこの問題は、本書の積極的職権行使の分析軸と強く関わることが明らかであろう。[18)][19)]

---

18) なお、本書において使用する「積極的職権行使」という語は、イギリスの学説・裁判例等に言う「inquisitorial」の語と対応している。しかしながら、レガット報告書においては、以下のように、審判所の性質を「inquisitorial」と描写することを否定するという、従来の学説や裁判例と対立するかのような議論がなされている。すなわち、コモン・ローの法体系では、裁判所は「当事者対抗的（adversarial）」な性質によっており、法曹も一般市民もそれに慣れている、これに対し審判所で採られているアプローチは「inquisitorial」なのであるから、当事者主義的なアプローチは問題にはならないと言われることがある。確かに、例えばオーストラリアの審判所制度のように、審判所の審理がinquisitorial に行われることはあり得る、「しかしこの国において我々が調査したどのような審判所も、inquisitorial であるとは描写されえない」（以上、同報告書85頁）。しかし、ここでレガット報告書が「審判所の inquisitorial な性格」を否定したのは、報告書自身が「inquisitorial」を「裁判官、あるいは裁決を行う者が、手続を完全に掌握し、当事者の参加を統治する（同報告書85頁）」ようなスタイルであると狭く定義したことに起因している。つまり、「審判所は inquisitorial である」とする多くの裁判例や学説とレガット報告書の対立は、単に用語法の差異によるものに過ぎない。事実、報告書が言う「援助的アプローチ」の内容は、従来の判例・学説が言う「inquisitorial」の内容と一致しており、報告書はそのようなアプローチの存在を肯定している。また、すぐ後に述べるとおり、社会保障・児童手当コミッショナーに関する調査の部分では、同報告書自身が従来の裁判例・学説と同じ意味で「inquisitorial」の語を用いており、報告書の内部においても、幾分混乱が生じている（「The Commissioners are also able to be more inquisitorial in cases where the parties are not represented, which was described as being fairer to the parties」。ここではレガット報告書自身がinquisitorialと言う用語を用いている。Id., p. 186.）。

19) さらにウェイド卿（Sir William Wade）らも、レガット報告書が審判所の inquisitorial な性質を否定した部分の叙述を引用しつつ、社会保障法領域の審判所の審理が「inquisitorial」であるか否かに対して、懐疑的な姿勢を示している（WILLIAM WADE↗

第6章 「司法」審判所と、積極的職権行使の法理の確立

まず、社会保障法領域に限らない、審判所制度一般における援助的アプローチ（enabling approach）に関して、同報告書は以下のような見解を述べている。

審理の対象が市民対行政の紛争である場合には、審判所は多かれ少なかれ、代理人を付けていない上訴人を補助するような方法を発達させてきた[20]。審判所のチェアマンは、当事者間の公平を維持するために、裁判所においては許されない程度の手続への介入をすることが適切と考えるかもしれない[21]。審判所は、当事者によって不十分に、あるいは全く主張されていないが、結論に影響を与えるかもしれない法的・事実的論点について注意を払う必要がある[22]。このように、「審判所のアプローチが援助的なものであるべきだということを、我々は確信している[23]」。

つまり、審判所は一般的に、当事者間の公平の維持のため、当事者を援助するようなアプローチによって審理を行うべきである、ということである。

(6) 次に、社会保障法領域における審判所制度に関しては、どのような議論が展開されたかを確認する必要がある。

まず、第一審の上訴サービスに関しては、法律扶助がごく例外的な状況でしか適用されないため、代理人なしで審理に臨むには社会保障法が複雑すぎると述べる見解があった他方で、法曹の代理人が付くことで手続の形式化と複雑化が進むことへの懸念を示す者もいた、との調査結果が示された[24]。

次いで、二審にあたるコミッショナーの審理は、形式的な（formal：つまり司法裁判所に近い）手続きであり、両当事者には代理人が付く場合がある[25]。そし

↘AND CHRISTOPHER FORSYTH, ADMINISTRATIVE LAW (10th ed., 2009) pp. 783-784.）。しかしながら彼らも、裁判所における本人訴訟の場合、裁判官が本人を援助することがあり、それと対応する限りにおいて、審判所の上訴人に代理人が付いていない場合に、審判所が上訴人の主張を援助することを否定しない。そして、モンガン事件（Mongan v Department of Social Development [2005] NICA 16）を引用しつつ、この場合に審判所がより積極的に職権を行使する必要があることを認める。さらに、2007年法によって審判所が当事者主義的構造から一層離れていくであろうと指摘している。Ibid.

20) A. Leggatt, *supra* note 11, p. 85.
21) *Ibid.*
22) *Id.,* p. 86.
23) *Id.,* p. 85.
24) *Id.,* p. 134.
25) *Id.,* p. 184.

て、コミッショナーは当事者に代理人がついていない事案では、一層、積極的に職権を行使することが可能であり、それは当事者にとって一層公平である、と表現される。[26] 社会保障に関する法令は高度に複雑で、しかもコミッショナーは法的論点に関わる部分のみを審理することから、多くの調査対象者らが、コミッショナー段階においては法律扶助が必要であると主張した。[27]

　このように、社会保障法領域の審判所において法律扶助を要求する声は強かった。しかしながら同報告書は、法律扶助を社会保障法領域の審判所制度に拡張することには反対の姿勢を示した。[28] その理由は、自らの主張を認めさせるために何を提示すべきかを利用者に理解しやすいように説明し、代理人の付いていない利用者を審判所が手助けするのを容易にするような方途こそが求められるべきで、法律扶助は、特別のニーズがある利用者や、特別に複雑な事案に限定されるべきであるためである。[29]

　(7)　以上のように、レガット報告書は、社会保障法領域を含め、審判所においては例外的な場合にしか法律扶助の活用は許されるべきではないと考え、併せて審判所はそもそも代理人の利用を不要とするような援助的アプローチを採るべきであると主張した。

　ここで注目に値するのは、①法律の複雑性や給付を受けようとする市民の特性といった、社会保障法領域の特殊性に着目した議論がなされなかったこと（審判所制度全体に一般的に該当するという前提で議論を展開した）、②それまで一般的には積極的職権行使（inquisitorial approach）と呼ばれていたものを敢えて援

---

26)　*Id.*, p. 186.
27)　*Id.*, p. 184.
28)　*Ibid.* 同報告書は、社会保障法領域以外の審判所においても、法律扶助の利用に反対する。なお同報告書は、上訴サービスについて検討した部分では法律扶助に対する調査対象者の意見を掲げたのみで、同報告書自身の意見を表明していない。しかし、同報告書がコミッショナーに関して検討した部分の議論は、上訴サービスに対しても妥当するような記述になっている（審判所制度における一般論を述べた上で、その議論は「上訴を扱う審判所（the appellate tribunals：前の1文で単に the tribunal とされているものとの対比で、コミッショナーを指す—引用註）との関係においても正しいアプローチである」と述べているため、むしろ上訴サービスに関する見解が基礎にあると考えられる。*Ibid.*)。
29)　*Ibid.*

助的アプローチ（"enabling approach"）と表現したことに象徴されるように、同報告書では、審判所が当事者主義から離れた審理方式を行う際には、その目的は当事者の援助であるべきことが示唆されていたことである。

（8）ここまで検討してきたレガット報告書の要点は、次のようにまとめられる。第1に、審判所サービスという機関を作り、その傘下に（社会保障法領域に限らない）すべての審判所を収めることで、審判所の行政省庁との関係を完全に断ち切り、審判所の独立性を最大限に高めるべきであるということである。そして第2に、審判所は当事者に対して援助的なアプローチを採るべきであり、そのようなアプローチによって当事者は自ら上訴を追行できるようになるため、ごく例外的な場合を除いては法律扶助の利用は許されるべきではないということである。この第2の点からは、援助的・積極的職権行使の活用によって法律扶助にかかる国家財政を節約しようとの、いわばマネジリアルな側面を看取することができよう。

さらに、これらのいずれもが、社会保障法領域の審判所のみならず、審判所制度全体について議論されていたことにも注意しなければならない。

II．レガット報告書への反応

（1）上記のようなレガット報告書に対して、利害関係を有すると考えられる各種団体から、それほど大きな反応があったわけではない[30]。また、基本的にはレガット報告書の各種の提案に対して肯定的な意見が多かった。ただし、①ほぼすべての審判所を傘下に収める単一の審判所サービスの設立、②審判所制度を原則的に法律扶助の対象から外すこと、という2点に関しては、利害関係を有する団体が反対の姿勢を表明した。以下、それらを順次検討する。

（2）まず上記①に関して、当初は多くの行政省庁が単一の審判所機構の創設に関して反対していた。その後、多くの省庁が大法官府の説得に応じた後も、社会保障領域の労働年金省だけが最後まで抵抗を続けた[31]。反対に際して労働年金省の念頭にあったのは、すでに上訴サービスの創設（第5章第4節参照）によって、社会保障法領域の審判所の機能のうち司法的機能は、同省からかなり

---

30) M. Adler, *supra* note 13, p. 180.
31) *Id.*, p. 181.

の程度の独立性を獲得している（その点において、レガット報告書の独立性達成の意図はすでに達成されている）ので、新たに大法官府に単一の審判所機構を作ってその傘下に上訴サービスを納めても特に実益がない、という理由であろうとされている[32]。この上訴サービスに対して同省が多大な投資を行っていた事を考えると、このような反応を同省が示したのは当然と言えよう[33]。上訴サービスは、構成員や規模等において最大の審判所であったため[34]、レガット報告書の提唱する単一の審判所機構創出のためには、同省を説き伏せ、単一の審判所機構に上訴サービスを加えることは重要な作業であった。

　しかしながら、労働年金省の主張はそれほど説得力あるものではない。確かに、上訴サービスの司法部分は、同省から一定の独立性を達成している。ただし、その独立は完全なものではないし、審判所の補助的・行政的業務（administration）に関わる部分（上訴サービス・エージェンシー）は依然として同省に依存している。さらに、同省は上訴サービスの下にある審判所の構造に関して、責任を有している[35]。このことは、政治的・政策的な問題が審判所の体制に持ち込まれる危険を意味する。審判所の問題を検討する際に、「同省は正義と公正のみに関心を持つわけではない[36]」。前章第4節において論じた、財政問題への関心から生じたと解される法令改正を想起すれば明らかなように、審判所の構造の問題を決する権限が行政省庁に帰属することの危険性は、決して理論上のものではなく、経験的なものである。そこにおいては、同省が、財政上の観点から審判所の3人構成の原則を例外化すると同時に、長年続いた非法律家メンバーを廃止に追いやったのであった[37]。

　このように、社会保障法領域の審判所である上訴サービスのみを単一の審判

---

32) Id., pp. 193-194. 事実、ハリス判事（Judge Harris）は、「上訴サービス（中略―引用註）は、少なくとも萌芽的な形においては、アンドリュー（レガット―引用註）卿が達成したいようなサービスをすでに提供している」と述べている。Ibid. なお、同論考は、労働年金省の公式の見解が明確には記録されていないため、様々な証拠から同省の見解の内容を推測するという方法を採っている。Id., p. 181.

33) Id., p. 194.

34) Ibid.

35) Ibid.

36) Ibid.

37) Id., pp. 194-196.

所サービスの対象から除外するべきであるという雇用年金省の主張は、それほど説得力あるものではなかった。そして、次節で述べる白書は、レガット報告書をほぼ踏襲した形で新たな審判所制度を作る姿勢を明らかにする。

(3) 次に上記②の、審判所を原則的に法律扶助の対象外とすることについては、多くの利害関係団体が反対の姿勢を表明した（ただし、レガット報告書がこの②の前提として主張した、審判所の援助的審理の実施に関しては、これらの利害関係団体も大いに評価し、賛成している）。

まず、審判所評議会は、上訴人自身が代理人を付けたくないという場合にそれを許す必要はあるが、どれほど利用者にやさしい審判所を設けようとも、あらゆる事案において上訴人自身が代理人なしで上訴を追行するという同報告書の目的は達成できるとは思われない、とする[38]。また、CPAGは、同報告書は上訴人自身による審理の追行の容易さを誇張していると批判する[39]。

さらにコミッショナーらは、レガット報告書が審判所一般の問題として代理人を不要とする議論を行い、社会保障法領域の特殊性を意識していないことに対して批判を加える。いわく、社会保障法領域では、「大臣が適切な主張を行い、経験豊富な審判所が援助的・積極的職権行使のアプローチを採ったとしても、（法律に関する―引用註）素人である市民は不利な立場に置かれうる」[40]。このような議論は1960年代から継続している伝統的議論である[41]。

さらにこれらの利害関係団体は、代理人が果たす役割として、利用者たる市民のための視点だけではなく、審判所自身にとっての利点、あるいは広く国家財政に対する利点を主張する。例えば、LAG（Legal Action Group）は、経験豊富な代理人（法曹に限らない）の利用によって、上訴にかかる主張が適切に準備され、関連する情報が手に入るなど、代理人の存在は審判所にとっても助けになるという[42]。審判所評議会も、代理人を効果的に利用することによって、審判所が上訴人に対して長時間にわたる質問を行うことが避けられ、審理の時間が短縮されることによって、上訴1件当たりにかかるコストが削減されうるとし

---

38) *Id.*, p. 191.
39) *Ibid.*
40) *Ibid.*
41) Harry Street, Justice in the Welfare State (1968), pp. 29-30.
42) M. Adler, *supra* note 13, p. 192.

ている。[43]

　(4)　ここでは、利害関係団体や研究者[44]、審判所実務の当事者等、様々な立場にある者が一様に、審判所を利用者たる市民にとって使いやすいようにすること、そのために審判所が当事者に対して援助的な審理を実施することに対しては賛成しつつも、それによって（法曹）代理人の必要性がなくなるとは考えていなかった、ということが重要である。同報告書においては2つの目標、すなわち「効率性 effectiveness」や「比例性（proportionality）」のような国家財政にかかる問題と、「利用しやすさ」という市民のための視点が同時に追求されているが、この両者は本質的にはアンビバレントである可能性を、同報告書を評価した利害関係団体や研究者は感じ取っていたと言えよう。言い換えると、審判所の援助的アプローチは利用者たる市民の視点を有するものである一方、法律扶助を原則として利用できなくすることは国家財政への配慮でしかないにもかかわらず、前者によって後者の問題を覆い隠し、両者を「利用者たる市民の視点」で統一的に説明しようとしたことの欺瞞性が露見したとも言える。

　(5)　これまで検討してきたように、レガット報告書の提案に対する反論は、①ほぼすべての審判所を傘下に収める単一の審判所サービスの設立、②審判所制度を原則的に法律扶助の対象から外すこと、の2点に対するものに集約された。このうち、①に関しては、労働年金省のみが強硬に反対していたが、先に述べたようにそれへの再反論はさほど困難ではなく、同省への説得も不可能ではないと考えられた。問題は②であり、この点に関しては審判所制度の内部とその外部（すなわち市民擁護の立場にあるもの）とを問わず、各種の利害関係団体や研究者から強く批判されていた。しかし、法律扶助を原則禁止とすることの本質は国家財政への考慮であったのであり、前章で検討した法改正にも表れているような財政コストの削減への強い意向を考慮する限り、政府が各種利害関係団体からのレガット報告書への批判を受け入れるとは考え難かった。

---

43) *Ibid.*
44) アドラーは、「ほとんどの事案において上訴人が自身の事案を追行することができるようにしたいという（レガット報告書の―引用註）欲求は、単なる希望的観測であり、それ自体、方針の決定のためには不十分な根拠である」と述べる。M. Adler, *supra* note 13, p. 185.

事実、政府は2004年に、法改正の実施に向けた白書を公表するが、その内容は大方の予想を裏切らないものであった（しかし、財政への関心という点においては予想を超えていた）。この白書について次節で検討する。

第2節　白　　書

(1) 2003年3月、大法官が、政府がレガット報告書による提案の大部分を受け入れたこと、および白書の発行を準備していることを発表した。そして2004年7月に白書が公表された。しかしながらこの白書は、レガット報告書が検討した審判所制度に関して応答を行ったというよりはむしろ、広く行政対市民の紛争解決の仕組み全般に対して提案を行った点で、驚きを与えるものであった。白書は、このような行政対市民の紛争解決にかかる手続全般（審判所をはじめ、仲裁（arbitration）、和解（conciliation）、調停（mediation）、交渉（negotiation）、オンブズマン（ombudsmen））を「行政的正義（Administrative Justice）」の名のもとに総合的に検討しており、そこでは審判所は、それら多数の手段の中の1選択肢に過ぎないという位置づけしか与えられなかった。

さらに白書は、「比例的紛争解決（Proportionate Dispute Resolution）」という概念に沿って紛争の解決が図られなければならない、と主張する。この概念の指す内容は、そもそも第1に市民と行政の間の法的紛争を減らすことを目指し、残念ながら法的紛争が生じてしまった場合には、可能な限り素早く、かつ費用対効果を高めて、状況に合った（tailored）紛争の解決策を提供することである。この比例的紛争解決という概念のもとでは、紛争の解決は必ずしも審判所によって解決されるべきとは考えられておらず、むしろ紛争が審判所にまで到達してしまうことは望ましくないことと考えられている。これは、白書自身が「我々の目標は、より質の高い第一次的決定と、革新的な比例的紛争解決によって、審判所における審理の必要性を減少させることである」と述べている

---

45) Department of Constitutional Affairs (2004), *Transforming Public Services: Complaints, Redress and Tribunals* (Cm. 6243).
46) *Id.*, para. [2.2].
47) 同旨、M. Adler, *supra* note 14, p. 79.
48) Department of Constitutional Affairs, *supra* note 45, para. [10.11].

ことから明らかであろう。[49]

　(2) このように、白書が紛争解決にかかるコスト減という問題を意識していることは明白であった。そして、前節で述べたような、各種利害関係団体からのレガット報告書への反対の議論、すなわち審判所における法律扶助の利用の可否という点に関しては、予想されたとおりレガット報告書の立場を維持した。いわく、白書の意図は、上訴の準備段階において審判所の行う助言の質を高め、また、審判所のメンバーに一層の訓練によってより高い能力を備えさせることにより、代理人を必要としないような仕組みをつくることにある。[50] 白書の議論は、結局、社会保障法領域の特殊性という問題には触れずじまいであった。

　(3) 上記のように、白書が提唱した行政的正義・比例的紛争解決という概念は、結局のところ財政的な観点と強く結び付いており、それは民事司法のような他の領域における司法改革と軌を一にするものであった。[51] 白書の内容は、政治過程における紆余曲折を経つつも、2007年の立法に結実する。この結果、第1章で述べたように、社会保障法領域のみならず、あらゆる市民対行政の権利救済を扱う、単一かつ2段階の審判所制度が確立される（同制度に関しては、第1章第1節で述べたとおりである）。

　以上、前節および本節で検討したように、レガット報告書や白書においては審判所制度と同制度の運用コスト（財政）の問題が強く関連付けられていた。このような財政面への考慮は、前章第3節および同第4節において検討した1990年代後半の法改正から継続して存在していたものであったが、レガット報告書や白書は、財政削減という問題を単にそれ自体として提案していない、という点において新しさを備えていた。すなわち、(1990年代後半においては、財政支出を増大させるものとして「忌むべき」存在であった) 審判所の積極的職権行使を、むしろ積極的に活用することで、市民にとっての権利救済の「利用しやす

---

49) ただし、コストの点からすれば、白書の推進する調停やオンブズマンのような紛争解決策は、審判所よりも費用対効果が悪い（M. Adler, *supra* note 14, p. 82.）とされる。

50) Department of Constitutional Affairs, *supra* note 45, para. [10.14].

51) Michael Adler, *From Tribunal Reform to the Reform of Administrative Justice*, in Robin Creyke (ed.), Tribunals in the Common Law World (2008), p. 159. 民事司法における比例性の観点につき、Woolf, *supra* note 7.

第6章 「司法」審判所と、積極的職権行使の法理の確立

図14　2011年以降の権利救済制度
（あらゆる市民対行政の争いを扱う）
＊司法審査は別枠

出典：筆者作成

さ」を向上させつつ、財政削減のための「効率性」や「比例性」を同時に達成しようとする、とする戦略を採ったのである。

そしてこの時期に、貴族院が初めて審判所の積極的職権行使に関する判示を行った。

第3節　カー事件

2004年に、カー事件貴族院判決[52]が出された。この判決は、当時の貴族院（House of Lords）が初めて、審判所における積極的職権行使に言及した点で重要な判例である[53]。

ただし、当該事案自体は、市民と行政（社会発達省）のどちらが、社会保障給付（葬儀給付）に必要な情報を提供（調査）すべきかという問題に関するもの

---

52) Kerr v department for social development [2004] UKHL 23; [2004] 1 W. L. R. 1372.
53) 本事案が争われたのは北アイルランドにおいてであり、当地は本書で言うイギリス（イングランドおよびウェールズ）には含まれない（北アイルランドは、イングランドおよびウェールズとは独立した審判所制度および裁判所制度を有している）が、貴族院は、イングランドおよびウェールズ、北アイルランド等を通じて1つしか存在しない、共通・単一の機構である。
54) Social Security Contributions and Benefits (Northern Ireland) Act 1992, s. 134 (1) (a).

であり、審判所の審理態様（積極的職権行使）は論点となっていない。それにもかかわらず、当該判決は、ハブル事件（第3章）に言及しつつ、社会保障給付に関する権利救済を含む一連のプロセスは、伝統的に「当事者主義的というよりむしろ積極的に職権を行使するものである」と論じている。

この積極的職権行使への言及部分は、結論との関係で重要性を有するわけではない（傍論に止まる）が、そうではあっても、貴族院の判決が当該問題に言及したことは一定の重みを持つように思われる。このことは、貴族院は通常、社会保障法領域の微妙な問題に関して深く立ち入ることに消極的であるという事実を考えると、なおさらである。

つまり、カー事件判決によって、審判所における積極的職権行使が貴族院においても一応確認されたと言えよう。しかしながら、個別の法律上の条文と積極的職権行使の関係は未だ明らかにはなっていなかった。この条文とは、前章第5節において検討した規定、すなわち審判所による積極的職権行使の実施に裁量を与えた1998年社会保障法12条8項(a)である。

そして、次節で述べるとおり、この規定に関する裁判所の解釈は、本書で言うイギリスの外、すなわち北アイルランドの裁判所において示された。

第4節　モンガン事件・北アイルランド控訴院判決[56]

この判決は、北アイルランド控訴院によるものであり、本書の言うイギリスにおける裁判所の判決ではない。しかしながら、北アイルランドとイングランドおよびウェールズは、社会保障に関する法令を含む多くの点において、強い共通性を有している。そして、ここで問題となる、審判所による積極的職権行使に裁量を与える規定もまた、後述のとおり、両者において共通している。

両者における高度の類似性、そして互いに対する礼譲（comity）の伝統から、北アイルランドの裁判例における法解釈が、イングランドおよびウェールズにおける法解釈にも影響を与えることは少なくない。

---

55) N. J. WIKELEY *et al.*, THE LAW OF SOCIAL SECURITY, p. 206 (5th ed., 2005).
56) [2005] NICA 16.

第6章 「司法」審判所と、積極的職権行使の法理の確立

I. 事　案

(1) 本件の事案は以下のようなものであった。1999年7月28日、モンガン氏（Anne Mongan）は関節炎と呼吸困難を伴うぜんそく、および歩行困難に苦しんでおり、時折意識がもうろうとするので外出時には付添いが必要であるとして、障害生活給付（Disability Living Allowance; DLA）の給付を社会保障庁（Social Security Agency）に申請した[57]。この給付申請に対して拒否の決定がされたため、モンガン氏は同庁への再審査（review）請求を経て、上訴審判所に上訴をした。

モンガン氏の申請した障害生活給付は、①ケア部分（care component）と②移動部分（mobility component）からなる無拠出制[58]の給付[59]で、①、②の両方の給付を求めることも、どちらか一方を求めることもできた[60]。

それぞれの受給要件を簡潔に言えば、①ケア部分の要件は、精神または肉体の深刻な障害により他の人による介助を必要とすること[61]、②移動部分の要件は、肉体的障害によって全くあるいはほとんど歩けないことである[62]。

給付額に関しては、①が3段階（高額・中額・低額）[63]、②が2段階（高額・低額）[64]に分けられていた[65][66]。モンガン氏の上訴は、このうち②移動給付の高額の給付にかかるものであった。

(2) 上訴審判所は、2000年9月20日、大略以下のように述べて、モンガン氏の上訴を棄却した。確かにモンガン氏はぜんそくに苦しんではいるが、一定の距離を歩行することができる。医学上の証拠からも、歩行を困難とするような障害の存在は認められない。また、移動給付の低額の給付に関しては、モンガン氏は何らの請求もしていない。

---

57) Social Security Contributions and Benefits (Northern Ireland) Act 1992, s. 71.
58) Social Security Contributions and Benefits (Northern Ireland) Act 1992, s. 71 (1).
59) Social Security Contributions and Benefits (Northern Ireland) Act 1992, s. 63 (d).
60) Social Security Contributions and Benefits (Northern Ireland) Act 1992, s. 71 (2).
61) Social Security Contributions and Benefits (Northern Ireland) Act 1992, s. 72 (1) (a)–(c).
62) Social Security Contributions and Benefits (Northern Ireland) Act 1992, s. 73 (1)–(3).
63) Social Security Contributions and Benefits (Northern Ireland) Act 1992, s. 72 (3).
64) Social Security Contributions and Benefits (Northern Ireland) Act 1992, s. 72 (4) (a)–(c).
65) Social Security Contributions and Benefits (Northern Ireland) Act 1992, s. 73 (10).
66) Social Security Contributions and Benefits (Northern Ireland) Act 1992, s. 73 (11) (a), (b).

モンガン氏は、当該問題に関して社会保障コミッショナーに対して上訴を行い、次のように主張した。すなわち、上訴審判所の判断に従えば、低額の移動給付を申請していたならば受給が認められたことが明らかである、自身が低額の移動給付への申請をしていないとは認めないが、もししていなかったとしても、上訴審判所はその給付の可否を判断すべきであった。

しかし、コミッショナーも以下のように述べて、モンガン氏の上訴を棄却した。低額の移動給付への申請は上訴審判所に対してなされていない。高額の移動給付と低額のそれとは重なる部分がないのだから、前者への申請がされたからといって、自動的に後者についても審査をすべきことにはならない。さらに、当事者によって明確に提起されていない問題に関して、審判所が扱うような実務は一般には確立していない[67]。

これに対して、モンガン氏は北アイルランド控訴院に上訴を行った。

(3) 本件で争われているのは、当事者が主張していない問題に関して、上訴審判所が審理を行い、判断を下す義務があるかという点である。これは、上訴審判所が積極的職権行使を行う義務があるかという問題に言い換えてもよい。ここで問題となるのは、1998年社会保障（北アイルランド）命令（Social Security (Northern Ireland) Order 1998）13条8項a号である。当該規定は、イングランドおよびウェールズの1998年社会保障法の12条8項(a)と内容面では完全に同一の規定である（「本条（article）のもとでの上訴を判断するにあたり、上訴審判所は、上訴によって提起されていない問題を検討する必要がない」）。

同規定の文理解釈によれば、上訴によって提起されていない問題を検討するか否かに関しては審判所に裁量が与えられており、モンガン氏の主張するような職権行使の義務を審判所が負うことはない。しかしながら、北アイルランド控訴院は、このような解釈を否定した。

---

67) しかしながらコミッショナーは、当事者が明確に言及していなくとも、問題が証拠から明らかな場合には、審判所は当該問題に関して判断を行うべきである、とも述べている（本件の証拠からは、モンガン氏が低額の移動給付の受給資格を得る可能性は示されていなかったと判断した）。

第6章 「司法」審判所と、積極的職権行使の法理の確立

II. 判　　旨

　北アイルランド控訴院は以下のように述べ、モンガン氏の上訴を認容してコミッショナーの決定を破棄し、事件を上訴審判所に差し戻した。

　(1) 1998年社会保障（北アイルランド）命令13条8項a号の「『上訴によって提起された』という言葉遣いは注目されるべきである。このような言葉の使用は、重要な問題が単に上訴人やその代理人によって看過されたという理由で審判所がそのような問題を検討する義務から解放されることはないということ、また、たとえ上訴人によって明確にはっきりと表明されていない場合でも、どのような問題が論点となっているかを見極める役割を審判所が負っていることを、示していると言える。このようなアプローチは、審判所における積極的職権行使とうまく調和すると言えよう[68]」。

　「もし、提出された証拠によって、上訴人が請求した給付よりも低いレベルの給付を受ける権利があるかもしれないと審判所が感じた場合、審判所は、その職権的な役割から、その可能性のある受給資格に関して適切な調査を行う必要があろう[69]」。

　「『証拠に照らして疑いなく明白である（clearly apparent from the evidence）』問題は、検討されなければならないのである[70]」。

　(2)「積極的職権行使が実施される場合、審判所は当事者が法曹による代理の利益を得ているかどうかに関して配慮をすべきである」。「しかし、（当事者に法曹の代理人が付いている場合でも―引用註）このことが審判所を、潜在的に関連のある問題を調査する義務から解放することはない。質の悪い代理人の付いた当事者が、代理人を付けていない当事者よりも一層不利な立場に立つことはあってはならない[71]」。

　(3)「もし、審判所に対して提示された証拠や議論が、（モンガン氏が本件移動給付の―引用註）低額給付の受給資格を有する可能性を示すに十分であったなら、これまで挙げた理由によって、その問題が上訴人によって提起されている

---

68) [2005] NICA 16 at [14].
69) [2005] NICA 16 at [15].
70) [2005] NICA 16 at [16].
71) 以上、[2005] NICA 16 at [18].

か否かにかかわらず、審判所はその問題を検討する必要があったと我々は考える。我々は、審判所の前には（審判所が上訴人によって主張されていない問題を調査する義務を生じるだけの―引用註）十分な資料があったと結論付ける」。

「もちろん、適切な調査を行えば、（モンガン氏の提出した証拠等における―引用註）これらの陳述は、移動給付の低額給付の請求について有益ではないことが分かるかもしれない。しかし、当審における問題は、低額給付の請求を基礎づけるのに十分な証拠があるか否かではなく、単に、低額給付が論点となるに十分な証拠があるか否かである」[72]。

Ⅲ．検　討

（1）本判決が、審判所の積極的職権行使に関して提示した論点は多岐にわたっており、しかも多大な重要性を有している。これらの論点は、大きく3つに分けられよう。

第1に、積極的な職権の行使を単に審判所の裁量の問題としたかのような条文に対して、積極的職権行使を実施しないことが審判所の義務違反となる場面があるという解釈を施した点である（上記Ⅱ(1)）。つまり、上訴人が主張していないような論点であっても、上訴によって争われている論点に関するものであれば、審判所はそれを職権によって審理する義務があることが示された。このような積極的職権行使の義務が生ずるのは、ある論点の存在が「証拠に照らして疑いなく明白である」である場合である。

第2に、この積極的職権行使が上訴人に対する援助の文脈において語られた点である（上記Ⅱ(2)）。社会保障法領域の上訴における両当事者は、市民と行政であり、市民の方が定型的に情報力・交渉力等の点で行政に劣後するということを前提とすれば、ここで積極的職権行使によって援助されるのは典型的には市民が想定されていると言えよう。さらにこの際、上訴人が自ら、能力の劣る代理人を選任したとしても、その選任は自己責任であるという考え方は取られなかった。つまり、代理人の有無にかかわらず、市民は審判所の積極的職権行使による援助を受けることができるのである。

第3に、事案の解決として、実際に審判所の積極的職権行使義務違反を認

---

72)　[2005] NICA 16 at [25].

め、原判断を破棄した上、差し戻した点である（上記Ⅱ(3)）。このことは、審判所が積極的職権行使により市民を援助する義務を負うという際の「義務」が、単なる道徳的・道義的義務に止まらない、法的な義務であることを明らかにしている。つまり、市民の観点から言えば、権利救済手続において、審判所の積極的職権行使による援助を受ける権利が与えられたということができよう。

(2) 先に述べたとおり、イングランドおよびウェールズにおける1998年法12条8項(a)の規定（「上訴審判所は、上訴によって提起されていない問題を考慮する必要がない」）によって、審判所が事実上、積極的職権行使を実施しなくなってしまうのではないか、という点が懸念された。この懸念に関して、非常に近似した法制を有する北アイルランドでは、本判決によって審判所は当事者援助的な理念による積極的職権行使の実施の義務を負う、との解釈が示された。本判決がイングランドおよびウェールズにおける同様の問題に関して、何らの影響をも与えないということは考えにくいものの、その影響がどの程度かという点は、本判決自体からは明らかにならない。

しかし本判決から数年後、当のイングランドおよびウェールズの控訴院において、審判所の積極的職権行使と1998年法12条8項(a)の規定の関係が争われた。これが次節において検討する、2007年のフーパー事件である。

第5節　フーパー事件

これまでのいくつかの判例の検討によって、審判所の積極的職権行使に関して以下のことが明らかになった。まずカー事件貴族院判決において、①審判所の審理における積極的職権行使の存在（温存）が一般的に確認された。しかしながら、そこでは審判所の積極的職権行使が中心的論点として争われたものではなく、また個別の法規定による解釈問題も未解決のまま残されていた。

つづくモンガン事件において、北アイルランド控訴審は、②当事者援助のための積極的職権行使の存在を明示した。これは、積極的職権行使の実施を審判所の単なる裁量の問題とするような制定法の規定に対して、当事者を援助するような積極的職権行使は審判所の義務であるとする解釈を展開した点で多大な

意味を持つ判決であった。ただし、同判決はあくまで北アイルランドにおける判決であり、同判決が本書で言うイギリス（イングランドおよびウェールズ）に対してどのような影響を及ぼすかは、明らかではなかった。

　北アイルランドのモンガン事件判決を受けて、イギリスでは積極的職権行使に関してどのような司法判断がなされるのか。本節で扱うフーパー事件控訴院判決[73]が、モンガン事件に言及しつつ、この問いに回答を示した。

I．事案の概要

　(1) フーパー氏は、脳に障害を有しており、就労していなかったので、就労不能給付（incapacity benefit）を受給していた。2002年4月からは、一定の要件のもと、就労しながら、就労不能給付を受け続けることが可能になった[74]。この場合、申請者は就労してから42日以内に、雇用年金省に必要な申請書を提出し、就労の事実を知らせる必要があった。

　フーパー氏は、2002年9月9日から2004年4月20日まで、学校の清掃員として就労した。しかしフーパー氏は、就労前後を通じ、必要な申請書を提出せず、また労働年金省に口頭または文書で就労の事実を伝えたこともなかった。

　労働年金省は、フーパー氏の就労の事実を知り、2004年8月7日に、就労不能給付の給付決定に対する破棄決定（以下、本件破棄決定と言う）をした。さらに、2004年8月13日、フーパー氏は就労期間に本来得られないはずの就労不能給付である6989.77ポンドの過払い給付を受けているから、過払い給付の返還請求をする、という決定を下した。

　フーパー氏はこれらの決定に対して上訴をした。しかし、上訴審判所、および社会保障コミッショナーは、いずれもフーパー氏の上訴を棄却した。そのため、フーパー氏は、上訴の許可を得て控訴院に上訴をした。

　(2) ここで、本件破棄決定がいつの時点から効力を生ずるかという問題がある。破棄決定の効力発生時期については、複雑な法規定が置かれている。すなわち、本件破棄決定は、①破棄決定の時点から将来に向かってのみ効力を生ず

---

73) Hooper v Secretary of State for Work and Pensions [2007] Court of Appeal (Civil Division) EWCA Civ 495.
74) Social Security (Incapacity for Work) Regulations 1995 reg. 17 (1).

るのか[75]（この場合、過払い給付は生じない）、②フーパー氏が労働年金省への通知の義務を怠った時点から効力を生ずるのか[76]、それとも③フーパー氏が就労を開始した時点から効力を生ずるのか[77]。フーパー氏にとっては①が最も有利で、③が最も不利となる。

しかしながら、本件破棄決定の効力発生時期に関しては、フーパー氏も労働年金省も何ら主張していなかったため、審判所はこの問題を取り扱わなかった。

このように、上訴人であるフーパー氏に対して有利に働く可能性のある論点について、審判所が検討をしなかったことが違法か否か、という点が控訴院において争われた。すなわち、審判所が積極的職権行使を実施しなかったことの違法性が争点となったのである。

Ⅱ．判　旨

控訴院は、結論においてはフーパー氏の請求を棄却した。しかしながら、審判所の積極的職権行使に関しては、注目すべき判示がなされた。

（1）（ダイソン判事（Dyson LJ））1998年法12条8項(a)により、審判所は「上訴によって提起されていない問題」を調査（inquire）する義務がない。しかしながら、審判所の積極的職権行使の伝統を考えると、「上訴によって提起されていない」という文言の意味を、「当事者によって実際に主張されていない」と解釈するのは誤りである。モンガン事件判決によると、ある論点（の存在）が、「証拠に照らして疑いなく明白である（clearly apparent from the evidence）」場合には、「審判所は自らが確信した事実に対して自己の法的知識を適用しなければならず、事実の考慮に際しては上訴人によって提示された議論に限界づけられ」ることなく、自ら事実を確定することが義務とされる。

（2）しかし、このような義務も無制限ではない。「どのような事実が発見されようと、その問題が成功する見込みがない場合には、審判所は上訴人の議論

---

75) Social Security Act 1998, s. 10 (5).
76) Social Security and Child Support (Decision and Appeals) Regulations 1999, reg. 7 (2) (c) (ⅱ) (aa).
77) Social Security and Child Support (Decision and Appeals) Regulations 1999, reg. 7 (2) (c) (ⅲ).

の目的となっていない問題について調査することを要求されない」[78]。つまり、事実関係から形式的にはある問題が生じる場合であっても、それが実質的に問題の解決に意味を与えない場合には、審判所は、そのような問題を検討する義務までは負わない。

(3) 法の規定から、本件破棄決定の効果は、フーパー氏が就労を開始した時点から効力を生ずるのは明らかで、本件破棄決定の効力発生時期の検討は結論に意味を与えないので、審判所がこの問題を検討しなかったことは違法ではない。

(4) (トマス判事 (Thomas LJ)) 社会保障に関する「非常に複雑で技術的な法的仕組みに関して上訴を」する市民は、法律扶助によって法曹の代理人を付けることはできない。このことは、「審判所やコミッショナーが有する『積極的職権行使』の義務の程度」に強く影響を与える。さらに、上訴人が主張していない論点に関しても、審判所やコミッショナーが義務を尽くして正当に考慮をしたかを確認する必要も生じる[79]。つまり、積極的職権行使が上訴人たる市民への援助としての機能を有する。

Ⅲ. 検　討

(1) ダイソン判事の論述の要点は、以下の2点である。すなわち、①当事者によって明示的に主張されていない論点でも、「証拠に照らして疑いなく明白」なものは、「上訴によって提起された問題」にあたるため、裁判所はそれを審理する義務を負う。②しかし、その論点が上訴を成功に導くようなものでない場合には、この義務は否定される。

このことからすると、結局は、上訴人がいかなる証拠を提出できるかという能力にかかってくるのではないか、という疑問が生じよう。さらに、結論に影響を与えそうにない場合には、審判所は積極的職権行使を実施する必要はない、とも判示された。これら2つの点、そのうちでも特に本件の帰趨に直接の影響を与えている後者（結論への影響の有無）を考慮すると、積極的職権行使が

---

78) Hooper v Secretary of State for Work and Pensions [2007] Court of Appeal (Civil Division) EWCA Civ 495, para. 28.
79) Id., para. 59.

法的義務とされる範囲には広い限定が付されたと捉えることも不可能ではないであろう。

　しかしながら、まず前者（証拠に照らして疑いなく明白であるか否か）については、本件判旨からすると、決定をするために十分な事実を認定するための証拠が出揃っていない場面で、審判所が決定を行うことは許容されないものと解される。「証拠に照らして疑いなく明白」な論点を考慮すべきであるということは、結論に影響するような論点を審判所が無視することを許さないということであり、これは、結論に影響するような事実の調査を怠ることを許さないことを含意しているとも考えられるからである。そうであるとすれば、上訴人が不十分な証拠しか提出していない場合には、審判所は不足した証拠を提出するように指導をするものと思われる。よって、上訴人が不十分な証拠しか提出しない場合には積極的職権行使の法的義務性が無意味化する、という批判は当たらないであろう。さらに、この点は本件事案においては結論に影響を与えていないということにも注意が必要である。証拠に照らして疑いなく明白であるか否かという点によって積極的職権行使の範囲が限定されるかどうかに関しては、今後の判例の展開を注視する必要があると言えよう。

　また後者、すなわち当該論点が結論に影響を与えそうか否かということは、上述のトマス判事が言うような社会保障法に関する規定の高度の複雑性と技術性を考慮すると、実際に当該論点を検討するまでは明らかにならない場合も少なくないはずである。つまり、結論に影響を与えそうか否かという点は、論理的には積極的職権行使の義務が生じるための前提条件となっているものの、実際に当該義務の存否を判断する際には、実体面に関する審理が先に行われることになる。そうすると、結論への影響の可能性という要素が積極的職権行使に限定を付するのではなく、むしろ積極的職権行使が審判所の一般的義務として存在することによって、上位の審判所ないし裁判所が当該事案の実体面を一層丁寧に検討するようになる、との説明が適切であるようにも考えられる。

　そうすると、これらの要件によって審判所の積極的職権行使の法的義務が限定される程度は、それほど高くはないと考えられる。

　(2) このように本件は、北アイルランドにおいてと同様、イギリスにおいても、審判所の裁量を定めた1998年法12条8項(a)の文言にもかかわらず、審判所

が積極的職権行使を実施しない場合には裁決が違法と判断される場合があることを示した。つまり、裁量を定めた同規定の存在にもかかわらず、一定の場合に審判所の積極的職権行使が法的な義務となることが明らかになった。

第6節　積極的職権行使の限界

前節において、審判所の積極的職権行使が一定の場合には法的な義務となるということを確認した。しかしながら、このような義務は当然、無制限のものではなく一定の限界を有している。このような限界の一側面（積極的職権行使の実施方法）を示すものとして、JB事件[80]が参考になる。この事案では、当事者の一方によって提出された医学的証拠について、第一層審判所の審判官が、自ら病院に電話をして、当該証拠の真正性を調べたのであるが、このことが第二層審判所によって違法であるとされた。

ここから明らかになるのは、審判所が積極的職権行使を実施することが許される（場合によってはその義務がある）といっても、審判官自らが証拠の真正性を調査するような審理形態は許されないということである。この点に関しては、審判所の事務職員のような第三者を使って調査を行うことは許される、との見解がある[81]。そうであるとすれば、本件で示されたことは、審判官の中立性（第三者性）からくる積極的職権行使の限界であると言えよう。

第7節　積極的職権行使の実態——援助的機能の達成

(1) 前節まで、レガット報告書に端を発する「利用者のための」審判所改革の様子を確認するとともに、裁判例が審判所の積極的職権行使を市民への援助という理念で根拠づけた上、法原理にまで昇華させたことを検討した。それでは、実態として、審判所の積極的職権行使が利用者たる市民の援助を達成しているのか。

---

80) JB v SSWP [2009] UKUT 61 (AAC).
81) MARK ROWLAND AND ROBIN WHITE, SOCIAL SECURITY LEGISLATION 2010/11 VOLUME Ⅲ ADMINISTRATION, ADJUDICATION AND THE EUROPEAN DIMENTION (2010), p. 1250.

この点において最も注目すべきは、アドラー（Michael Adler）の研究である。彼はかつて、審判所における（法曹・非法曹を問わない）代理人の必要性を軽視しているとして、2004年の白書を痛烈に批判していた（本章第1節Ⅱ）。しかしその後、審判所の審理と代理人の関係についての実証的な調査を行った結果、自身が以前とは異なった見解を抱くに至ったことを明らかにした。その原因の1つは積極的職権行使による市民の援助的機能である。

　(2) アドラーは、1989年にゲン（Hazel Genn）らが行った審判所における代理人の必要性に関する実証的研究[82]（第5章第2節）の結果が現在でも当てはまるのかについて分析するために、自らも2005年に実証的な調査を開始した。彼が行った調査の内容および結果は、以下のようなものである[83]。

　まず、社会保障法領域の審判所を含む5種類の審判所[84]において、上訴の審理を受ける市民を、①何らの援助も受けずに市民が自ら上訴を追行する上訴人、②事前手続（pre-hearing）は利用するが代理人を付けない上訴人、③代理人（法曹も非法曹も含む）を付ける上訴人、という3つのグループに分ける。それぞれのグループに属する合計870人の上訴人（市民）に対して電話調査を行ったところ、③のグループが他のグループよりも上訴の認容率において上回っている割合は全審判所合計で5％、社会保障法領域の審判所においては6％であった。さらに、社会保障法領域に限って言うと、②のグループが③のグループよりも上訴認容率においてわずかながら上回っていた（それぞれ74％、73％）。

　この調査結果によって、アドラーは代理人の必要性を強調した以前の自身の見解が「ただ間違っていたというだけでなく、非常に劇的に間違っていた[85]」ことを認めた。

　(3) 次に、このような結果の原因を突き止めるべく、アドラーは64の審判所を実際に観察し、審判所の積極性にかかる指標（activism indicator；チェアマン

---

82) HAZEL GENN AND YVETTE GENN, THE EFFECTIVENESS OF REPRESENTATION AT TRIBUNALS: REPORT TO THE LORD CHANCELLOR (1989).

83) Michael Adler, *Social Security and Social Welfare*, in PETER CANE AND HERBERT KRITZER (eds.), THE OXFORD HANDBOOK OF EMPIRICAL LEGAL RESEARCH (2010), pp. 410-412.

84) アドラーによる調査の当時は、社会保障・児童手当審判所であった。

85) M. Adler, *supra* note 83, p. 411.

やメンバーが積極的かどうか)、介入性の指標 (Interventionism measure；審判所のメンバーが上訴人やその代理人に対して反対尋問 (cross-question) を行うか) から、審判所を評価した。この双方の指標から「積極的」かつ「介入的」であるとされれば、当該審判所は「積極的職権行使 (inquisitorial)」を実施していると分類される。さらに併せて、8つの基準を用いて上訴人たる市民への援助の度合いも評価された (enabling score)。

これらの調査の結果、審判所において代理人の有無が上訴認容率に及ぼす影響が少なくなった背景には、①一般的に、積極的で介入的、そして援助的な方法によって審判所が上訴を審理していること、②積極的職権行使を活用して、審理においては代理人の付いていない上訴人 (市民) に対して援助をしていること、の2つがあると結論付けた。[86]

社会保障法領域に特有の事情として、ほとんどの審判所が積極的に職権を行使して援助的な審理を行っている、また労働年金省側の官吏が審理において代理人を付けない、という事実が指摘された。これらの事情の影響もあり、社会保障法領域の審判所においては、上訴人たる市民はしばしば高い教育を受けておらず、リテラシーや発言力、財政事情 (administrative competence) も比較的低い状況にあるにもかかわらず、代理人の有無によって上訴認容率がたった6％しか変わらないという。

(4) アドラーの研究に対しては、調査の規模が比較的小さい、法曹代理とそれ以外の代理人を区別していないなど、方法に対して不十分と思われる点を指摘することができるかもしれない。例えばケーン (Peter Cane) は、アドラーの調査は結論を十分に根拠づけるものか疑問であると評価している。[87]

しかしながら、アドラーの実施した実証的調査の範囲においては、上訴認容率が代理人の有無に影響をほとんど受けていなかったこと、また、アドラー自

---

86) ただしアドラーは、代理人を付けていない上訴人たる市民が、審判所のこれらの職権主義的・援助的アプローチを活用するには、上訴の審理の前の段階において十分に準備をしておくことが必要なようであるとも述べている。M. Adler, *supra* note 83, p. 412.
87) PETER CANE, ADMINISTRATIVE TRIBUNALS AND ADJUDICATION (2009), p. 252. なお、アドラーの研究成果が書籍として発表されたのは2010年であるが、同じ内容がすでに2009年時点においてウェブ上で公開されていたため、ケーンは2009年発行の論考においてそれに言及している。

身が審判所を実際に観察した結果、審判所が積極的かつ介入的、すなわち積極的職権行使を行っていると感じたことは事実である。少なくともその限りにおいては、アドラーの研究によって、審判所の積極的職権行使の当事者援助的機能が有効であることが示された、と評価することは可能である。

第8節　第6章の小括——完全な独立性と援助的・積極的職権行使の確立

（1）レガット報告書の勧告を受けて、社会保障法領域のみならず、イギリスの審判所制度全体の大改革が進行した。これによって、審判所は司法裁判所と同じく司法権の一部に属することとなり、社会保障法領域の審判所も、社会保障関連行政省庁からの完全な独立性を獲得した。

（2）この審判所制度改革では、コスト・財政の問題が強く意識された。その結果、審判所制度では法律扶助はごく例外的な場合にしか許されず、それを埋め合わせるために、審判所が積極的職権行使によって市民を援助する機能を発揮し、市民が代理人を付けることなく、独力で上訴を追行しうるような審理の達成が目指された。

（3）審判所の積極的職権行使と法解釈の問題では、裁判例によって、職権行使のいかんに関する裁量を審判所に許すかのような規定の存在にもかかわらず、一定の場合に審判所が積極的職権行使を行う法的義務が生じることが認められた。この法的義務は、市民の援助という視点に支えられており、しかも代理人の有無に関係なく生じるものとされた。

（4）社会保障法領域におけるこの援助的・積極的職権行使には、審理において市民に代理人が付かないことをかなりの程度埋め合わせる効果があることが、実証的な研究によって示された。

第7章　第2編の小括

　本編では、イギリスの社会保障法領域における審判所の史的展開を、主に独立性と積極的職権行使という2つの分析軸から検討してきた。本章では、本編におけるこれまでの検討を整理することとする。

　以下では、まず、2つの分析軸からいったん離れて、本書の問題関心に照らして重要であると考えられる項目ごとにまとめを行う（第1節）。続いて、当該まとめを参照しつつ、独立性と積極的職権行使という2つの分析軸を用いて、次編において日本法への比較法的示唆を得るための準備作業としての小括的検討を行う（第2節）。

第1節　審判所制度の展開

Ⅰ．行政権から司法権へ

　(1) イギリスの審判所制度は、当初は明確に行政権に属するものとして設計されていた。その後、ある時期から、審判所制度の性格は行政と司法の中間的な（準司法的な）性質の機関と理解されるようになった。そして、大規模な制度改正を経て、現在では審判所は司法権に属する機関となっている。このような審判所の性格の推移を以下で整理する。

　(2) イギリスにおける初めての近代的審判所制度は、1911年国民保険法の失業保険部分において採用された、仲裁人裁判所および審判人という2段階の仕組みである。当時、これらの制度が行政権に属する権利救済制度であったことに関しては、異論の余地はない。すなわち、審判所における審理を受けるための手続が、厳密には市民からの審判所への上訴という方式をとるものではな

く、第一次決定権者（保険官）を通じた請求・照会等の方式となっていたこと、さらには審判所が保険官から第一次的決定の委託を受ける規定が存在していたことから、審判所と第一次決定の機構が制度的に未分離であったと言える（第2章第2節Ⅱ）。

　このように、審判所が当初、行政権に属する機関として構成された理由は、司法権に属する通常裁判所とは別の仕組みとして、敢えて審判所という特別の権利救済制度が設けられた経緯から説明されよう。1911年国民保険法制定時の議論に現れていたように、労働者の階級に属する人々の生活が関わる問題については、司法権たる通常裁判所は権利救済機関としての役割を果たすことが困難であると考えられた。そのため、審判所が設けられたのである（第2章第2節Ⅱ(6)）。このような事情からすれば、審判所が司法権に属する機関として、あるいは司法権に属する機関（裁判所）と類似する形で構成されることは、そもそも当初の目的と矛盾するものであり、選択肢として取り得なかったものであると言えよう。

　他方で、以上のように審判所は当初は明白に行政権に属する機関であったにもかかわらず、その構成において行政権からの一定の独立性を担保しようとするかのような方策が取られていたことは、特筆に値する[1]。すなわち、1911年の段階で、すでに使用者代表と労働者代表が審判所のメンバーに組み入れられていたのである（第2章第2節Ⅱ(4)および(7)）（この点に関しては、下記「Ⅲ．審判所のメンバーとしての利益代表と「専門家」」とも関連する）。

　この1911年国民健康保険法以降、社会保障法領域の各制度では、第一義的に、司法権たる通常裁判所ではなく行政権としての審判所制度が、市民の権利救済を担っていく。

　(3)　近代的審判所制度は、上記のように行政機関として発足したのであるが、その誕生から半世紀ほどを経て、徐々に性質を変容させる。すなわち、1950年代以降、審判所を「準司法的な（quasi-judicial）」機関であるとする見解が強まっていくのである。例えば、裁判例の中には、審判所が準司法的な機関

---

[1]　ただしこの点につき、広く「公正さ」という観点が意識されていたという指摘は可能であろうが、当時から「独立性」という論点が明確に意識されていたと言えるかどうかについては慎重な評価が必要である。

であることを根拠として、審判所が審理において負うべき手続的な義務（典型的には裁判所の審理において用いられる概念であるところの「自然的正義」）を導いたと考えられるものもあった（以上、第4章第2節）。

　審判所の性質に関する、このような認識の変化の背景には、1957年のフランクス報告書の影響があったことは疑い得ないであろう。市民のための審判所という視点を備えていた同報告書は、従前は社会保障領域の審判所が「給付行政への付属物」であるとの認識が通常であったことを認めた上で、そのような考え方が不当であること、審判所は行政のための機構ではなく、裁決のための、すなわち司法権類似の機能を有する機構と理解されるべきことを主張した[2]（以上、第3章第6節）。

　ただし、この時期にはあくまで、審判所が機構上は行政権に属していた点に注意する必要がある。さらに、フランクス報告書以降の裁判例の中にも、審判所の行政的性格を強調するものがあったこと（第3章第7節）、あるいは1970年代に至っても行政審判所（administrative tribunals）という呼称が未だ一般的であったという事実からも分かるように、審判所が行政の機関であるという認識も根強かった。

　(4)　しかしながらその後も、審判所は司法機関へ近づいていくあゆみを止めることはなかった。すなわち、フランクス報告書においてさえ、社会保障法領域の審判所のうちで唯一、行政的性格のものとされた公的扶助領域の審判所が、1980年代にはその性格を大きく変質させることになったのである。具体的には、公的扶助領域の審判所制度において、第2段階の審判所から、司法裁判所（控訴院）への上訴の途が確保された（第4章第6節Ⅰ(2)）。また、同じく公的扶助領域の審判所において、法曹資格を有する者が就くことが法律上要求される職ができたことも、審判所の司法への近接傾向の一端を示すものである（第4章第6節Ⅰ(1)、同第7節Ⅰ）。この点は「Ⅲ．審判所のメンバーとしての利益代表と「専門家」」とも関連する。

　公的扶助領域の審判所が司法へと近接していったことの背景には、1975年のベル報告書があった。同報告書は、公的扶助領域における審判所による権利救

---

2) Franks Report, *Report of the Committee on Administrative Tribunals and Enquiries* (London, HMSO, 1957, Cmnd 218) para. 40.

済の質の低さを批判し、同領域においても、審判所は司法化されるべきであることを主張した（第4章第5節）。同報告書の出された背景や主張内容の根拠は、後述の「Ⅱ．実体法との連関」および「Ⅲ．審判所のメンバーとしての利益代表と「専門家」」とも非常に強く関連する。

　(5) 審判所はこのように、その性質を徐々に行政的なものから司法的なものへと変容させてきたのであるが、その構成員に法曹資格を有するものが含まれ、また司法審判所との連携が強められたとはいえ、審判所自体は、機構上はあくまで行政権に属していた。その意味で、これらの動きは、「審判所の司法化」というよりは、審判所の司法への近接あるいは類似性の向上に止まると言うべきであろう。

　しかしながら2011年において、審判所は文字どおりの意味において司法化を達成する。すなわち、審判所のメンバーはもとより、審判所の審理を補助するような職員らの任命や報酬の支払い等の一切が、社会保障行政を行う省庁から完全に切り離され、司法裁判所を統括する機関によって管理されることになった（Her Majesty's Courts and Tribunals Service；ここでは、他の行政諸領域においても省庁との分離が達成され、単一の機構が設けられた）（第1章第1節Ⅰ）。ここにおいて、審判所は完全に司法権に属する機構となったのである。

　このような、審判所の司法権への完全移行には、2002年のレガット報告書が多大な役割を果たしている。同報告書は、審判所の審理に関わるメンバー以外の補助職員が、社会保障関連省庁から独立していないこと、さらには、審判所における審理手続を規定する規則の制定権を、社会保障を所掌する大臣が有していることを問題視し、審判所に関わる事務全体を、社会保障関連省庁から分離することを勧告したのである。それが、同報告書の言う「利用者のための審判所」を達成するために不可欠なものであり、そうでなければ、審判所の利用者たる市民にとって、「すべての上訴はアウェイ・ゲームである」ことになってしまう（以上、第6章第1節）。

　(6) 行政権から司法権へ、という上述のような流れを一言でまとめると、以下のようになろう。当初は、社会保障給付を受給しようとする市民の保護という観点から、通常裁判所の行う審理への不信が生じ、行政権に属する制度としての審判所制度が構築された。しかしながらその後、審判所が機構上は行政権

に属したまま、徐々に裁判所への近接化傾向を強めていく。さらに、この司法化の傾向を布石として、審判所が行政権から分離され、司法権に属するに至った。このうち、司法への近接傾向と司法権への編入との間には、審判所の機構上の位置づけの違いという点で、断絶があったと評価できる。

Ⅱ．実体法との連関

　(1)　本編で検討してきたような審判所制度の変遷のうちのある部分には、社会保障実体法の在り方（例えば社会保険方式か公的扶助方式か、また法における裁量性の大小など）が強い影響を与えていたと考えられる。ここでは、審判所制度の変遷に、社会保障実体法が与えた影響に関して考察する。

　(2)　審判所の誕生当初から1940年代までは、それぞれの社会保障法実体法に独自の審判所制度が作られていた。これは、当時、審判所制度は各実体法による給付制度に付属するものと考えられており、実体法を超える共通の審判所制度への志向そのものが存在しなかったためであると思われる。当時は、それぞれの実体的給付制度から生じる紛争を解決する審判所の構成員には、当該給付制度に利害関係を有する者を組み込む利益代表の仕組みが取られていたという事情も、審判所制度の分立を後押しし、異なる給付制度間において共通の審判所を設けるという構想がそもそも生じなかった一因となったと言えよう（以上、第2章第7節。この点は、次の「Ⅲ．審判所のメンバーとしての利益代表と「専門家」」とも関連する）。

　(3)　その後、1942年のベヴァリジ報告書が、（一部領域を除いて）社会保障法領域全体に共通の審判所制度を構想した（第2章第6節Ⅱ）。同報告書による審判所制度の構想がどれほど熟考を経たものであるかは定かではないものの、同報告書による勧告が、実体法を超えて共通の審判所制度を構築するという志向を誕生させる1つの契機になった可能性はあるであろう。

　ベヴァリジ報告書の後、フランクス報告書を経て、1960年代には実体法上の性格が類似していた社会保険各法の領域において審判所の統合がなされた。しかしながらここで、社会保険各法と公的扶助法の実体法上の差異、つまり公的扶助領域においては社会保険領域と同程度には市民の権利としての性格が確立していなかったこと、あるいは給付行政を実施する行政機関の裁量の余地が大

きかったことを根拠として、両者における審判所が明確に区別される（以上、第4章第4節および同章第5節）。

（4）1980年代における、公的扶助法の審判所の制度改正、および同審判所と社会保険領域の審判所との統合も、公的扶助領域の実体法制度の改正と関連している。つまり、公的扶助実体法が複雑かつ膨大な量の規則を備えることとなり、それまで行政が行使していた裁量の幅が狭められることとなった（第4章第6節）。これによって、公的扶助にかかる紛争が（社会保険法領域と同様に）法的な紛争としての色彩を強め、公的扶助法領域においても社会保険法領域の審判所と同じ程度に法的な問題に対処し得るような審判所制度が構築され、結果として1983年には社会保険法領域との審判所制度の統一がもたらされたのである（第4章第7節）。

さらに、その直後の1986年には、公的扶助実体法が再度改正され、行政が給付の可否や給付額に関して大幅な裁量を有し、かつ予算の制限を強く受ける裁量的社会基金制度が、公的扶助の一般制度（所得補助制度）から切り離された。その上で、裁量的社会基金制度の給付の可否にかかる紛争は、内部的な再審査のみに服することとなり、審判所制度の管轄から除外された（以上、第5章第1節）。

（5）このように、審判所制度の展開は、その時々の実体法制度と強く関連していた。しかしながら、ある時期を境として、審判所制度は実体法制度に影響を受けず、それ自体独立して発展をするようになる。1990年代に社会保障法領域の多数の審判所が統合され、1998年には社会保障法領域のほぼ全体に及び管轄を有する、統一的な審判所制度が規定された（第5章第5節(2)）。

2000年代には、レガット報告書によってさらにこの傾向が進展する（第6章第1節）。すなわち、社会保障法領域のみならず行政と市民の間の紛争を扱う審判所がほぼすべて統合されたことによって、実体法の在りようが審判所制度に影響を及ぼす可能性は、ほぼなくなった。言い換えると、どのような実体法が存在するかという問題と、どのような権利救済制度が設けられるかという問題は、必ずしも連動しない、別個の問題となったのである。

（6）ただしここで、先に述べた裁量的社会基金の公的扶助一般からの切り離しの問題に再度目を向ける必要がある。そこでは、給付に際しての行政の裁量

が大きく、予算の制約を強く受けるような性質の給付が、審判所制度の管轄外とされた。これは、給付の性質のいかんによっては、当該給付にかかる紛争が審判所の扱う対象から外される（そしてより程度の劣る権利救済の仕組みが個別に設けられる）場合があり得るということを意味する（この点に関しては、本章第2節Ⅰで論じる）。しかしながら、この裁量的社会基金という制度が、非常に広大な裁量に服し、予算の制限（国家財政による制約）を強く受けるという意味において、特殊例外的な給付であるということを考慮すると、裁量的社会基金の例があってもなお、現在では審判所は、ごく例外的な場合を除き、実体法の在り方いかんに影響を受けずに、あらゆる社会保障給付制度の権利救済を担っている、という評価をすることは可能である。

(7) 以上検討したとおり、審判所と実体法の関係は、簡単にまとめると次のようなものであると言えよう。すなわち、審判所は当初は実体法ごとに、給付制度の付属物のような形で設けられていた。その後、社会保険や公的扶助などといった実体法の類型ごとに、審判所も類型化された。さらに時代が進むと、審判所は給付制度とは分離独立した形で設けられるようになり、現在では、ごく例外的な場合を除いて、実体法の形式いかんに影響を受けずに、すべての社会保障給付の権利救済を担っている。

Ⅲ．審判所のメンバーとしての利益代表と「専門家」

(1) 審判所の構成員という点に着目すると、構成員に利益代表が含まれていた時期、同じく非法律家（lay member）が含まれていた時期、そして法律専門家が主たる構成員になっている時期がある。このような審判所の構成員の変化は、下記のように整理することが可能であろう。

(2) 審判所制度誕生の当初、構成員には利益代表者が含まれることが一般的であった。例えば、1911年国民保険法（失業保険部分）の審判所制度の第一審である仲裁人裁判所では、1名以上の使用者代表、それと同数の労働者代表が含まれていた（第2章第3節Ⅱ(5)）。また、1934年失業法による失業扶助制度上の上訴審判所にも、3人の構成員のうちに、労働者を代表するメンバーが1名加えられている（第2章第5節Ⅲ）[3]。

---

3) ただし、1925年の拠出制寡婦・孤児・老齢年金法における権利救済の仕組みは、上↗

このような、審判所の構成員に利益代表を含む仕組みについて、1942年のベヴァリジ報告書は特に言及していない。しかし、同報告書が当時存在した失業保険法上の仲裁人裁判所をモデルとして、将来の権利救済制度を勧告していることから考えると、同報告書も利益代表者を含む権利救済機構を好意的に評価していたものと推測することが可能である（第2章第6節）。そして、同報告書を受けた後の1946年国民保険法（正確には1948年国民保険（給付に関する決定・問題）規則）のもとでの権利救済機関も、やはり利益代表を含むものとなっている。具体的に述べると、同法下の一審としての審判所である地方審判所においては、使用者、あるいは被用者以外の被保険者を代表する者からなる名簿から1名、被用者を代表する者からなる名簿から1名が、3人の構成員のうちに含まれている（第3章第2節Ⅱ(1)）。1946年国民保険（労働災害）法においても、この利益代表を登用する傾向は異ならない。さらに、同時期に成立した1948年国民扶助法では、一審制の審判所制度（上訴審判所）が設けられ、3人の構成員の中に1名、労働者代表メンバーが含まれる（第3章第5節Ⅱ(1)）。

　このように、利益代表を含む審判所の構成は、社会保険と公的扶助の両領域に共通していた。この両領域を大まかに分類すると、前者の場合には、使用者代表と被保険者代表が含まれ、後者の場合には労働者代表が含まれる。ここで、後者の公的扶助領域の審判所において、使用者を代表するメンバーが加わっていないのは、同制度において使用者の拠出が定められていないことに起因すると考えられる。この、社会保険・公的扶助の両類型における権利救済機関の利益代表の人数・割合の差異は、当然に、それぞれの権利救済機関に含まれる行政側のメンバーの差異に結び付く（社会保険領域では、三者構成のうち二者が使用者代表と被保険者代表によって占められているのだから、行政側のメンバーが入り込む余地は残り1枠に制限されるのであるが、他方で公的扶助領域においては、三者構成のうち労働者メンバーのみが定まっており、残りの2枠〔すなわち過半数〕が行政側のメンバーによって占められる可能性が生じる）。この点において、利益代表メンバーの権利救済機関への参加の問題は、権利救済機関の行政との距離の問題、すなわち独立性の問題と結びつかざるを得ない。つまり、社会保険領域と公的

　級法書が単独で任に当たる仲裁人制度のみの一審制であり、利益代表は含まれていない（同制度を踏襲した1945年家族手当法上の仲裁人制度も同様である）。

扶助領域とを比較すると、両領域に利益代表が含まれる点では共通性があると言えるが、この両領域における審判所の独立性という点では、大きな違いが残る（以上の点は本章第2節Ⅰとも強く関連する）。

　その後、1965年国民保険法、1966年社会保障省法、1980年社会保障法においても、審判所に利益代表が含まれる仕組みは温存される（第4章第4節(3)、同第6節Ⅰ）。1983年健康・社会サービスおよび社会保障裁決法では、社会保険と公的扶助領域の審判所制度が統一されるが、この際にも、第一審たる社会保障上訴審判所では、被用者を代表するメンバーと、使用者あるいは稼得者（earner）を代表するメンバーが、計3名の構成員のうちにそれぞれ1名ずつ加えられていた（第4章第7節(2)）。つまりここでも、利益代表の制度は温存されている。

　(3) 以上、この時期をまとめると、次のように言えよう。すなわち、通常、審判所制度は二審制をとり、この場合、一審が利益代表を含む第三者機関であり、二審が単独の上級法曹である。例外的に一審制がとられる場合、そこには、利益代表を含む第三者機関がこの任に当たるケース（1934年失業法における失業扶助法上の上訴審判所）と、単独の上級法曹が当たるケース（1925年の拠出制寡婦・孤児・老齢年金法における仲裁人）とがある。

　(4) このような状況を一変させたのが、1998年社会保障法、およびそれに続く1999年社会保障・児童援護（決定・上訴）規則であった。同法および同規則では、審判所メンバーの名簿に登載される者は、法曹資格を有する者や医師、会計士、障害に関する知見を有する者などの、いわば専門家に限定され、社会保障法領域の審判所で伝統的に活躍してきた労使代表のような利益代表者は、審判所メンバーとしての居場所を失ってしまった（以上、第5章第5節Ⅲ(5)）。

　(5) 以上、審判所のメンバーとしての利益代表に関する議論を検討した。これらは、次のようにまとめることが可能であろう。

　審判所制度の黎明期以降、1980年代まで、審判所のメンバーには利益代表が含まれていた。この利益代表という仕組みは、自らと立場・利害を同じくするものが、自らの紛争解決・権利救済の過程に関与・参画するという、いわば民主制の契機を含んでいた。さらに、特に社会保険領域において、利益代表の在り方が被保険者代表と使用者代表であったという事実、すなわち保険者代表に

利益代表としての地位が与えられなかったという点は、格別の注目に値しよう。上訴を申し立てる市民が給付を受けられるか否かという問題は、保険基金から給付のための金銭が支出されるか否かという問題に直結するのであるから、保険者が権利救済の仕組みに関して利害関係を有することは明白である。それにもかかわらず、（自らが保険給付を受けられるかという形で利害関係がより直接的である被保険者は当然としても）保険料の一部を拠出するという限りでのみ保険制度に利害関係を有する使用者が利益代表としての地位を与えられ、保険者にはそれが与えられなかったという事実を考えると、利益代表の仕組みと権利救済制度の独立性という問題が関連付けられていたと考えることにも一定の合理性が認められよう。

すなわち、権利救済機関における利益代表メンバーの採用は、保険料の負担者として、あるいは潜在的受給者として、利害を有する者が法的紛争の解決に関与していたという点で民主制の契機を有していたが、そこには、一見すると民主制の契機と親和的とも思える保険者の自治（保険制度の内部で生じた問題に対して自ら関与し解決する）という要素は希薄であり、むしろそれとは逆に、保険者の関与を排する方向性（＝独立性）が志向されていたという点を指摘することができよう[4]。

しかしながら、1990年代には、審判所のメンバーは法律や医療、会計等に関する専門家によって独占されることとなり、利益代表メンバーは姿を消すこととなる。ここで、以下の2点につき、審判所の位置づけに変革が生じる。第1に、従来の利益代表性は、自らの同輩（利益状況を同じくする者）が権利救済の仕組みに関与するという仕組みによって、審判所の裁決の妥当性を担保していたのであるが、1990年代以降は、専門家集団をメンバーとすることによって、審判所の裁決の「質」（あるいは正確さ・公正さ）を高めることが目指されたと言えよう。このことは、手続的妥当性から実体的妥当性への変化とも表現できるかもしれない。第2に、従前の利益代表は同時に権利救済の独立性を担保する仕組みでもあったところ、1990年代以降は、利益代表のように審判所のメンバーの側面において独立性を担保するのではなく、審判所制度の組織（機構）

---

[4] ただし、権利救済機関の独立性の欠如・不足が、保険者の関与と事実上同様の機能を果たすということはあり得たと考えられる。

上の独立性を高めていく方針（本章本節I参照）が採用されたと評することが可能であろう。さらに、利益代表という仕組みが、自らの同輩の問題を自らの関与によって解決することである以上、権利救済機関のメンバーの中立性という価値はそもそも目指されていなかった（むしろ利益代表が当事者に肩入れすることができる〔=中立的でない〕ところに、利益代表としての意味があるとも言えよう）。この点で、利益代表メンバーが失われたことは、権利救済機関の（独立性とは区別される意味での）中立性の向上という意味も有すると評価できよう。[5]

Ⅳ. 審理主宰者の法曹資格

（1）上記Ⅲと関わる論点として、審理主宰者（複数人で構成される審判所においてはそのチェアマン、独任制の場合には審理に当たる当人）の法曹資格の有無という問題が挙げられよう。[6]

1911年国民保険法によって審判所制度が誕生した当初、第一審たる仲裁人裁判所においても、第二審たる独任制の審判人においても、法曹資格を要求する明文は存在しなかった（第2章第2節Ⅱ(5)）。続く1925年拠出制寡婦・孤児・老齢年金法における一審制・独任制の仲裁人制度では、明文の規定が存在しているわけではないが、事実上、法曹資格を有するものが多く選任されていた（第2章第3節(3)）。同法をモデルとした1945年家族手当法による仲裁人制度も、同様である（第3章第1節(3)）。1934年失業法における失業扶助に関する、一審制の上訴審判所でも、チェアマンの法曹資格に関する規定は置かれていない（第2章第4節Ⅲ(3)）。また、1942年のベヴァリジ報告書においても、審理主宰者の法曹資格という問題は特に言及されていない（参照、第2章第7節Ⅱ）。ただ、同報告書は審判所を非形式的な（informal）ものと考えていたため、審判

---

[5] ただし、利益代表を失わせる法改正に至るまでの顛末（当初は利益代表をなくすことは予定されておらず、むしろ法曹資格を有するメンバーの起用を制限的にすることが意図されていたが、それらが利害関係者らの反論によって二転三転し、最終的には、特に議論もなされないまま利益代表が廃止された；Michael Adler, *Lay tribunal members and administrative justice* (1999), PUBLIC LAW, pp. 616-625 参照）を考慮すると、当該法改正自体は、中立性の向上を意図して行われたものではないことは明白である。

[6] 当該論点と類似の問題関心に立って問題を検討するものとして、大橋真由美「行政不服審査における審理主宰者に関する一考察」成城法学80号（2011年）1-34頁。

所の構成員として法曹資格のある者を要求することは審判所の非形式性と背反するとも思われるので、同報告書は法曹資格の要求は想定していなかったと考えられる。

このように、審判所誕生から一定の時期までは、審理主宰者の法曹資格という問題はそれほど重視されていなかったように感じられる。当初、審判所がそもそも通常裁判所の形式性の弊害を避けるために設けられたことからすると、このことはそれほど不思議ではないであろう。法曹資格を有する者をチェアマンに登用していた傾向も、理論的な根拠に基づくものというよりはむしろ、事実上の運用であったと言えそうである。

(2) その後、1946年国民保険法において変化が生じる。同法における第一審である地方審判所では、審理主宰者たるチェアマンの資格に関する規定は特に置かれていないものの、第二審たる国民保険コミッショナーには、10年以上の経験を有するバリスタないしアドヴォケイトが就くべきことが法律において条文上明示された（第3章第2節Ⅱ(5)）。同法が、法律上はほとんど権利救済機関に関する具体的な規定を置かず、詳細を規則に委任しているにもかかわらず、国民保険コミッショナーへの法曹資格の要求を法律において明示したことからも、法曹資格の要求が重視されていたことが窺えよう。また、地方審判所のチェアマンに関しても、事実上、法曹資格を有する者が多く就いていた。この傾向は1946年国民保険（労働災害）法においても異ならない。（第3章第3節Ⅱ(2)）。

このように、1946年の段階で、社会保険領域においては、二審制の審判所制度のうち独任制の第二審には、審理主宰者に対して法曹資格が必要なことが法律上定められた。ただし、公的扶助領域においては、状況は異なっていた。すなわち、1948年国民扶助法においては、一審制の上訴審判所が採用されており、そこではチェアマンの資格に関する規定は置かれていない（第3章第5節(3)）。また、現実にも、法曹資格を有する者がチェアマン職に就くことは少なかったとされ、実態としても公的扶助領域と社会保険領域とでは異なっている。

(3) 1957年のフランクス報告書では、第一審たる審判所の審理主宰者の法曹資格に関して言及されている。すなわち同報告書は、審判所のチェアマンに

は、基本的には、法曹資格を有する者が就くべきであるとの勧告を行ったのである。同報告書がこのように主張するのは、審判所の審理においてチェアマン職の果たす役割が非常に重要であること、つまり事案の審理における客観性や適切な事実認定は、法曹資格を持ったチェアマンによってこそ確保されるという根拠による。しかしながら同時に、同報告書は、法曹資格のない者の中にもチェアマンに適した人物はいるため、法曹資格のないチェアマンを禁止すべきではない、とも述べている（以上、第3章第6節Ⅱ(3)）。

ただし、フランクス報告書が勧告した、審判所のチェアマンに法曹資格を要求することの法定化は1960年代には果たされなかった。当時は、法曹資格が法律上明文によって要求されるのは第二審の審判所たるコミッショナーの段階のみに止まっていたのである（もっとも、第一審たる審判所においても、事実上は、法曹資格を有している者がチェアマンに就くことが多かった。しかしながら、公的扶助領域の審判所では、法曹資格を有する者がチェアマンに就くことは稀であった。以上、第4章第1節(2)）。

(4) 1975年に公表されたベル報告書においては、公的扶助（補足給付）領域の審判所の質の低さが批判され、そのチェアマンに法律上、法曹資格を要求するべきであるとの勧告がされた（第4章第5節(2)）。これを受けて、1983年健康・社会サービスおよび社会保障裁決法によって社会保険領域と公的扶助領域の審判所が統合された際に、ついに第一審たる審判所のチェアマンに、法律上、法曹資格が要求されるに至った（第4章第7節Ⅰ(3)）。

(5) その後、1990年代後半の審判所の見直しの際の緑書において、政府は、第一審たる審判所のメンバー構成を変革する（原則3人とする従来の構成をやめ、2人制ないし独任制を原則化する）と同時に、チェアマンについて法曹資格を要求しない方針を立てた。しかし結局、1998年社会保障法の立法段階においては、第一審たる審判所のメンバーのうち少なくとも1人は法曹資格を有すべきことが規定された（以上、第5章第5節Ⅲ(1)）。この方式は、基本的には現在でも維持されている。

(6) ここまで検討した権利救済機関の審理主宰者の法曹資格に関する問題は、以下のようにまとめることができよう。

審判所制度黎明期には、審判所の手続の非形式性・簡易性、通常裁判所との

差異という思想を反映して、一般に審判所制度においては審理主宰者に法曹資格を要求するということは想定されていなかった。その後、20世紀中葉には、第二審の審判所（独任制のコミッショナー）について、法律上、法曹資格が要求された。このことは、当時の終審であった（つまり現在のように裁判所への更なる上訴の仕組みがなかった）第二審としてのコミッショナーにおいては、第一審の審判所に比して、手続の非形式性・簡易性を害してでも、慎重かつ専門的な審理が必要であると考えられたことによるものと推測できる。

1980年代に、第一審たる合議制の審判所においても審理主宰者には法律上法曹資格が要求されることになったが、これは、手続が幾分、非形式的・簡易でなくなってしまうとしても、審理の質を担保するために、法律の専門家に審判所の審理の中核的役割を委ねようとする選択であったと評価できる。これ以降、第一審・第二審あるいは独任制・合議制の区別なく、審判所の審理においては、審理主宰者が法曹資格を有すべきことが法律上の原則とされており、審判所制度は法曹資格保有者に多くを負った仕組みとなったと言えよう。

V. 書面審理と口頭審理

（1）審判所における審理が、市民および行政によって提出された書面にのみ基づいてなされる場合と、市民および行政が審理に出席し、口頭で自己の主張を提出することができる場合とがある。この点に関しては、次のようにまとめられる。

（2）1990年代に至るまで、審判所制度においては、基本的に、一貫して口頭審理が原則とされ、書面審理は、裁決のために口頭審理が不必要であると審判所によって判断されるような例外的な場合にのみ用いられてきた（例として、第3章第2節Ⅱ(2)）。このような扱いは、審判所に対して上訴を提起しようとする市民が、書面によって自己の主張を明確にすることに対して熟達していない（法曹代理人を付けることが許されていない時期（本章本節Ⅴ）にはなおさらである）ことから、上訴人に口頭で主張をさせ、場合によっては審判所が適宜その補足や質問等を行うことで、上訴人が真に主張したいことを明らかにする、という審判所の簡易性・非形式的性格から説明できるであろう。

（3）しかしながら、審判所にかかる財政コストの削減を目指した1996年の規

則改正によって、口頭審理の開催を減らすことが意図され、上訴人が明示的に口頭審理の開催を希望しない限り、書面のみによる審理によって裁決が出されることとなった。この書面審理の原則化に対しては、上訴人が口頭審理への出席を通じて上訴に参加する場合に比して、書面審理のみによる場合は上訴認容率が明らかに低下するとの理由から、強い批判が寄せられた。さらに、口頭審理に上訴人が出席する場合には、審判所が上訴人とのコミュニケーションを取ることは容易かつ即時にできる他方、書面審理の場合には、提出された書面のみから上訴人の意思をくみ取り、場合によっては、上訴人との書面によるやり取りをする必要がある。よって、書面審理においては、口頭審理におけると同様な形では、審判所の援助的・積極的職権行使が実施されなくなる可能性が大きい（以上、第5章第4節）（本章第2節Ⅱとも関連）。口頭審理を選択することが許されている場合も、市民がそれを明示的に選択することが少ないというデータ（第6章第1節Ⅰ(7)参照）を考慮すると、どちらの審理形式が原則として規定されるかは重大な問題であり、よって、口頭審理の例外化は重要な差異をもたらすものと評価できる。

　(4) 以上のように、上訴人たる市民の観点からは、不慣れな書面によらずに自らの口で主張ができ、また審判所の援助的・積極的職権行使がより積極的に行使されることが期待できるため、口頭審理が開催されることが有益であること、ただしその実施には（当事者らの旅費等のような）様々なコストがかかるため、国家の財政面からは口頭審理の開催を極力抑えたいというインセンティブが働くことが分かる。

Ⅵ. 審判所の審理と代理人の関係

　(1) 審判所の審理において、上訴人たる市民（および行政）が代理人を付けることができるか否か、という議論もまた、長い歴史の中で変遷を見せている。ここでは、議論の位相を、①そもそも審理において代理人を付けること自体が許されるか否か、②それが許されるとして、代理人の費用は誰が負担する（べき）か、という2つの段階に分けることができる。さらに、ここで言う代理人は、法曹代理人と、非法曹の代理人とに分けることができる。

　(2) 審判所の誕生から半世紀ほどの間、審判所の審理において法曹の代理人

を付けることは、基本的には消極に解されてきた。例えば、1948年国民保険（給付に関する決定・問題）規則は、第一審の審判所たる国民保険地方審判所において、非法曹の代理人のみを付けることを許容している（第3章第2節Ⅱ(1)）。また、1946年国民保険（労働災害）法においては、第一審の審判所たる労災保険地方上訴審判所のチェアマンが、特別の事情ありとして許容する場合にのみ、同審判所において法曹の代理人を付けることが許された（第3章第3節Ⅱ(1)）。しかしながら、これらの場合にも、第二審の審判所であるコミッショナー段階の審理においては、法曹の代理人を付けることが許容されている（第3章第2節Ⅱ(2)）。

このように、審判所において基本的に法曹代理人を排除するとする規定の背景には、審判所の手続は司法裁判所のものと違い、簡易で非形式的（informal）であるべきであるのに、法曹代理人がそこに関わってしまうと、そこでの審理が過度に法的・形式的なものになってしまう、という懸念が存在すると考えられる（フランクス報告書：第3章第6節Ⅱ(3)および同章同節Ⅲ(2)）。このことは、当時においても、第二審の審判所たるコミッショナーの段階、すなわち経験ある法曹が務めるべきことが法定され、第一審たる審判所と比較して法的な要素が強い審理においては、法曹による代理が許されていたことからも分かる。

つまり、当初は審判所の非形式的な性格を根拠として、法曹代理人は審判所の審理から除外されていた。

（3）しかし、1958年には、社会保険（国民保険・労災保険）と公的扶助（国民扶助）のいずれの領域でも、法曹たる代理人を付けることを許容する規定が置かれた（第4章第1節Ⅱ(1)）。これは、審判所における法曹代理人の位置づけに関する、従前の立場からの転換であった。この背景には、1957年のフランクス報告書における、審判所に対する従来までの評価との相違が影響していると考えられる。具体的には、審判所を給付行政の付属物ではなく、裁決のための機関であると評価した上、第一審たる審判所のチェアマンに法曹資格を要求する点、あるいは第二審たるコミッショナーから司法裁判所への上訴の仕組みを設けることを勧告した点に現れるような、審判所の準司法的性格の強調である。同報告書においても、審判所の非形式的な性格が否定されたわけではないが、それよりも公正な権利の救済という観点が強く前面に出た結果、審判所の手続

を準司法的なものと捉える立場に至ったと考えられる[7]。

この段階において、一審、二審を問わず、審判所において法曹の代理人を付けることが許されるに至った。そしてこれ以降、論点は、審判所において法曹代理人を付ける場合、その費用を誰が負担すべきか、言い換えると、法律扶助の範囲を審判所の審理にまで拡大すべきか、という点に移る。

(4) この点に関し、大法官府による研究の付託を受けて1989年に公表されたゲン報告書は、審判所における法曹代理人の必要性に関する実証的研究である。同報告書は、社会保障法領域の審判所においては、代理人が付いていない場合の上訴認容率が30％であるのに対し、代理人が就いた場合には認容率が48％にまで上昇するということを統計上明らかにした。そしてその上で、審判所においても法律扶助を適用すべきことを勧告した（以上、第5章第2節）。このような、法曹代理人の有用性と法律扶助の審判所領域への拡大を主張する見解は、同報告書以降一般に定着した。そして、2000年代のレガット報告書に代表されるような改革の際、市民団体や研究者らだけでなく、社会保障法領域の審判所実務に当たるコミッショナーらからも、法曹代理の有用性を強調する見解が提出された（第6章第1節Ⅱ）。なお審判所の領域の外側に目を向けると、1990年代の民事司法改革によって司法裁判所における民事事件の審理の際の法律扶助の範囲は拡大されている（第6章第1節Ⅰ(1)）。

以上のように、法曹代理人の弊害が懸念されていた審判所黎明期とは異なり、20世紀の終盤には、法曹代理人を付けることが市民にとって有益であるということ自体は争われておらず、問題の焦点は、上訴人が法曹代理人を付ける際にかかる費用を国家が負担すべきか否か（法律扶助の範囲を審判所の審理にも広げるべきか否か）、という点に収斂していたと見ることが可能である。そしてそこでは、市民・研究者の側からは法律扶助の拡大が要求され、国家は主として財政的な理由からそれを拒否する、という構図が存在した。

(5) しかしながら近時、審判所の積極的職権行使との関係で、審判所における代理人（法曹と非法曹とを問わない）の重要性が以前ほどではなくなったとす

---

[7] 同報告書自身は、審判所における非形式性の尊重から、法曹代理を積極的に導入しようとはしていないものの、第3章第6節Ⅲ(2)に記載したような事情からは、法曹代理に対するシンパシーを感じ取ることができる。

る研究結果が示された。アドラーによるこの研究では、代理人を付けるか付けないかによる上訴認容率の差は、社会保障法領域においては6％に過ぎないこと、さらに、上訴人たる市民本人が審理の事前手続（pre-hearing）を利用すれば、審理において代理人を付けるよりも上訴認容率が上回ることが示された。アドラーは、このような結果の背景には審判所の援助的・積極的職権行使の影響があると分析している（以上、第6章第7節）。

　(6) 以上検討した審判所と代理人の関係をまとめると、次のように言えよう。

　審判所の手続の非形式性・簡易性が特に重視された20世紀中葉までは、上訴人たる市民の友人や所属組合の担当者など、非法曹の代理人を付けることは許されていたものの、法曹代理人を付けることは禁じられていた。ただしこの時期も、第二審の審判所たるコミッショナーの段階においては、法曹の代理人を付けることが許容されていた。これは、コミッショナーの段階では手続の非形式性・簡易性を多少犠牲にしてでも、慎重かつ専門的・形式的な審理を実施しようとする施行に基づくと考えられる。

　1958年以降、社会保険・公的扶助いずれの領域の審判所においても、法曹代理人を付けることが許されるに至る。これは、時期こそ多少ずれているものの、審判所の審理主宰者に法曹資格が法律上要求されるような、審判所の司法化、あるいは専門家（法曹）を登用する流れの一環に位置づけられるであろう。

　1990年代には通常裁判所における民事法律扶助が拡大されたにもかかわらず、政府は、主として財政的な理由から、審判所における法曹代理の国費による保障（法律扶助の適用）を頑なに拒み続けている。しかし、審判所における援助的・積極的職権行使により、法律扶助は不必要となったとの見解も見られる。援助的・積極的職権行使に関する裁判例が、上訴人たる市民が法曹代理人を付けているか否かという点にも意識を向けつつ判示を行ったことからすると、政府による法律扶助の拒否が、審判所の援助的・積極的職権行使の展開・法原理化を推し進めたとの分析も可能であろう。

Ⅶ. 社会保障法領域の審判所の独自性

(1) 本書が分析検討の対象を主として社会保障法領域に限定している関係上、以上のような諸論点に対して、(権利救済論一般に対する) 社会保障法領域の独自性がどのように、またどの程度、影響を与えているのかを検討する必要がある。結論から言えば、イギリスにおいては、社会保障法という法領域における権利救済の特殊性に対する考慮が、同領域の審判所制度のみならず、市民対行政の紛争を扱う審判所制度全体の発展に強く影響を与えていると考えられる。

(2) そもそも、審判所制度の誕生の経緯自体が、社会保障法領域の特殊性を強く反映したものであった。すなわち、20世紀初頭には、失業保険にかかる法的紛争のような、労働者階級の生活状況に強く影響を与えるような問題に関して、同階級に対する理解が不十分であった通常裁判所の裁判官では適切に対処することが困難と考えられており、そのことから、通常裁判所とは異なる特別の権利救済機関が設けられる必要性が主張されたのである。(第2章第3節Ⅱ(7))。ここでは、労働者階級の問題を十分に理解しており、それに適切に対応できる審理がなされる必要があったため、特別の権利救済機関たる審判所において、利益代表者が審理のメンバーに加えられた (第2章第3節Ⅱ(5)および(8)) のは当然の帰結であったと評価できる。しかも、問題が市民の生活に直結している (給付を受けら得るか否かという問題が、文字通り、市民の生活を左右する) という性質を有していたため、審判所の審理手続は、通常裁判所の形式的かつ慎重な手続とは差別化され、非形式的で簡易・迅速なものに止められた。この非形式性・簡易迅速性という価値の重視は、審判所における法曹代理の禁止 (本章本節Ⅵ) の議論に象徴されるが、この法曹代理の禁止が、市民本人による上訴が追行可能であるための審理の非形式性・簡易迅速性を、さらに裏から要求したと言えよう。

このように考えると、通常裁判所とは異なり、利益代表者が審理メンバーに加えられ、非形式性・簡易迅速性を重視するという特徴を備えた審判所制度が、社会保障法領域において誕生したことには、一定程度の必然性が含まれていたと解することができる。

(3) 審判所制度始まって以来初の大規模な改革であるとされる、1957年のフ

ランクス報告書による勧告後の法改正においては、審判所の独立性の向上や司法化傾向に関する重要な改革が実施されたが、これらの改革には、社会保障法領域の特殊性がそれほど反映されていないように思われる。同報告書は、土地の強制収用に関する政治的不祥事を契機として企画されたものであり、行政行為一般からの市民の権利救済を問題関心としていたためである（第3章第6節Ⅰ）。そのため、同報告書における改革は、審判所制度全般にかかるものであり、社会保障法領域の審判所もそれらの一環としての影響を受けるに止まったものと考えられる。

　続く1958年には、審判所は審理において積極的に職権を行使すべきことが、裁判例（ハブル事件判決）によって初めて示された。この事件は、社会保障法領域（労災保険）のものであった。同事件の判旨によると、積極的職権行使が採られる根拠は、医療上訴審判所の審理が、通常裁判所のような訴訟手続とは異なり、第一次的決定を実施する行政と同様の機能を実施するものであるということであった（第3章第7節Ⅱ）。当時は、どの法領域においても、審判所の機能を行政権的なものと捉えることが一般的であった（むしろ、同事件の医療上訴審判所は、法律上、他の審判所と比して、第一次的決定を実施する行政との差異が強調されていたようにも見える）。そのことからすると、社会保障法領域の審判所において積極的職権行使が誕生したこと自体は、偶然の産物であったと言えるかもしれない。

　これらに対し、ベル報告書は対象を公的扶助領域の審判所に特化した研究であった。同報告書の研究成果を経た法改正で、社会保障上訴審判所首席審判官オフィスの首席審判官が、援助的・積極的職権行使の実施に関する声明を発表したが、これは、社会保障法領域における、上訴人たる市民の置かれた経済的・肉体的・精神的状況に対する理解を背景としていると言えよう。つまり、積極的職権行使自体が社会保障法領域において発生したことは偶然であったとしても、その積極的職権行使に、市民の援助という意味が付与されたことには、社会保障法領域の特殊性が反映していたのである。

　(4) 2002年のレガット報告書によってもたらされた、市民対行政の紛争を扱う審判所の統一化については、同報告書が、前述のフランクス報告書と同様に審判所制度全般の改革を企図していることから、社会保障法領域の特殊性が同

報告書の内容一般に影響を与えていると一般的に述べることはできないかもしれない。また、この審判所の統一化と、行政からの完全な独立の達成のための司法権への編入が、一定の関連性を有していることを念頭に置けば、審判所の司法権への編入に関しても、社会保障法領域の特殊性が第一義的な影響力を与えたとは言えないであろう。行政からの独立性の達成という問題は、社会保障法領域に限らず、市民対行政の紛争を扱う審判所一般に共通する課題であるからである。

しかしながら、同報告書の目指した審判所の統一化と独立性の強化は、当時最大の規模を誇った社会保障法領域の審判所を取り込むことなしには、達成不可能であった。当時、社会保障法領域の審判所は、他の領域と比して独立性等の点で優位な地位にあったため、同報告書が、審判所の統一と独立性強化への参画を社会保障法領域の審判所に強いるためには、同報告書の勧告内容が、当時の社会保障法領域の審判所の欠点を改善するものとして説得力を持っている必要があった（事実、社会保障法領域の審判所は、統一化に参画する必要はないとの主張が、社会保障関連省庁からなされた）（第6章第1節Ⅰ）。このように考えると、それまでに社会保障法領域の審判所が磨いてきた独立性の程度が、レガット報告書の勧告内容の最低ラインを規定したと見ることもでき、この点では社会保障法領域の特殊性が審判所制度一般の単一化と独立性の更なる向上に影響を与えたと言えよう。

さらに、上記のような審判所の単一化および独立性の達成と並んで、同報告書が目指した今1つの目標として、審判所を市民にとって利用しやすくし、代理人を付けずに自分自身で上訴を行うことを容易にするというものがあった。この目的を達成するために、同報告書は、社会保障法領域に限らず、審判所制度一般において援助的アプローチ（enabling approach）を活用することを言明している（第6章第1節Ⅰ(3)）。このようなアプローチの内実は、社会保障法領域において発展してきた援助的・積極的職権行使であることが明らかであった。すなわち、レガット報告書が、審判所の審理において、市民自身が代理人を付けずに追行することを可能とするような選択肢を採ったことにより、社会保障法領域で発生した援助的・積極的職権行使が、同領域を超えて、審判所制度一般に広まったということができよう。

(5) ここまで検討してきた、審判所制度の展開に対する社会保障法領域の特殊性の影響は、以下のようにまとめることができる。近代的審判所制度が社会保障法領域で発生してきたことには、一定の必然性が存在した。その後、審判所一般の独立性が向上するフランクス報告書による改革、および積極的職権行使の誕生においては、社会保障法領域の特殊性がそれほど影響を与えられたとは考えにくかった。しかし、ベル報告書以降の援助的・積極的職権行使の生成と定着は、社会保障法領域の特殊性を反映したものであったし、レガット報告書による審判所の単一化・独立性の向上、および審判所一般における援助的アプローチという考え方も、それ以前に社会保障法領域の審判所において発達していた様式を、審判所制度一般に拡張したもの（あるいは少なくともその前提としていたもの）と考えられる。

第2節　独立性と積極的職権行使

Ⅰ．独立性の進展

(1) イギリス社会保障法領域における審判所制度は、その誕生時から長く行政権に属する時期を経験しており、今日における独立性（行政権と完全に切り離され、司法権に属していること）を達成するまでに、ほぼ1世紀の年月を費やしている（本章第1節Ⅰ）。しかしながら、この審判所制度は、誕生当時から、すべて社会保障給付を担当する行政、あるいはその上級庁の官吏によって構成されているというようなものではなかった。具体的には、審判所黎明期でさえも、審判所のメンバーには労働者代表、使用者代表が含まれており、その限りで、行政からの一定程度の独立性を備えていたと評価できるのである（本章第1節Ⅲ）。このようなメンバー構成には、社会保障法領域の審判所制度が、必ずしも経済的に恵まれていない労働者階級の人々の、日々の生活に直結する紛争を扱うものであることから、この種の紛争の解決は通常裁判所の裁判官に任せるのは適切ではないと考えられた、という社会保障法領域の特殊性が一定程度反映されていると考えられる（本章第1節Ⅶ）。つまり、労働者らの生活にかかる紛争にシンパシーを持って対処できる人材が、審判所の構成員に加わることが要求されていたのである。これに加え、個々の実体法ごとに異なった権利

救済機関が設けられていたため（本章第1節Ⅱ）、当該実体法上の給付に利害関係を有する者の代表が、自らの同輩の関係する紛争の解決に関わるという点で、審判所の構成は、民主性の契機を内包していたと言える。

以上のように、審判所黎明期からの審判所の独立性は、行政権からの機構的な独立ではなく、審判所の構成員の面で、民主性を担保することによって達成されていたと表現することができよう。

ここにおいて、行政権からの機構的な独立が当初から目指されなかった理由は、通常裁判所・司法権への敬遠という観点から説明することが可能である。再三述べるように、通常裁判所においては社会保障法領域の紛争の解決が適切になされないという懸念から、そもそも特殊の権利救済機関としての審判所制度が設けられたのであるし、審判所の制度設計においても、第一審の審理主宰者としてのチェアマンには当初、法曹資格が法律上要求されていなかったこと（本章第1節Ⅳ）、審判所の審理において法曹代理人を付けることが法律上禁じられていたこと（本章第1節Ⅵ）などから、通常裁判所あるいは司法権の敬遠という志向を看取することができる。

(2) 上記のように、行政権の内部に属しながらも、構成員に利益代表を加えることで、社会保障給付行政を実施する行政からの一定の独立性を確保しようとしていた審判所制度は、20世紀中葉以降、その立ち位置を、司法権寄りの方向へと少しずつ移動させていく。この傾向は、具体的には以下の諸点に現れている。まず、第2段階の審判所の決定に不服がある場合には、通常裁判所への上訴が可能とされたように、審判所と通常裁判所との制度上の連携が形成された（本章第1節Ⅰ）。また、第1段階・第2段階の審判所ともに、審理主宰者に法曹資格を有する者が就くべきことが、法律上規定された（本章第1節Ⅳ）。さらに、審判所の審理において、従前は禁止されていた、あるいは条件付きで例外的に許容されるにとどまっていた法曹代理人の利用が、一般的に許容されるに至った（本章第1節Ⅳ）。裁判例においても、審判所の性質を単純な行政権と評価するのではなく、「準司法的」なものとする評価が目立ってきた（本章第1節Ⅰ）。

このように、審判所が、かつて敬遠していた通常裁判所に対して近接する傾向を示してきた背景には、審判所における権利救済の質の向上と、権利救済の

実質化という2つの目論見があったと評価できよう。

　前者に関しては、例えば、ベル報告書によって、公的扶助領域の審判所のチェアマンの質の低さが批判された際、批判にさらされたチェアマンの多くは非法律家であったため、チェアマンに法曹資格を要求すべきという主張につながったことが想起されよう（本章第1節Ⅳ(4)）。さらに、1990年代後半において、審判所黎明期から重大な役割を果たしていた非法律家の利益代表者が審判所のメンバーに任命される余地が法律上失われ、そのメンバーがすべて法曹ないしその他一定の資格を有する専門家によって独占されることになった点も、権利救済の質の向上という観点から説明することができるかもしれない（本章第1節Ⅲ(4)）。

　また、後者に関しては、審判所は出自からして通常裁判所とは異なる様式をとるべきもので、その非形式性・簡易性を害すべきではない、というような従来型の議論よりも、審判所を利用する上訴人たる市民の権利救済が実効的たりうるか否かを重視すべきだという実質論が優勢になったということが示される。このことは、例えば先に挙げた法曹代理の一般的許容の点に現れている。

　ただ、このような審判所の司法化、あるいは専門家重用化という傾向は、それ自体が、審判所の独立性の向上を直接に意味するものではないことには注意が必要である。例えば、審判所のチェアマンに法律上法曹資格が要求されたとしても、法曹資格を有するが行政と深い関係を有しているような人材が、チェアマンとして任命されることもあり得る。また、上訴人たる市民が法曹代理人を利用することが許容されたとしても、そのことは審理における上訴人の主張がより法的に優れたものになることを保障するに過ぎず、それによって上訴人たる市民が結果として利益を被るとしても、このことと審判所の独立性とは関係しない。さらに、かつての利益代表のうち少なくとも1名は上訴人たる市民と同じ利益状況（被保険者としての地位など）にある者としての資格で審判所の審理に参加していた（その限りで、当該メンバーに関しては行政からの距離が確保されていた）ことからすると、利益代表メンバーの廃止は、審判所の独立性との関係では後退とすら見られるかもしれない。

　しかしながら、後に検討するように、2000年代には、審判所の完全な独立が、まさに審判所の司法権への編入によって達成されることとなる。その点に

おいて、この時期の審判所の司法化の傾向は、それ自体は独立性の問題とは別個に捉えられるべきものであるが、現代における審判所の独立性の達成のための非常に重要な布石となっていたと評価できる。

（3）また、以上のような司法化の傾向に合わせて、審判所の独立性を直接的に強化する様々な施策も講じられてきた。そのうちでも特に重要なものは、審判所の統括機関（社会保障上訴審判所首席審判官オフィス）の設置である。具体的には、大法官と法務総裁の協議によって選ばれ、高度の身分保障を享受する首席審判官が、審判所のチェアマン、メンバーのみならず、審判所において働く一般事務職員の任命までも実施することとされた。これによって、社会保障法領域においては、審判所と行政との組織的な独立性が、かなりの程度まで高度化された（ただし、首席審判官やチェアマンら報酬・手当等の面では、依然として行政との関係が残っていた）。

いずれにせよ、この時期においては、司法化の傾向よりも、統括機関の設置の方が、審判所の独立性の向上に対して直接的な影響を与えていたと言えよう。

（4）上述のような審判所の司法化の傾向と、並行して進行した独立性の向上という重要な変化にもかかわらず、これまでの段階では、あくまで審判所は本質的には行政権に属していたことに注意が必要である。

これに対し、審判所制度の独立性に関する最大の変革は、2000年代以降の審判所制度改革に伴うものである。具体的には、審判所制度が行政権ではなく司法権に属せしめられたことで、審判所制度と、社会保障法領域の給付行政を実施する行政との関係は、いかなる側面においても明確に切断された（本章第1節Ⅰ(5)）。このことは、審判所の審理を実施するメンバーらの任命や報酬等の規定のみならず、それを補助する職員の関与、あるいは審理の場所等ですらも、独立性との関連では重要であることを示していると言えよう。またここでは、上記各要素の審判所の審理への実質的な影響のほかに、審判所を利用しようとする市民が、審判所が行政から独立していることを確信できる（両者間の不適切なつながりへの疑念を持たないようにする）ことも、目指されているように思われる。

（5）また、実体法の類型（社会保険や公的扶助の区別）と、審判所の独立性の

程度の関連性という論点も検討する必要があろう。

　黎明期には、各実体法ごとに異なった審判所制度が設けられ、その後、実体法の類型ごとに審判所がまとまって発展した。これらの時期には、社会保険領域の審判所の方が、公的扶助領域のそれよりも、メンバー構成の点において、独立性が高かった。しかしながら1983年までに、社会保険領域と公的扶助領域の審判所制度は完全に統合され、さらに現在では、この審判所制度の統合は市民と行政が争う領域全般に及んでいる（以上、本章第1節ⅡおよびⅢ）。

　このような審判所制度の展開からまず明らかになるのは、実体法制度の差異に関係なく、単一の権利救済制度を形成することは可能であるということである。これは、現在のように権利救済機関が司法権に属しているか、それともかつてのように行政権に属しているかということとは無関係である。なぜなら、審判所制度が明らかに行政権に属していた1983年の時点で、すでに、実体法上の差異が著しいと考えられていた社会保険領域と公的扶助領域で、上述のような審判所制度の統合が達成されたためである。

　そして、実体法制度の差異にかかわらず単一の権利救済機関を設けることができるということは、権利救済機関の行政からの独立性の程度も、実体法の如何にかかわらず一律の水準に揃えることが可能であるということを意味する。これも、現在の司法権としての審判所においては言うまでもないことだが、1983年時点の社会保障上訴審判所でさえ、そのメンバー構成や任命方法を見れば、扱われる紛争の内容が社会保険であれ公的扶助であれ、独立性に影響を与える要素に差異が設けられていないことから明白である。

　(6)　このように、実体法制度のいかんにかかわらず、独立性の程度が一律である権利救済制度を構築することが可能であることを念頭において、イギリスの審判所制度の展開を振り返ってみると、行政からの独立性の程度が低かった審判所制度やその他の権利救済制度において、なぜそのように独立性が低い仕組みが設けられていたのか、という点に関して検討をする必要があろう。

　例えば、1934年失業法の失業扶助審判所（およびその後継機関）では、審判所メンバーに、チェアマン1名とその他のメンバー2人が含まれており、その他のメンバーのうちの1名は労働者代表で、もう1名は、失業扶助の給付行政を担当する失業扶助庁の職員を同庁自身が任命することとされていた（第2章第

5節Ⅲ(3))。当時、審判所のメンバー構成では利益代表の考え方が採られていて、国民保険領域の審判所では、チェアマン以外のメンバーが使用者代表と被保険者（被用者）代表から構成されていたため、使用者が保険料を支払わない失業扶助制度の審判所においては、使用者代表が欠けることが当然であったかもしれない。しかしながら、そこに給付行政を実施する行政のメンバーが加わるべきことは、論理必然でもないし（学識経験者を公益代表として加えることもあり得たはずである）、「権利の救済」という観点からは、正当でもないであろう。この点は当時でも大いに批判されており、失業扶助審判所が市民の権利の救済を念頭に置いていたとは言えない、との評価も受けている（第2章第5節Ⅲ(4))。つまり、外観上は権利救済を実施する機関を設けることで、失業扶助制度の実施に関して、大臣に対する社会からの圧力を回避しつつ（この仕組みによって大臣は、給付の否定された事案に関し、自らの決定ではなく第三者機関である権利救済機関の決定によるものであると主張できる）、審判所のメンバー構成に行政を代表するメンバーを加えることで、実際上は、権利救済段階においても給付の可否にかかる審理に行政が影響を与える余地を残すような仕組みであったと評価できる。

　さらに、1986年社会保障法によって作られた裁量的社会基金における不服申立制度の形成過程が、より明白な例となるであろう。社会基金においては、権利救済制度としての審判所の仕組みを採用することが拒絶され、内部的再審査制度のみが設けられることとなった。この背景には、社会基金制度の前身の給付では、多くの法的紛争が生じていて、それを当時扱っていた審判所が、市民からの上訴をかなり多く認容していたのに対し、裁量的社会基金制度では、予算上、給付額の上限が設けられており、それを上回るような給付を実施することは国家財政上許されなかったという事情がある（第5章第1節Ⅲ）。

　このように考えると、国家財政の状況を勘案しつつ給付全体を量的にコントロールするような給付の実施決定が実務上行われる中で、国家財政の状況を顧慮する志向を持たない権利救済機関が設けられると、給付制度の運営に影響が生じる恐れがあり、それは望ましくないと考えられたのではないかと推測される。

　(7)　ここまで検討した審判所の独立性の展開は、以下のように要約できよ

う。

　審判所の独立性を確保するための仕組みは、初期には利益代表の審判所メンバーへの組み込み（民主制の契機）、中期には審判所メンバーの任命権者の工夫、そして後期には機構全体の行政からの切り離し（司法権への組み込み）といった経過を辿っている。中期以降底流していた、法律専門家への信頼とそこからくる審判所の司法（近接）化が、後期における審判所の司法権への組み込みへの布石となっていた。

　また、審判所制度の独立性の程度は、実体法制度の在り方に影響されないということが明らかになった。独立性が欠如した権利救済機関が設けられている場合には、その背景に、国家財政の状況との関係において給付全体を量的にコントロールするような実務上の制度運営に対して、権利救済制度が影響を与えることが懸念された、との事情が存在するのではないかと推測された。

Ⅱ．積極的職権行使の展開

　(1)　審判所における独立性への問題関心とその展開と比較すると、審判所の審理における積極的職権行使の誕生は、時期的に遅れている。審判所では積極的職権行使が実施されるということを初めて明示したのは、1958年のハブル事件判決であった。ここでは、積極的職権行使が採られる根拠は、審判所が社会保障給付行政を担う機構の一部を構成していることに求められていた（以上、第3章第7節）。すなわち、審判所が行政権に属しており、各実体法の付属物（本章第1節Ⅱ）とされていたことこそが、積極的職権行使の根拠となっていたのである。つまり、審判所の積極的職権行使が目指すのは、第一義的には正確な給付の決定・給付にかかる真実の事実関係の発見であったと言えよう。

　しかしながら、この正確な給付の決定・真実発見としての積極的職権行使は、行政にとっても市民にとっても単一であるはずの「真実」を発見することにはつながっていなかった可能性がある。言い換えると、積極的職権行使によって発見されるのは、多くは、行政の主張の方向性に沿う（多くの場合は給付を抑制する方向に働くような）事実であり、そのことから、当該事実を前提として、当初の給付にかかる第一次的決定が、市民にとって不利に変更される、という事案が典型的に生じることとなる。これに対し、上訴人たる市民が、知識

不足等の事情から主張していない（あるいは主張できなかった）、市民にとって有利な論点ないし事実が、審判所の積極的職権行使によって発見され、それによって当初の第一次的決定が市民にとって有利に変更される、という裁判例および審判例は、少なくとも1970年代以前においては、管見の限り見出すことができなかった。むしろ市民の側からは、審判所は通常の行政機関ではなく、準司法的な性質を有するのだから、審判所の審理手続は自然的正義にかなったものでなくてはならない、との理論によって、行政に有利な積極的職権行使からもたらされる不意打ちを防ぐという手法が対抗策として取られるほどであった。

　むろん、本書は、当時存在したすべての裁判例・審判例を網羅的に検討したわけではなく、その意味では実証研究としての性質を有するものではないため、裁判例・審判例の傾向を評価することに対しては慎重であるべきと考えられるが、収集し得た限りの裁判例・審判例を検討する限りにおいては、上記のような一般的な傾向を見出すことができた。つまりこの時期には、積極的職権行使が真実の発見を目指していると言っても、それは市民と行政とで共通し単一であるはずの「真実」ではなく、行政にとっての「真実」であり、いわば片面的に作用する真実の発見になっていた可能性がある。そしてこのような事態には、審判所の独立性の程度の高低が少なからず関連していたように考えられる（この点は本章本節Ⅲにおいて詳述する）。

　(2) 審判所の積極的職権行使の性質に関して変化が生じたのは、1975年のベル報告書や、1983年に設置された社会保障上訴審判所首席審判官オフィスの初代首席審判官が、審判所の援助的役割について言及したころからであると考えられる。特に後者では、「審判所は、その独立した司法的役割を念頭におきつつ、関連するすべての事実の解明（clarification）、および必要な場合にはその精緻化（elaboration）に努めなければならない」こと、審判所の「根底に流れているのは、上訴人が自身の能力を最大限に発揮すること、またそうできたと上訴人が感じることを可能にする（enable）ように、審判所が万事において振舞わなければならない、という原理である」ことが示されている（第4章第7節Ⅲ）。審判所行政に関して強大な権限を有する機関のトップがこのような発言をしたことは、審判所実務にも多大な影響を与えたものと解される。

ここにおいて、積極的職権行使は、上訴人たる市民に対する支援という観点から捉え直されることとなった。すなわち、上訴人たる市民は審判所の審理のような場において、自己の主張を十全になし得るほど場慣れしているわけではない。さらに、市民は審理において相手方たる行政と対峙することになるが、両者間には経済力・情報力・専門性等の点で力関係に大きな開きがある。このような市民と行政との非対等性を修正する役割が、審判所の積極的職権行使に託されたのである。つまり、従前の時期における積極的職権行使の理念を、正確な給付決定・真実の発見（しかしその実態は片面的な真実発見であった）と表現するならば、この時期には、当事者たる市民の援助・当事者間の非対等性の修正が、積極的職権行使の理念となったと評することができよう。

　もちろん、ここで言う、当事者たる市民の援助・当事者間の非対等性の修正は、社会保障実体法上の給付要件を超えてまで、市民に有利に働くものではない。これはあくまで、実体法上の要件が満たされているか否かを審理する上での、手続法的な援助に止まるのであり、給付要件を満たさない市民に対して給付を行うような意味での「援助」ではあり得ない（そのような裁判例・審決例は、少なくとも管見の限り見当たらなかった）。その点では、ここにおける、当事者援助的・積極的職権行使も、真実の発見という要因を当然に含んでいると言える。ゆえに、当事者援助的・積極的職権行使が行使された結果、市民に不利な事実や論点が判明し、市民が、第一次的決定よりも、また審理における行政の主張よりも、自己にとって不利な裁決を下されることも十分にあり得る。しかしながらそれでも、従前の積極的職権行使には備えられていなかった、市民の援助という視点が加えられたことは、片面的なものに陥りかねない真実の発見ではなく、当事者間の非対等性を実質的に修正するという点を強調することを可能にしたという意味で、画期的であったと言えよう。[8]

　この援助的・積極的職権行使が、社会保障法領域で発生したことには、下記の２つの理由から、一定の必然性があると言える。

8）　新山一雄「西ドイツにおける職権探知原則」成田頼明ほか編『雄川一郎先生献呈論集　行政法の諸問題　下』（有斐閣、1990年）264頁は、西ドイツの行政訴訟における職権探知原則に関して、リヒテンベルクの議論を紹介しつつ、裁判所によって中立的に行われる実体的な真実の究明が、「事実上」、武器平等の原則の実現へと働く傾向を持っているとする。

第1に、社会保障法領域の審判所を利用する市民は、ある社会保障給付の受給に関する何らかの紛争を抱えているわけであるが、当該給付の受給を必要とする市民は、当然に何らかのニーズを生じている。すなわち、彼らは類型的に、世間一般の市民に比して、精神的・肉体的・経済的に厳しい立場に置かれていると言えるのであり、彼らが行政と対峙するということになれば、他のどの法領域よりも、当事者間の非対等性が顕著になる。ここに、審判所の審理において市民を援助し、当事者間の顕著な非対等性を修正する必要性が強く生じる。

　第2に、社会保障給付の性質上、給付の可否（さらには過払い給付の返還の要否）等に関する法的紛争の帰趨は、市民の生活を強く左右する可能性が、他の法領域においてよりも一層顕著であると考えられる。このことは、市民の権利がより慎重かつ正確に判断されるべきことを意味し、上記の第1の理由による市民への援助の必要性を、さらに補強する材料となろう。

　以上のような事情から、社会保障法領域においては、審理の公平性を担保する必要が特に強く、それを達成する手法の一環として、積極的職権行使を活用して当事者間の非対等性を修正するという原理が生み出されたものと推測することができよう。

　(3) この援助的・積極的職権行使の誕生には、審判所の司法化という状況も関係していると考えられる。その中でも特に重要と思われるのは、審判所の審理主宰者に、法律上、法曹資格が要求されるようになったことである。例えば、審理に慣れていない市民がリラックスできるような雰囲気を作るとか、審理の仕組みを丁寧に説明するというような作業は、非法律家のチェアマンにも可能であったかもしれない。しかしながら、上訴認容の可否に影響を与えるようなレベルでの援助的・積極的職権行使を実施するためには、社会保障実体法を要件事実的に正確に理解することが必要であり、同法の複雑性を考えると、それは非法律家にはほぼ不可能であったと考えられるのである。つまり、審判所が法律学的な能力を備えることこそが、実効的な援助的・積極的職権行使を実施するための前提条件であったと言えよう。

---

9)　もちろん、社会保障給付の種類によっては、本文で述べるような評価が当然には当たらない場合もある（例えば年金給付の場合など）。

しかしながら、当時の積極的職権行使は、すでに当事者の援助という視角を獲得していたにもかかわらず、法曹代理人の不在を埋め合わせるような程度には達していなかったとの評価もある。この点に関しては、下記Ⅲにて検討する。

(4) 審判所の援助的・積極的職権行使は、審判所における法曹代理の利用あるいは法律扶助に関する法政策とも重要な関連を見せている。

ゲン報告書の公表された1980年代以降、審判所において上訴人たる市民が法曹代理人を付けると、上訴認容率が上昇するなど、法曹代理が市民にとって有益であることについては見解が一致していた（本章第1節Ⅵ）。また、当時の審判所の司法化傾向から、審判所黎明期のような、法曹代理人の利用を許すことが審判所の非形式性を害し、市民にとっての審判所の使い勝手を悪くするという批判は、もはや当たらないものとなっていた。このため、特に社会保障法領域では、審判所における法曹代理を国費によって賄う法律扶助制度拡大への要求は高かった。

この時点で、審判所において上訴人たる市民が自らの主張を十全になしうることを保障する仕組みとして、大まかには2つの選択肢が存在していたことになる。すなわち、第1が、審判所に対する法律扶助の拡大であり、第2が、審判所の援助的・積極的職権行使の一層の活用である。このうち、財政支出を抑えたい政府が、第1の方針を採ることはなかったため、現実には第2の選択肢が採られざるを得なかった。ゲン報告書の分析に明らかなように、従前の積極的職権行使は、法曹代理人の不在を埋め合わせるような程度には達していなかったのであるが、法律扶助の拡大が明確に否定されてしまった以上、法曹代理人が不必要との一般的な合意が得られる程度にまで、審判所は援助的・積極的職権行使の内容を向上させる必要に迫られたものと言える。

また、このことは同時に、通常裁判所による、審判所における積極的職権行使の理解にも影響を与えたと言えよう。具体的には、1998年の法改正によって、法律の文言上、積極的職権行使を実施するか否かに関する裁量が審判所に与えられたにもかかわらず、複数の裁判例および審判例が、審判所が援助的・積極的職権行使を実施する法的義務を負うことを認めたのであった。つまり、援助的・積極的職権行使が、単に社会保障法領域の審判所における伝統的審理

様式であるという理由のみではなく、援助的・積極的職権行使に、審判所における法律扶助の欠缺を埋め合わせるような役割が期待されているとの実質的な考慮を加味することによって、援助的・積極的職権行使の法的義務の存在を認めたと考えられよう。このような理解の正当性は、上記のような裁判例が、援助的・積極的職権行使の法的義務性を論じる際に、法曹代理人の存在等を意識した判示を行っていることからも裏付けられる。

　(5)　このように、援助的・積極的職権行使によって、審判所における法曹代理人の欠缺を埋め合わせるという考え方を2002年のレガット報告書が示した際には、同報告書に対して「楽観的過ぎる」などといった強い批判が浴びせられた。しかし現在では、援助的・積極的職権行使の活用という選択が一定の効果を上げていると評価する実証的な研究も現れている。当該研究は、審判所の援助的・介入的な積極的職権行使の影響で、代理人を付けるか否かによる上訴認容率の差は、社会保障法領域においては6％に過ぎないこと、さらに、上訴人たる市民本人が、審理の事前手続（pre-hearing）を利用すれば、審理において代理人を付けるよりも上訴認容率が上回ることを示している（第6章第6節および本章第1節Ⅵ）。当該研究に関しては、統計自体が大規模に実施されたものではないこと、実体法自体が歴史の進展によって変化していて、その変化が権利救済の帰趨にも影響を与える可能性があるにもかかわらずそれを捨象していることなど、その正当性に疑問の余地がないわけではない。しかしながら、同研究が示したデータのうち、上訴人たる市民の満足感が示された部分は、それ自体否定されようがないのであり、援助的・積極的職権行使の効用に対する一定の根拠にはなり得よう。

　(6)　以上のような積極的職権行使の展開を、今一度まとめると、以下のようになろう。

　審判所における積極的職権行使は、当初、真実発見的機能を目指していたと言えるが、そこで言う真実の発見は、行政側にとってのみ有利に働きがちな、いわば片面的な真実の発見であった可能性がある。その後、社会保障法領域の特殊事情への考慮等から、上訴人たる市民への援助、当事者間の非対等性の修正という観点に力点を置いた、援助的・積極的職権行使が発生する。この援助的・積極的職権行使は、審判所における法律扶助の適用否定といった事情か

ら、法曹代理人を利用することなく、市民が上訴を追行できるようにするという役割を負うこととなり、その内容を充実させるとともに、審判所にとっての法的義務となるに至った。

Ⅲ．独立性と積極的職権行使の相互関連

(1) 最後に、本章におけるこれまでの検討を前提として、本書の設定した2つの分析軸である「審判所の行政からの独立性」および「審判所の審理における積極的職権行使」の間にどのような関連性が見出せるかについて検討を行う。

第1に、審判所の積極的職権行使がどのように作用するかということと、審判所の独立性の程度との間に、一定の関連が見出せる。

積極的職権行使の発生当初、それが実際に果たしていた機能は、行政の主張の方向性に沿う（多くの場合は給付を抑制する方向に働くような）事実の発見であり、当該事実を前提として、当初の給付にかかる第一次的決定を、市民にとって不利に変更するというものであった（片面的真実発見）（本章本節Ⅱ）。これは、当時における審判所が行政からの独立性を欠いていた事実、および独立性を欠いた審判所制度の構築の背景を併せ考えると、自然であったとも言える。すなわち、行政からの独立性の程度が低い審判所制度やその他の権利救済制度においては、給付制度の運営において財政状況等を勘案しつつ給付全体をコントロールするような実際上の運用にとって、審判所制度等が行政から独立していることは望ましくないと考えられた可能性があったのであり（本章本節Ⅰ）、そこにおける積極的職権行使の実施が、市民の側の視点にまで目を行き届かせることが困難であること（あるいはそもそもそういった視角を欠くこと）は必然であった。

その後、審判所の独立性の程度が向上することと併せて、積極的職権行使の内実も、市民と行政との非対等性の修正・市民の援助を目指すようなものに推移した。

すなわち、本書が審判所の積極的職権行使を分析軸として設定したそもそもの問題関心、具体的には権利救済機関における市民と行政との間の力の格差・非対等性を是正するための審理様式の構築からすると、積極的職権行使が市民

援助的な機能を発揮するためには、権利救済機関の独立性が一定程度以上確立していることが前提となると言えるのである。

　また、逆から言えば、このことは、独立性の欠如した権利救済機関において、積極的職権行使を実施することの危険性を示すと言えよう。先に述べたように、審判所において独立性が欠如している（メンバーに行政の官吏が含まれる、あるいはメンバーの任命に行政が関与している）場合、そこには、行政が財政状況等の事情に配意して給付をコントロールする契機が含まれる可能性がある。そうであるとすると、独立性の欠如した権利救済機関における積極的職権行使の実施は、紛争を生じている第一次的決定を再度根拠づけようとするような片面的真実発見に陥りかねない誘因をはらんでいると言えよう。

　ただしこの場合、権利救済機関の積極的職権行使を許さないとするのみでは、問題は解決しない。審理における市民と行政との間の力の格差・非対等性の問題は残されるためである。この問題を解決するための手がかりは、審判所において援助的・積極的職権行使が強化されてきた以下の歴史に見出すことができよう。審判所の審理において、自身の主張を筋道立てて行うことに不慣れな市民が、法曹代理人を付けることの有用性は、再三にわたって指摘されてきたにもかかわらず、イギリスでは、主として財政的な原因から、法曹代理人の費用を国費で賄うこと（法律扶助）を審判所に拡張適用することを否定する政策決定がなされた。そのため、審判所における審理を、市民が法曹代理人の力を借りずに自力で追行することができるよう、審判所は援助的・積極的職権行使を充実させた（本章第1節Ⅵ）。つまり、権利救済機関の援助的・積極的職権行使に頼ることができない場合、そこでは、国費による法曹代理人の保障が対案となり得るということになる。ここでは、「国費による」保障という点（法律扶助）が非常に重要であることは言うまでもないであろう。社会保障法領域において権利救済機関を利用しようとする市民は類型的に困難な経済状況に置かれていることが多々あると考えられることからすると、法律扶助なしでは、市民が法曹代理人を利用することは不可能に近いためである。[10]

　(2)　独立性と積極的職権行使の関連にかかる第2の点は、権利救済機関のメンバーの、積極的職権行使を実施する能力という点である。

---

10)　新山・前掲註(8)参照。

援助的・積極的職権行使が、審理に慣れていない市民がリラックスできるような雰囲気を作るとか、審理の仕組みを丁寧に説明するというようなものに止まらず、上訴認容の可否に影響を与えるようなレベルにおいて実施されるためには、複雑な社会保障実体法を法的に正確に把握することが必要である（本章本節Ⅱ）。そのため、権利救済機関が援助的・積極的職権行使を実施しうる前提条件として、同機関に、社会保障法の法律学的理解に優れているメンバーが含まれていることが必要である。このことは、審判所の歴史において、当初はそれほど評価されていなかった援助的・積極的職権行使の効果が、審判所の司法化（チェアマンへの法曹資格の要求等）さらには司法権への編入を経て向上したという評価があることによっても基礎づけられよう。

社会保障法の法律学的な理解という点で優れている者として、社会保障行政実務を実施している行政の官吏、および法曹が考えられよう。このうち、行政の官吏を活用すると、上述のような独立性と積極的職権行使の関係性からして、市民の援助としての実質を備えることが困難であると予測されるため、第一義的には法曹の活用が適切ではないかと考えられる。

ただし、このように法曹を活用するということ自体は、直接には独立性の論点とは関連しない。任命・解任権限、および報酬等の点を社会保障関連の行政省庁に止めておく限り、メンバーに法曹が含まれても、独立性が向上しているとは言えないためである。むしろ、法律学的資質の高い（すなわち有効に積極的職権行使を実施しうる）法曹が権利救済機関のメンバーに起用され、任免あるいは報酬規定等によって行政とのつながりが温存された場合、市民のエンパワーメントとは逆の（行政と市民の力の格差を拡大する）方向性に向かう可能性もある。

このように考えると、援助的・積極的職権行使を効果的に実施できるような資質あるメンバーを権利救済機関に起用する場合には、権利救済機関の独立性の達成度にも注意を払う必要性が高い。審判所の独立性の史的展開を参照すると、独立性の程度は、審判所誕生当初の、誰をメンバーとして加えるかというメンバー構成の点から、審判所機構全体の、社会保障関連省庁からの分離という方向性へと移行していることが分かる。そうすると、援助的・積極的職権行使の実施に必要な法律学的資質という点と、社会保障関連省庁からの分離とい

う点の2つを同時に満たすことができる選択肢として、審判所機構全体の司法権への編入という展開は、非常に理にかなったものであったと評価できよう。

第3編
日本法への示唆

序

　本編では、第1編において論じた日本法の展開と問題状況に対して、第2編で論じてきたイギリスの審判所制度の展開から得られた知見をもとに、比較法的な示唆を得ることを目指す。本編における叙述は、以下の手順をとる。

　まず、第2編におけるイギリスの史的展開の検討により得られたいくつかの論点（第2編第7章第1節参照）をフィルターとして、日本法の現状を捉え直す（本編第1章）。これによって、日本法の問題状況を第1編において把握したものよりも、一層鮮明に描き出すことが可能となる。

　続いて、上記の作業によって新たに捉え直された日本法の問題状況に対して、本書の設定した2つの分析軸を切り口として、比較法的検討を行う。まず、第1の分析軸である独立性に関して（本編第2章）、続いて、第2の分析軸である積極的職権行使に関して（本編第3章）、それぞれ検討し、最後に両分析軸の関係を念頭において、総括的な検討を行う（本編第4章）。

第1章　各論点についての検討

　第1編において検討したとおり、日本の社会保障法領域における不服審査機関は、3つに類型化することができる。
　第1が、①社会保険審査会型である。この類型は、一審を独任制、二審を合議制の第三者機関とする二審制を採用している。メンバー構成としては、一審は厚労省の職員が務め、二審では利益代表が含まれておらず、学識経験者がメンバーとして任命される。
　第2が、②国民健康保険審査会型である。この類型は、合議制の第三者機関が採用された、一審制の仕組みを持つ。ここでの第三者機関は、利益代表をメンバーに含んでいたが、その中でも保険者代表が含まれていることが特徴的である。
　第3が、③生活保護型である。この類型では、行政自体が不服審査機関となる。すなわち、都道府県知事が一審、厚生労働大臣が二審となる。

第1節　行政権と司法権

　(1) イギリスの社会保障法領域における権利救済機関は、歴史的には長く行政権に属していたものの、徐々に司法へと近接し、近年ついに司法権へと編入されるに至った。これに対し、日本において社会保障法領域の法的紛争を扱うすべての権利救済機関は、制度誕生当時から現在まで、一貫して行政権に属している。
　権利救済機関の機構の点でも、①から③のすべての類型において、社会保障関連の行政からの分離は意図されていない。また、メンバーの任命権限を検討すると、①社会保険審査会の類型では衆参両院の同意が要求されるとは言え、

厚生労働大臣に委ねられているし、②の類型では知事が任命を事実上行っている。さらに、③の類型では、知事と厚生労働大臣自身が権利救済を担っている。これらの点は、まだ審判所が行政権に属していた時期から、審判所のメンバーの任命について、司法行政のトップである大法官が関与しており、なおかつ社会保障関連の行政から、審判所が機構上分離することに意識を払ってきたイギリスと、対照的であると言えよう。

　また、メンバー構成の点を検討すると、日本の社会保障法領域の権利救済機関において、法曹資格を有する者が構成員に含まれるべきことが法律上要求されている例はない。これは、イギリスにおいて、1940年代に第二審の審判所（コミッショナー）について、1980年代にはこれに合わせて第一審の審判所について、それぞれ一定のメンバーに法曹資格が要求されていた点と対照的である。

　(2) 裁判所との関係では、日本の①から③のすべての類型の権利救済機関において、一段階あるいは二段階の不服申立前置主義が法律上採られており、二段階の権利救済機関を経た場合であっても、裁判所との関係では、通常どおり、第一審からの三審を尽くすことができる（つまり審級省略が行われない）。これらの点は、裁判所と審判所を理論上は自由に選択することができ、また第二審の審判所を経た上訴が控訴院において審理される（＝審判所と裁判所の機能上の連続性ないし代替性を認める）イギリスとは、異なっている。つまり、日本においては社会保障法領域の不服申立制度が裁判所と連続的な制度とは考えられておらず、あくまでも両者間には断絶があるのであり、両者は機能的に代替可能な部分を持つとは考えられていない。

　(3) 不服審査機関と裁判所との断絶は、両者が行政権と司法権という異なった権限に属しているという事情のみによっては、必ずしも正当化できない。イギリスにおいては、審判所がまだ行政権に属していた1980年代に、第二審の審判所（コミッショナー）から控訴院への上訴が規定された。また、日本においても、一定の法領域においては、行政不服審査機関から高等裁判所への審級省略が認められている。

　つまり、日本の社会保障法領域においては、権利救済機関が一貫して行政権に属している点はもちろんであるが、それと同時に、司法権との親和性・近接性を有していないという点もまた指摘できるのである（この点は本章第4節とも

関連する)。

第2節　権利救済機関と実体法との関係

(1) 日本の社会保障法領域における権利救済機関も、イギリスの審判所も、当初は各実体法制度に付属するような形で作られており、その後、実体法制度の類型と対応して、権利救済機関も類型化の傾向を見せたという点では共通している。しかしながら、イギリスにおいてはそこからさらに進んで、実体法の差異を超えて、市民対行政の法的紛争全般を統一的に扱う仕組みが設けられるに至ったのに対し、日本では、①の類型に属する権利救済機関が、数個の実体法制度の権利救済を担うという例があるに過ぎず(社会保険審査会や労働保険審査会)、基本的には各実体法ごとに異なる権利救済機関が設けられている。

日本とイギリスを比較してみると、1950年代に一定の実体法領域ごとの類型化の傾向を示した事実を共通点として見出すことができる。しかし、両者の比較において特に顕著な差異は、日本においては、1950年代以降、社会保障法領域の権利救済機関の改革に関しては特に議論が生じることなく現在に至っているが、他方で、イギリスにおいては、審判所システムの改革に継続して関心が払われ、1950年代以降も引き続き重要な改革が実施されている点である。

このような差異の背景として、差し当たり以下の2つのことが指摘できる。第1に、イギリスにおいて実体法制度の改革が頻繁に実施されていたという点が注目されよう。当時は、一定の類型化の傾向を見せていたとは言え、実体法ごとに審判所の構成等が定められていた。そこで、実体法制度が改正される際には、審判所の在り方も法改正の際の論点の1つとして併せて取り上げられていた。

第2に、権利救済制度自体への関心が、イギリスにおいては強く生じていたという点もまた指摘することができる。例えば1957年のフランクス報告書や2002年のレガット報告書は、審判所に焦点を当てた報告書であり、その時々の審判所の大規模な改革に決定的な影響を与えている。また、1975年のベル報告書は、アメリカの福祉権運動の影響を受けてイギリスで起こった動きを反映したものであるが、公的扶助領域の権利救済機関のみを対象としており、同制度

の改革に多大な影響を与えた。このように、権利救済制度自体が検討対象とされた政府系報告書と、それによって推進された大規模な改革がいくつも見られるという点が、イギリスの審判所制度の歴史において顕著である。

(2) さらに、日本においては、実体法ごとに設けられていた権利救済機関の差異の大きさから、実体法を超えた権利救済機関の設置という関心が生じなかったという可能性も考えられる。イギリスにおいては、社会保障法領域のいずれの実体法でも、合議制の権利救済機関が基本的には用いられており、その点では統一化の議論が生じる素地が見えやすかったと思われるのであるが、他方で日本では、①および②の合議制機関と、③の類型（行政が単独で権利救済を担う）では、形式が明らかに異なっている。さらに、日本の社会保険領域に属する①および②の合議制機関において、それらがいずれも利益代表を採用していた時代のことを念頭においても、それらの利益代表メンバーの位置づけ自体が、実体法の差異を反映して異なっていた（イギリスの社会保険領域においては、このような差異は見出せない；本章第3節にて詳述）。

このように、権利救済機関の外観上あるいは理論上の相違もまた、実体法を超えた権利救済機関の統合の可能性を議論する素地を生じなかった原因と考えられるのである。

第3節　権利救済機関のメンバーとしての利益代表

(1) 権利救済機関に、メンバーとして利益代表が含まれているか否かという点に関しても、日本とイギリスの比較によって興味深い異同が浮かび上がる。

日本において、現在、利益代表がメンバーとして含まれているのは、②国民健康保険審査会の類型のみであり、その内容は、保険者代表、被保険者代表である（それらのほかに公益代表が加えられている）。これは、1938年の国民健康保険法制定当時から基本的に変化していない[1]。また、現在では利益代表メンバー

---

1) もっとも、法制定当時はこれらの利益代表のほかに、医師、歯科医師および薬剤師を代表するメンバーが加えられていた。しかしこれは、当時の同法下で権利救済を担っていた国民健康保険委員会が、保険給付に関する不服申立ての審査という働きのみならず、認可申請に関する諮問機関、さらには組合と医療機関との保険給付契約に関する紛争の斡旋の機関としての機能をも有していたことに起因しており、不服申立ての審理にお /

を含まない①社会保険審査会の類型に属している権利救済機関を有する各法（例えば健康保険法）においても、権利救済制度設置当初は、利益代表メンバーが含まれていた。具体的には、1922年健康保険法において設置された健康保険審査会では、被保険者を使用する事業者、被保険者が構成員となっていた（これらのほかに官吏・公吏または学識経験者が含まれていた。この構成は1939年職員健康保険法においても同様）。

まずここで、②国民健康保険審査会の類型と、現在では①社会保険審査会に統合された機関の前身が、それぞれ有している（いた）利益代表の形態に異同があることに注意しなければならない。すなわち、両者に共通する被保険者代表を除くと、②においては保険者代表が含まれているのに対して、①の前身では被保険者を使用する事業者が含まれている。つまり、利益代表の観点からは、①の前身と②では事業者代表か保険者代表かという点が大きく異なっており、この点が制度の理解に関わってくる可能性がある[2]。

(2) ここで翻って、イギリスに関して先に行った検討を参照すると、権利救済機関のメンバーとしてかつて存在した利益代表は、日本における①の前身と同じく、被保険者を使用する事業者の代表を採用していた（つまり、保険者代表を採用していない）。この仕組みは、民主制の契機と独立性の契機を有しており、その帰結として保険者が権利救済に関して利害関係を持つ可能性を敢えて取り入れていないものと考えられた（第2編第7章第1節Ⅲ）[3][4]。

　いては、医師、歯科医師および薬剤師は議事に関与できなかった（第1編参照）。
2) この点、①の前身において官吏・公吏と学識経験者が選択的に定められていることが問題となる余地がある。つまり、官吏・公吏は保険財政の問題に関して広い意味で利害関係を有するものと考えられ、その意味では②の類型の保険者代表に事実上の機能として類似する可能性があるためである。しかし、本文で問題としたいのは、法規定からどのような理論的問題が読み取れるかという点である。そのため、ここでは、①の前身で官吏・公吏と学識経験者が選択的に定められていたこと自体を重視し、ここで言う官吏・公吏には、学識経験者（ひいては②における公益代表）と同様の機能が理論上は期待されていると考える。
3) このことは、イギリスの社会保険においては保険者による自治という考え方がドイツやフランスといった大陸諸国ほど強くないということと関連している可能性もあると考えられる。
4) ただしかつてのイギリスにおける利益代表の仕組みにおいても、独立性が完全には担保されていなかった結果、制度運営者（保険者）側の官吏らが、審判所のメンバーと

確かに、事業者代表は保険料を拠出するため、保険財源に対して一定の関与をなすが、逆から言えば、この保険料拠出という行為が唯一の利害関係である。これに対して、保険者は、（財源負担をする場合もある上に）保険給付の可否等に関する決定を実施する主体であり、つまり権利救済制度においてまさに争われる決定をなす主体である。よって、利益代表としての事業者代表と保険者代表は、ことに権利救済の局面においてはその性質を決定的に異にする。

　このことからすると、日本の②の類型において伝統的に採用されている利益代表は、権利救済機関の独立性を高める要素というよりはむしろ、保険の自治という要因に重点を置いたものであると評価できる。このことは、②の類型が①の前身から分離した根拠として議会資料に示されている、地方自治体による民主的な運営（第1編第1章第3節Ⅱ(3)；イギリスとの差異を明確に示す上では、「民主的」よりも「自治的」という表現の方がより適切であるように考えられる）とも整合的である。

　(3) 以上のように、イギリスにおいて歴史的に存在した利益代表の在り方と、日本の②の類型において現在まで一貫して見られる利益代表の在り方は、前者が権利救済機関の独立性という問題と不可分の関係を持っていたのに対し、後者は保険の自治の契機に重点を置いており、同じ利益代表であっても全く異なった理念に基づいていると考えられる。

第4節　審理主宰者の資格

　(1) イギリスの審判所においては、1950年前後から、第二審の審判所（独任制のコミッショナー）について法曹資格が法律上要求され、1980年代には、第一審の審判所の審理主宰者についても、同様の要求が法定された。これに対し、日本の社会保障法領域においては、歴史上、権利救済機関の審理主宰者に対して、法曹資格を含む何らかの資格が要求されたことはない。

　イギリスにおいて、審理主宰者に法曹資格が要求された理由は、慎重かつ専門的な審理、審理の質の担保であったと考えられた。これらの価値は、日本に

＼して入り込む（そしてそれが事実上、保険者代表と同様の作用を及ぼす）余地があった、ということには注意を向ける必要がある。

おいても重要性が否定されるものではないであろう。それでは、これらの点に関して、日本ではどのような方向性で手当てがなされたのであろうか。

(2) ①社会保険審査会の類型では、第1段階の社会保険審査官を厚労省の職員が務めている。厚労省職員は、自らの管掌する社会保険各法を熟知していると考えられるので、この配置は審理の専門性という観点からは高度なものと評価されよう。

次に、①の類型の第2段階の社会保険審査会では、「社会保障に関する識見を有し、かつ、法律または社会保険に関する学識経験を有する者のうちから」委員が選任される。これは、イギリスにおける法曹資格の要求とは異なるけれども、専門性や審理の質の担保という目的は類似するものと言えそうである。

また、③生活保護法の類型では、3類型中で唯一、合議制の機関が設けられておらず、都道府県知事（第1段階）と厚生労働大臣（第2段階）が不服審査を行う。合議制機関が設けられなかった理由として、生活保護法のケースワーク的性格が根拠として挙げられていたことから、ここでも、生活保護法に関する専門性の高さに対する考慮が感じられる。

これらに対し、②国民健康保険審査会の類型は、保険者代表・被保険者代表という利益代表、および公益代表から構成されている。この構成においては、保険者代表が制度自体のことを熟知していると考えられ、その点で高い専門性を有していると言えるであろう。また、公益代表に関しては、資格等に関して法令上の規定はないものの、弁護士や大学教員等、法律学に関して専門性を有している者が起用されている例が多く目につく。

(3) 以上検討したように、日本においては、審理主宰者に法曹資格をはじめとする何らかの資格が要求されている例はないものの、イギリスにおいて審理主宰者に法曹資格を要求することの根拠であると考えられる「専門性」の要素は、日本の各機関においても備えられている。

しかしながら、イギリスにおいても日本と同様に、社会保障制度を所掌する官吏・行政に権利救済を担わせ、それによって専門性を担保するという方向性があり得たはずである。それでもなお、イギリスはそうした手法をとらず、審理主宰者に法曹資格を要求するという選択をした。そうであるとすると、これらの両者の選択の間には、なお何らかの差異を見出すことができると思われ

る。その1つとして、法曹資格保有者と官吏とで、法解釈の手法に差異がある可能性を指摘することができるかもしれない。つまり、官吏の行う解釈は政策的な判断が入る余地があり、上級庁の通達等から自由ではない半面、法曹資格保有者は、政策的な判断を排し、行政の通達と整合しないが相応の説得性を有した独自の法解釈を展開できる可能性があると考えられる。しかしながら、この点は権利救済機関が上級庁の通達に拘束されるか否か、法曹資格保有者がどのような職から選ばれるか（行政権の内部か外部か）といった問題と不可分であり、結局は権利救済機関の独立性の問題に解消されるとも言えそうである。

（4）このように、日本においては審理主宰者に法曹資格を含む何らかの資格が要求される例はないが、権利救済機関の専門性と審理の質の担保は別の手法によって達成されていると言える。ここでは、イギリスにおいて審判所制度が裁判所制度と連続的・機能代替的なものと捉えられた結果、審理主宰者に法曹資格が要求されている一方、日本では不服審査機関が「行政」不服審査という形をとり、裁判所と断絶している結果、行政（官吏）それ自身が、あるいは（行政からの一定の距離を確保することが重要であると考えられた場合には）公益代表が、それぞれ専門性と審理の質を担保する、というイギリスと日本の差異が影響を与えていると評価することができそうである（本章第1節参照）。この両者における専門性の達成手法の相違の問題は、権利救済機関の独立性の問題とも連動しつつ、その審理方式に関して何らかの影響を与えるだろう。

第5節　書面審理と口頭審理

（1）イギリスにおいては、従来、審判所の非形式性という性格から口頭審理が原則であったが、財政面を意識した1996年の規則改正によって、書面審理が原則とされた。また、口頭審理と書面審理とでは、自己の見解を主張しやすく、また審判所による援助的・積極的職権行使の実施も事実上容易であるため、口頭審理の方が望ましいと考えられた。

日本について、書面審理と口頭審理の別を検討すると、①の類型の第一段階（社会保険審査官）では、書面が原則であるが、口頭での意見陳述の機会を市民から求められたらその機会を与えなければならない。また第2段階（社会保険

審査会）では、審理は口頭弁論にて行われる。

②の類型では、口頭審理か書面審理かに関して法令上の規定はないため、行政不服審査法の規定が当てはまる（書面審理が原則だが、申立てがあった場合には口頭で意見を述べる機会を与えねばならない）。同じく③の類型でも、生活保護法自体に規定がないため、②の類型と同様に解されよう。

(2) 上記のとおり、日本において、市民が口頭での陳述を望む場合に、それが許されないという仕組みはない。ただし、口頭弁論が原則とされる場合（①類型の第二段階のみ）と、書面審理が原則とされ、市民が申立てをした場合にのみ口頭での陳述が許される場合とでは、口頭弁論（陳述）を利用する市民の数に大きな差異が生じるであろうことが予測される。もし市民が書面審理に対して抵抗感を持った（あるいは口頭審理をより好ましいものと考えた）としても、それらの市民のうちのすべてが具体的に口頭陳述の申立てという行為に至るとは思われない。

日本においては、口頭審理と書面審理のそれぞれの形式における不服申立ての認容率を検討した実証的研究は見当たらない。また、イギリスの検討からは、この問題は積極的職権行使の実施の事実上・実際上の容易さという問題とも関連していたことが注目される（本編第3章にて詳述）。

第6節　権利救済機関の審理と代理人の関係

(1) イギリスにおいては、当初、審判所の非形式性・簡易性との関係で、法曹代理人は禁止されていたが、その後、審判所の司法への近接化の流れと軌を一にして、法曹代理人が許容された。そして1990年代までに、実証的研究によって法曹代理人の有用性が明らかにされ、法律扶助の要求が高まったものの、国家財政の事情によって実現していない。ただし、審判所が援助的・積極的職権行使を実施することによって、一部、法律扶助の代替的機能を果たしていると言えそうであった。

これに対して、日本においては、歴史上一時期において法曹代理人が禁止された時期があったが（第1編第1章第1節Ⅰ）、それが解禁されて以降、法曹代理人と社会保障法領域の権利救済機関の関係に関しては、生活保護法上に法律

扶助を設けるべきであるという議論を除いては、目立ったものがなかった。

　(2) しかしながら、2004（平成16）年に成立した総合法律支援法に、この論点との関連性を見出すことができる。当該立法は、「裁判その他の法による紛争の解決のための制度の利用をより容易にするとともに弁護士（略―引用註）その他の隣接法律専門職者のサービスをより身近に受けられるようにするための総合的な支援」を目指すものであり（同法1条）、一定の場合には、訴訟の準備・追行のために、市民が費用の立替えを受け（場合によってはその費用の償還を猶予・免除され）、法曹代理人を付けることができる（同法30条2項）。ただし、この仕組みは不服申立制度には適用されないため、（社会保障法領域においては「原則化」している）不服申立前置を経た後の、裁判所における行政訴訟の段階でしか利用できないこととなる[5]。先に述べたように、社会保障法領域においては、肉体的・精神的な事情やニーズの緊急性等、様々な理由から、行政訴訟の前の段階における行政不服審査が特に重要であることを考えると（序章第2節I）、この行政不服審査の段階においても、法曹代理人の利用に関して経済的支援を行う仕組みを設ける独自の意義が存するのであり、後続する最終手段としての行政訴訟においてそれが保障されていることを持って十分であるとは評価できないものと考えられる。

　(3) さらに、日本においても、法曹代理人の不在を権利救済機関が積極的に埋め合わせるような、イギリスにおいて見られたアプローチも全く見られないわけではないが、少なくとも日本では権利救済機関に課せられた法的義務として存在しているわけではない。また、日本の社会保障法領域における権利救済機関の独立性に関する状況を前提とした場合に、法曹代理人の不在を積極的職権行使によって埋め合わせるという手法には、危険が潜む可能性がある（本編第3章にて詳述）。

---

5) 事実上、不服申立段階の代理業務を無料で行う法曹（あるいはその隣接職）も存在しており、それらが市民にとって大いに助けとなることは疑いない。しかしながら、（いつ打ち切られるか分からない・誰もが受けられるわけでもないという意味で不安定な）事実上の運用を頼りにしなければならない状況そのものが問題であるということはなお指摘できよう。

第3編　日本法への示唆

第7節　社会保障法領域の権利救済機関の独自性

（1）イギリスの歴史的検討からは、審判所が社会保障法領域において発生したことには一定の必然性が感じられ、また、援助的・積極的職権行使の発展、社会保障法領域に限られない審判所全体の独立性の進展に対して、社会保障法領域の特殊性が影響を与えたものと考えられた。このような社会保障法領域の特殊性の影響は、日本の権利救済制度にも存在しているのか。

　例えば、日本において、①の類型の前身の1つである健康保険審査会が誕生した時、その根拠を、民事訴訟手続が煩雑かつ高価であり、また被保険者がそのような手続に慣れていないと考えられること、健康保険法上の給付は性質上迅速に給付される必要があるのに、通常裁判所の審理は長期の日数を要すること（すなわち簡易性・迅速性）に求めている（第1編第1章第1節Ⅰ）。これらの議論からは、社会保障法領域の特殊性への配慮が見て取れると評価できよう。ただし、繰り返し述べるように、日本においては権利救済機関の審理において、社会保障法領域の特殊性に着目したようなアプローチが（一部の個別事案を除いては）採られているわけではない。

　また、社会保障法領域においては不服申立前置主義が「原則」化しているが、この根拠として、処分の大量性・複雑性・専門性が特に高いため、行政部内において第一次的な審査を行い、行政部内で反省を求める、ということが頻繁に語られる（第1編第1章第1節Ⅲ）。この処分の大量性・複雑性・専門性という部分にも、一見すると社会保障法領域の特殊性が存している（ただし、これらの事情は社会保障法領域特有のものではない。例えば租税法領域も同様であろう）。この不服申立前置主義は、当然に不服申立制度自体の存在を前提としており、そこには行政の便宜という観点も存していると言えよう。

　このように考えると、日本においては、社会保障法領域の特殊性が、市民のためという視点と行政の便宜という視点の双方において、権利救済制度（の在り方）に影響を与えていると言えそうである。

　（2）また、日本の②の類型においてのみ、現在まで一貫して利益代表メンバーが存在しているが、先に検討したとおり、このことには制度の民主的な運

営、なかんずく保険の自治の要素が強く影響を与えていると考えられた(本章第3節)。そうであるとすると、この点は社会保険という社会保障法の1領域の特殊性を反映していると言えよう。

第 2 章　独立性と積極的職権行使
——分析

第 1 節　独　立　性

　(1)　日本においては、社会保障法領域の権利救済機関は一貫して行政権に属している。そのため、権利救済機関の独立性は、行政権内部における独立性の問題として扱うよりほかない。機構上は行政権に属しつつ、内容面において司法権との近接を示すという可能性もあり得るのであるが（例えばメンバーや審理主宰者に法曹資格保有者が入ることを規定したり、メンバーの任命に司法権が関与したりということ；もっとも、前者の場合、先に述べたとおりそれ自体が独立性の向上と直接に結びつくわけではない）、日本においてはそのような状況が生じているわけでもない。このように、日本の社会保障法領域においては、権利救済機関の独立性の問題を論じるに当たり、司法化、あるいは司法権への近接という観点は存在してこなかったと評価できよう。

　さらに、社会保障給付を実施する行政から、相対的に独立した機構を作り、その機構に、権利救済機関を統括させるというような関心も日本においては見られない。

　これらの点で、日本の社会保障法領域の権利救済は、まさに「行政」不服審査であったということができる（本編第 1 章第 1 節）。

　(2)　このように、機構上の独立性という観点が生じない以上、権利救済機関の独立性の問題はメンバー構成という観点から議論されざるを得ない。日本においては、①の第二段階（社会保険審査会）、②（国民健康保険審査会）の類型のような、行政外部のメンバーを含んだ権利救済機関が、独立性の高い第三者機関と評価されることは、この文脈から理解可能である。事実、イギリスにおけ

る利益代表を含む審判所のメンバー構成は、民主制の契機と共に独立性の契機を含んでいると解された。

これに対し、日本の②の類型におけるメンバー構成（利益代表）は、社会保障法領域のうち特に社会保険（地域保険）という制度の特色を反映しており、保険自治的な要素を強く有するものであった。つまり②の類型における利益代表は、独立性に対する配慮はなされていない（むしろそれとは逆の方向に働く）可能性があると評価された（本編第1章第3節）。

（3）さらに、イギリスにおける、法曹資格をはじめとする何らかの資格によって権利救済機関の専門性を担保しようとする志向に対し、日本では行政権内部の人材（①の第1段階（社会保険審査官）および③（都道府県知事と厚生労働大臣））を登用することによって専門性を確保している（本編本章第4節）。しかしながらこのような手法によって専門性を高めようとする手法自体が、社会保障管轄行政からの、権利救済機関の独立性という価値と真っ向から対立している。

また、これも社会保障法領域の特殊性の1つとされているが、処分の大量性・複雑性・専門性を反映して、不服申立前置主義が原則化している。そこでは、行政部内の反省の機会の付与という議論が行われるが、このことも、社会保障管掌の行政自身が不服審査を行っていなければ生じない議論である（例えば、司法権や、社会保障を管轄しない行政が権利救済を担っている場合、そこには行政部内の反省の機会は存しない）。

（4）以上の検討を前提とすると、日本における社会保障法領域の権利救済機関は、一般に、独立性という論点にそれほど重点を置かず、むしろ社会保障制度を管掌する行政との関係の深さ、そこから期待される専門性・迅速性を前提とした制度設計になっていると言えそうである。そのため、実体法制度の類型ごとに、権利救済制度の独立性の程度に差異があることもまた（本編第1章第2節）、特に問題を生じてこなかったと考えられる。

第2節　積極的職権行使

日本の社会保障法領域における、すべての類型の権利救済機関において、「職

権主義的」審理は法的には許容されていた。しかしながら、権利救済機関の（「職権主義的」な）審理態様自体が論点となるような研究はごく少なく、関連する裁判例も見当たらない。

　権利救済機関のメンバー構成という観点から積極的職権行使の実施の可能性を考えてみると、①から③のいずれの類型においても、一定の専門性が備えられている（本編第1章第4節）。権利救済機関の積極的職権行使が、実体法上の受給権の存否に影響を与えるレベルにおいて実施されるためには、実体法規定に関する高度の理解（つまり専門性の高さ）が前提条件であると考えられ、この点においては、積極的職権行使が実施できるような下地は、日本においても存在していると考えられる。

　しかしながら、日本の社会保障法領域の権利救済機関においては、書面審理が原則となっている場合が多く（本編第1章第5節）、このことが積極的職権行使の実施に対して、事実上消極的に作用している可能性はあろう（イギリスに関して、第2編第7章第1節Ⅴ参照）。事実、口頭審理が原則とされている①の類型の第2段階（社会保険審査会）においては、積極的職権行使が実施されているということが示されている（第1編第1章第1節Ⅲ）。

　また、イギリスにおける法曹代理人と積極的職権行使の関係（第2編第7章第1節Ⅵ）のような、何らかの法政策との関連での、積極的職権行使の果たす役割に対する期待（例えば行政不服審査に対しては国費による法曹代理人の費用扶助を実施しないという選択をし、その機能代替的な役割が、権利救済機関の積極的職権行使に負わされるというような関係）が、日本においては存在せず、積極的職権行使に対する光が当てられる機会がなかったという点も、比較法的観点から指摘しうるであろう。

第3節　独立性と積極的職権行使の相関関係

　(1)　日本の社会保障法領域においては、一般に権利救済機関の行政からの独立性が高度ではなく、むしろ社会保障制度を管掌する行政との関連性を前提とした制度設計が行われているということからすると、積極的職権行使が実施される素地は、権利救済機関の独立性が高度である場合に比して、むしろ整って

いると考えられる。これは、第1に、行政権に属する権利救済であることを前提としてこの権限が認められており、「行政救済のみではなく行政統制も目的としていることから、当事者が主張していない事実であっても、公益の実現のために、審査庁は積極的に事実を調査すべき」[1]であるという志向につながりやすいためである（第1編序章第2節）。第2に、自己の管掌する（あるいは直接に管掌しておらずとも比較的関連性の強い）業務に関して審査を行うため、高度の専門性が備えられている。さらに第3として、裁判所による審理を考えた場合に顕著なように、独立かつ中立の第三者が裁定を行う場合は、当事者双方の争いの場に裁定者が（どちらか一方を有利に扱う可能性を生じるような）積極的な職権行使を実施することには抵抗感が生じやすいが、行政不服審査ではそのような「足枷」が働きにくいと考えられるためである。

　しかし、このようないわば積極的職権行使に親和的な土台が整っていながら、前節までに述べてきたように、日本の社会保障法領域においては、積極的職権行使は広く実施されているわけではないし、それに対して注目が集まっているわけでもない。

　(2) 序章において述べたように、本書の目的は、社会保障法領域の特殊性を反映した権利救済制度の確立のための基礎的研究の展開である。そして、このような権利救済制度を考える上で鍵となる援助的・積極的職権行使（不服審査機関が、審理において両当事者が実施すべき主張・立証といった諸活動について、市民と行政の間の情報力・経済力等の力の格差に絶えず注意を払い、必要がある場合には、市民に主張や証拠の提出を促し、または補完し、あるいは自ら証拠調べを行ったりするような活動を通じて、両者の力の格差を修正するような審理手続）の達成度のいかんは、権利救済機関の独立性の程度と強く関わるという可能性が、イギリスの審判所制度の歴史分析により明らかとなった。つまり、援助的・積極的職権行使という手法を日本においても推し進めるべきか否かという問題を考えるに当たっての前提として、権利救済機関の独立性の程度をどのように設定すべきかという問題を考える必要があると言える。

　このように考えると、日本法の社会保障法領域において、ある不服審査機関の独立性の程度が、援助的・積極的職権行使を実施するための前提として必要

---

1) 宇賀克也『行政法概説Ⅱ　行政救済法』（有斐閣、第3版、2011年）61頁。

な程度に達していない場合には、当該不服審査機関に対して援助的・積極的職権行使を期待するという方策自体が、選択肢として採り得ないという結論になり得る。そしてその場合には、援助的・積極的職権行使の果たすべき役割を、他の方策に代替させることによって、社会保障法領域の特殊性を反映した権利救済制度を構想することとなろう。以下、この点について、章を改めて検討を加える。

第 3 章　独立性と積極的職権行使
——比較法的示唆

第 1 節　示唆を得る際の基本的な視点

　イギリスの社会保障法領域の審判所制度においては、権利救済機関の独立性という価値が、伝統的に重視されており、そこでは社会保障を管轄する行政とのつながりをいかに希薄化・切断するか、という点が重要な論点となってきた。このことは、イギリスにおいては、行政自身が自己反省によって自己を統制することに価値があるという観点が希薄であることを意味しよう。特に、審判所制度が司法権に属することとなり、行政からの完全な独立が達成された後には、行政の自己統制といった観点は皆無となり、市民の権利の救済が唯一の目的となったと言っても過言ではなかろう。このように、審判所が権利救済のみを目的とするようになったことと、（本書の第 1 の問題関心であった）市民と行政の力の非対等を修正するような審理手続が達成され、さらにそれが法的義務とされるに至ったことは、整合的に理解しやすい。

　これに対して、日本における社会保障法領域の権利救済機関は、一般に、独立性という論点にそれほど重点を置かず、むしろ社会保障制度を管掌する行政との関係の深さ、そこから期待される専門性・迅速性を前提とした制度設計になっていると言える。つまり、イギリスとの対比では、日本の不服審査においては行政による自己統制の契機が含まれている点が、強調すべき差異であると言えよう。[1]

---

1)　日本には、不服審査制度に関して大陸法型と英米法型という 2 つの構成原理が存在しているという指摘は従前から存在する（雄川一郎『行政争訟法〔法律学全集 9〕』（有斐閣、1957 年）225 頁など）。また、現在の日本の不服審査制度は、基本的には大陸法型↗

しかしながら、行政が自己反省によって、先行する行政決定よりも望ましいと考えてなした新たな決定（裁決）の内容と、不服を申し立てた市民が欲していた救済が一致することはあり得るのであり、そこにおいては、行政の自己統制と権利の救済という2つの価値は両立する[2]。また、行政の自己反省の結果たる裁決と、市民の要求が一致しないとしても、そのことが直ちに当該裁決の違法・不当を意味する訳ではない。行政の自己反省という契機を持たない不服審査機関、あるいは裁判所が審査したとしても、得られる裁決・判決が市民の請求と一致しないことはいくらでも起こり得る。問題となるのは、「行政の自己反省」が隠れ蓑となり、行政の恣意が混入した（つまり違法・不当な）裁決が出される場合、あるいは行政が恣意的な審理を行っているわけではなくとも、行政と市民との間に存する力の非対等性に対して何らの手当てもしないまま（すなわち実質的な対等の戦いの場が確保されないまま）審理が実施され、結果として違法・不当な裁決が出された場合である。

　このように、行政の自己反省を中心とする日本の仕組みにおいても、権利救済の契機が存在しないわけではない。よって、社会保障法領域の権利救済制度の在り方を考えるに当たり、現行制度との連続性を重視するとすれば、行政が自己反省の機会を得られるという行政不服審査の特性と、そこから生じる利点を活かしつつ、そこにおける権利救済の契機を最大化するという戦略をとることになろう。

　以上のように、日本の社会保障法領域における権利救済制度の在り方を考察するに当たっては、現行法との連続性に配慮をして、行政の自己反省の機会という行政不服審査の特色を活かしつつ、権利救済の契機を強調するか、それとも、現行法との訣別を厭わず、権利救済を第一義とする新たな制度を構築するか、という価値判断が求められる。

　が理論的根拠とする自己統制型の構造に軸足を置いているものの、近年では英米法型の特色である権利救済の公正性にも力点が置かれつつあるという指摘を行うものとして、久保茂樹「行政不服審査」磯部力ほか編『行政法の新構想Ⅲ　行政救済法』（有斐閣、2008年）164頁がある。

2）　日本の行政不服審査が権利救済と行政の自己統制という両側面を有していることは、「国民の権利利益の救済を図るとともに、行政の適正な運営を確保することを目的とする」と謳う行政不服審査法1条の規定からも読み取れる。

以下では、まず、日本の現行不服審査法制との連続性を意識した上で、イギリス法からの比較法的示唆を検討し（第2節）、続いて、日本の現行不服審査法制から一旦離れることを前提として、比較法的示唆を得ることを試みる（第3節）。そして最後に、本書の立場としていずれがより望ましいと考えるのかを表明する（第4節）。

第2節　現行制度を前提として

（1）日本において、現在の制度との連続性を維持することを念頭に置いた場合、次のような考察が可能である。

　第1に、不服申立前置主義との関係である。社会保障法領域においては、裁決（決定）の大量性と専門性という観点から、市民が行政の不服を争う際に、行政訴訟の提起に先立って行政不服審査を前置する必要がある。このうち、日本の行政不服審査機関が、社会保障を管掌する行政との関係の深さから審理における専門性を調達しているという点は前述したとおりであり（本編第1章第4節）、事件が裁判所における審理に達する前に、行政が自己統制の機会を得られるということにもまた、それなりの意義がある（行政の自己統制と市民の権利救済が両立しうることに関しても、本章第1節にて述べた）。つまり、不服申立前置主義は一定の正当性・妥当性を有しているとも言える。

　しかしながら、多くの場合にニーズがすでに発生していること、それにより事案が早急に解決される必要性が特に高いという社会保障法領域の特殊性を考慮すれば、現行制度における、行政の自己統制の機会と市民の権利救済の契機のバランスには疑問の余地がある。手続が手厚いが審理に長い時間がかかる裁判所と、独立性に欠けるが審理が迅速な行政不服審査という2種類のメニューを並べて、市民に自由にどちらかを選ぶことを許すことが行政事件訴訟法上の原則であることを考慮しても、権利救済の側により重点を置いた仕組み（すなわち不服申立前置主義の廃止）を検討する余地はあるであろう。

（2）ただし、裁判所による行政訴訟と行政不服審査を自由に選択できるとしても、それだけで本書の問題関心が解決されるわけではない。

　まず、裁判所の審理（行政訴訟）においては、独立性という観点からは問題

がないが、他方で、市民と行政との力の格差という問題は依然として残る。

　この点については、裁判所が積極的に審理に介入を行う方向性を考えることができる。行政事件訴訟法においては、職権探知までは認められていないと解されるものの、職権証拠調べは認められる。しかし、この権限は現実にはそれほど行使されていないとされる。このような権限と釈明権とを併せて、市民を積極的に援助するようなアプローチが確立される必要がある。この裁判所の審理においては、現行の総合法律支援法において法曹代理の費用がカバーされる可能性があるが、イギリスの判例を参考とすると、代理人の能力不足によって市民が窮地に立たされても良いというわけではないのであり、このように市民に法曹代理人が付いている場合にも裁判所が援助的アプローチの必要性から解放されると考えるべきではないであろう。

　(3)　続いて、市民が行政不服審査を選択する場合も、独立性の程度の低い仕組みを自ら選んだことをもって、それなりの審理しか受けられないとすることは、本書の問題意識からは許されない。先に論じた、独立性と積極的職権行使の関係性を考慮すれば、特に日本の①の第2段階、②および③の類型の審理において積極的職権行使を活用しようとする場合、そこには、市民の援助という意図された結果が得られない危険性が潜んでいる。そのため、当事者の非対等性の修正に関しては、権利救済機関の外部から調達せざるを得ず、その第1の方途は、イギリスの歴史を参照する限り、法曹代理人を付ける権利の充実に求められよう。すなわち、行政不服審査においても法曹代理人の費用を公費によってカバーするような法律の制定ないし法改正が必要である。

第3節　独立性の向上を前提として

Ⅰ．検討の前提──自治と独立性の関係、および3つの方向性

　(1)　イギリスにおける社会保障法領域の審判所の改革の歴史は、ある意味では、社会保障管轄行政からの審判所の独立性を確保するための改革の歴史であるとも評価できる。これに対して、先に検討したとおり、従来、日本の社会保

---

3)　ここで言う積極的職権行使・裁判所による介入は、かつての糾問的審理のように、市民を従属的な地位に置くことを意味するわけでは決してない。

障法領域においては、権利救済機関の独立性という問題にそれほど重点的な関心が置かれていなかった（本編第2章第1節）。ここには、日本の社会保障法領域において現行の権利救済制度がほぼ出来上がった1950年代以降、ほぼ法改正がなされていないことからも分かるように、社会保障法領域における権利救済制度自体に関する注目が比較的低かったという事情が影響しているように思われる。

　しかしながら、本書において一貫して論じてきたように、権利救済機関の独立性という問題は、権利救済という概念自体に影響を及ぼしかねないほどの重要性を有しており、また本書が目指す、社会保障法領域における市民と行政の力の不均衡を是正するような積極的職権行使の前提にもなっていると考えられる。そのため、本節では日本の現行法制との連続性を一旦考慮の外に置き、社会保障法領域の権利救済機関の独立性を向上させる改革を念頭に置いた考察を実施する。

　(2) 日本において、社会保障法領域の特殊性（ニーズが生じており、緊急性が高いこと）を念頭に、より市民の権利の救済という観点に重点を置いた制度を構築しようとする場合、比較法的な視点からは、権利救済機関の独立性の向上という方向性に関して、多くの示唆を得ることができる。この方向性は、さらに細かくは、(α)権利救済機関が行政権に属することを前提とした、構成人員のメンバー面における独立性の向上、(β)同じく行政権に属することを前提としつつ、社会保障給付行政を実施する行政から相対的に独立した統括機関を設けることによる機構面における独立性の向上、(γ)行政権から分離し、司法権に属せしめることによる独立性の向上、に分けることができよう[4]。これらの方向性に関する考察を、下記のⅡ〜Ⅳにおいて展開する。また、ここでの検討では、

---

4) ただしここで、以下の点には注意を払っておく必要がある。すなわち、イギリスにおいては、(α)→(β)→(γ)という順に独立性が向上したが、(α)の類型が(β)の類型よりも高度の独立性の達成を可能とすることは、論理必然的であるわけではない。つまり、(α)の類型であっても、メンバーの任命の場面において議会の同意が必要とされ、なおかつ職権行使の独立が法律上明示されているような場合（日本における社会保険審査会のような例）には、(β)の類型において、権利救済機関が一応は機構上の独立を達成しているものの、内実としては給付行政を実施する機構に強いコントロールを受けるような場合と比して、独立性の点で優位であると言えるためである。しかしながら、本文においては、議論の複雑化を回避するため、一定の条件を付した上で論述を行う。

下記（3）に述べるような自治の観点をさしあたり考慮の外に置き、独立性の観点からのみの検討を実施する。

（3）独立性の観点から、権利救済機関についての考察を実施するに当たっては、社会保障制度の運営者（本書では特に保険者を念頭に置く）の自治と独立性の関係、さらには自治と権利救済そのものとの関係という観点もまた重要であるように考えられる。例えば、保険者の自治という価値の重要性を突き詰めるのであれば、権利救済の仕組みに保険者が関与することは当然であるということになり得る一方で、制度運営における自治の射程は、権利救済にまでは及ばない（つまり権利の有無の判断は独立した機関によって審査されても、自治との関係で問題は生じない、または、権利の有無の判断は保険者による自治の範囲を離れて、むしろ独立した機関によって審査されることの方が望ましい）との議論もあり得る。

このように、保険者の自治という価値を参照することによって、権利救済機関の独立性の議論に別の角度から光を当てることが可能である。ただし、この自治という問題については、本書においては十分な分析を加えることができなかったため、本書の検討した範囲でのみ論及するにとどめる（本節Ⅴ）。

Ⅱ．第１の方向性——メンバーシップによる独立性の向上

（1）(α)の方向性に関しては、日本の①の類型の第２段階である社会保険審査会が、すでに一定の達成度を示していると言えよう。しかしながら、同じく第三者機関に見える②の類型（国民健康保険審査会等）に関しては、先に検討したように保険の自治・民主的運営という要因が強く働いていることが伺えるため、①の社会保険審査会の類型と比して独立性が低い。②の類型において、(α)の方向性で独立性を向上させるためには、保険者代表を取り除く必要があろう。このことは、②の類型における保険の自治・民主的運営という要素を相当程度希薄化することにつながり、①の第２段階との異同が縮小することを意味する。そうであれば、②の類型と①の類型を統合することについて、理論的な困難が存在しなくなることになる。

日本の③の類型に関しては、(α)の方向性をとる場合においても、現状とはかなり異なった制度を作る必要がある。③の類型における制度設計の趣旨は、つまるところ専門性の確保であると考えられるが、日本の①の類型の第２段階を

見ても、またイギリスの議論を参照しても、行政外部から専門性を調達することは何ら不可能なことではない。

ただし、この(α)の方向性においてメンバー上の独立性を向上しても、権利救済機関は、機構的には厚生労働大臣のもとに置かれるため、例えば厚生労働大臣の発する行政解釈から自由でないなどの限界は生じよう[5]（現行の①の類型の社会保険審査会は、高度の身分保障や任命における議会の同意等の仕組みがあるため、(α)の方向性においては最上位に位置していると考えられるが、それでも上記のような限界からは逃れられない）。

(2) 続いて、(α)の方向性において、市民と行政との力の非対等を修正する手段として、権利救済機関による積極的職権行使に期待をすることが可能かという点に関しては、以下の2点を指摘できるであろう。

まず1つに、権利救済機関が、機構上、社会保障給付行政を実施する機構の下に置かれていることに対してどのような評価を加えるかという点が問題となる。すなわち、高度の身分保障と任命に際しての議会の同意が、機構上のつながりを打破し得るほど独立性を向上させると考えるならば、積極的職権行使が、市民の援助のために有効に機能し得ると言えよう。しかしながらイギリスにおける審判所改革の歴史は、メンバーの任命における社会保障給付行政の関与の排除や身分保障が達成されてもなお満足せず、機構上の独立性を向上する改革を実施した（そしてそれと時期を同じくして、援助的・積極的職権行使の効用の上昇が確認された）ということにもまた、注意を向ける必要があろう。

いま1つに、審理主宰者の資格という観点が挙げられる。現行の社会保険審査会を念頭に置くと、そこではメンバーが学識経験者のうちから選任されるという規定が存在していたが、具体的に何らかの資格が要求されているものではなかった。このような現行法上のメンバーが高度の専門性を有しているとしても、そのような専門性に基づいて実施される審理は、法曹が実施しうる専門的審理とは性質が異なる可能性がある（本編第1章第4節）。イギリスにおいて、法曹代理人の欠缺を埋め合わせるような機能を積極的職権行使が期待され、また、実際に審理主宰者には法曹資格が要求されていたことを想起すると、市民と行政との非対等性を修正し得るような積極的職権行使は、法律学的な素養を

---

5) 岩村正彦『社会保障法Ⅰ』（弘文堂、2001年）162-163頁参照。

要求するものと考えられる。よって、(α)の方向性において権利救済機関の独立性を高めつつ、その積極的職権行使による市民と行政との格差の修正を期待しようとする場合には、現行の社会保険審査会のようなメンバー任用規定に替えて、法曹資格の保有を（少なくともメンバーのうち数人に）求めることが考慮されるべきと思われる。

III. 第2の方向性——行政権内部における、機構上の独立性

(1) (β)の方向性は、さらに2つに分けることができる。第1が、(β)-(i)社会保障管掌行政と関連性を残しつつ（例えば審理に加わらない事務職員の供給等）、相対的に区別された行政に権利救済機関の統括を委ねる仕組みである（1998年におけるイギリスの上訴サービス・エージェンシーのようなもの。第2編第5章第5節）。そして第2が、(β)-(ii)社会保障管掌行政とは異なった行政機関（例えば内閣府など）に、権利救済機関の統括を委ねる仕組みである。この2つの方向性はいずれも、(α)からさらに独立性を向上させるものであるため、前提として、実際に審理に関わるメンバーは、すべて社会保障管掌行政の外部の者からなるとする。

(β)-(i)の場合には、社会保障行政に深い見識を有する事務職員の供給によって、裁決を実際に行うメンバーをサポートし、事務をスムーズに進行することが可能であるように考えられる。つまり、専門性を行政権内部から調達した上で水準を保つことができる。そのため、専門性の観点のみから考えると、実際に裁決を行うメンバーに何らかの資格（法曹資格等）を要求する必要はないと考えられる。

しかしながらこの場合、事務職員の専門性を活かすことは、審理に対する事務職員の影響力が強まることを意味するため、権利救済機関の独立性の程度になお疑問が残る。これがまさに、2002年にイギリスでレガット報告書が問題視し、更なる改革を目指した根拠となる点であった。

---

6) 当該論点に関連して、独立行政不服審査機関の審判官に、「法的思考と法的処理の訓練を受けている者（その典型は法曹資格のある者である。）」を登用することの有用性を主張するものとして、碓井光明「独立行政不服審査機関についての考察」稲葉馨・亘理格編著『藤田宙靖博士東北大学退職記念　行政法の思考様式』（青林書院、2008年）356-357頁、361頁。

(2) (β)-(ⅱ)の場合には、このような独立性の観点からの問題はかなりの程度減殺される。ただしここにおいては、審理における専門性をどのように確保するかという問題が生じる（もちろん、社会保障管掌行政との人材交流という手法は、(β)-(ⅱ)の方向性を形骸化させるものであるため採り得ない）。よって、専門性の調達のために、権利救済機関を構成するメンバーに対して、法曹資格等の何らかの資格を要求することになろう。

また、独立性が(β)-(ⅱ)の程度にまで高度になることは、行政による自己反省の機会が奪われることを意味する（自己の管掌しない業務に関する反省ということは想定し難い）。この点は、行政の自己統制という点ではデメリットであると感じられるかもしれない。しかしながら、行政の自己反省という作用は、行政の意思が作用する余地の存在を前提としており、ここにおける行政の意思がすべて第一次的決定を適法・妥当に修正する（いわば「正しき反省」である）保証はない。イギリスの検討からは、社会保障給付行政と権利救済機関との関連性が断ち切られないこと（独立性の程度が低いこと）が、国家財政状況を睨みつつ給付の全体量を調節するような実際上の運営をする上で、むしろ都合がよいと考えられた可能性を読み取ることができた。この検討を前提とすると、権利救済制度が市民の権利の救済という趣旨を貫徹するような制度であるためには、行政側の便宜という視点は排除されるべきであるとも考えられる。この(β)-(ⅱ)の段階においては、それが一定程度達成されると言えるであろう。ただし、ここでは処分庁等（厚生労働省）が権利救済機関の裁決に対して更なる上訴を提起することを許すべきか否かという問題が、現行法下における状況以上に先鋭な形で生ずる。つまり、「上級行政庁が審査請求の審査庁として裁決を下す制度にあっては、それが上級行政庁の判断である限り行政の一体性が確立されているので、特に裁決を不服として処分庁等が裁判所の判断を求める必要がない」が、この(β)-(ⅱ)レベルの独立性を備えた権利救済機関における裁決は、「通常の行政系統に属しない機関であって、行政の一体性を確保できない状態にある」からである。[7]

(3) 上述のように、(β)の方向性のいずれにおいても専門性を確保する方途が存することとなる。このことを、積極的職権行使との関係で検討すると、以

---

7) 碓井・前掲註(6)362頁。

下のように言えよう。

　積極的職権行使が実効性を有するには、一定の専門性が前提となる。この点では、両者ともに前提を満たしている。しかしながら、先に述べたとおり、独立性の程度が積極的職権行使の現れ方に影響を与える可能性があることからすると、(β)-(ⅱ)の類型の方において一層、市民を援助するような積極的職権行使の前提条件が整っていると言えよう。事実上、積極的職権行使は、口頭審理において行われやすいということからすると、口頭審理を原則とする制度設計の方が望ましいと言える。

Ⅳ．第3の方向性——司法権

　上記の(β)-(ⅱ)の方向性と、(γ)の方向性の差異は、実質においては相対的な、程度の問題に過ぎないようにも思われる。しかしながら、行政権に属するか司法権に属するかという形式的な相違は、なお大きな意義を有していると考えられる。例えば、社会保障管掌行政とは異なる行政部門が、権利救済において国家財政の観点を考慮に入れないとは限らない。また、専門性という観点を考慮すると、法曹資格保有者の確保や、司法業務に慣れた事務職員の供給といった諸点で、司法権が優位であると考えられる。この点はもちろん、権利救済機関のメンバーはもとより、それを支える事務局体制の、所管行政からの完全なる分離独立を意味する。この事務局体制の独立という点は、イギリスにおいて審判所を行政権から司法権へと移行させる際に、重要なモチベーションとなった要素であった[8]。

　さらに、社会保障管掌行政以外の行政部門にも、その管掌する業務があるのであり、当該管掌業務についての権利救済をどの組織が担うのか、という問題が生じうる。具体的には、社会保障を管掌しないA省が、社会保障法領域の権利救済と、A省自身が管掌する業務の権利救済を行う場合、2つの権利救済制度において平仄が合わないという問題が生じるし、また、A省の管掌業務に関する権利救済をB省が、B省の管掌業務に関してはC省が、という構造もまた歪さを感じさせる。何よりも、行政不服審査の利点として指摘される、専門性

---

[8] 日本において、独立行政不服審査機関を考察する際に、事務局体制の在り方の重要性を説くものとして、碓井・前掲註(6)342-346頁。

と行政の反省の機会という2つの要素は、前の(β)-(ii)の時点においてはほとんど取り去られているため、この段階に至っても「行政」不服審査に拘泥する根拠は自明ではない（イギリスにおける独立性の進展の議論を念頭に置くと、権利救済制度が完全に行政の手を離れてしまうことを望ましくないと考える根拠は、純粋な「権利救済」の観点とは相容れないものであるように思われる）。

つまり、社会保障法以外の法領域の権利救済制度を含めた改正を視野に収めた場合の発展可能性・整合性という観点でも、権利救済を社会保障管掌行政以外の行政権に委ねる場合と、司法権に委ねる場合とでは有意な差があると言えよう。もちろん、差し当たり社会保障法領域のみの権利救済制度の改正を念頭に置いた場合、(γ)の方向性においては当該制度のみが「行政」不服審査ではなくなるという点で、他の法制度との整合性の問題は生じる。この場合、社会保障法領域の特殊性の議論によって差異を正当化することができるか否かということになろう。

また、この(γ)の方向性をとる場合には、現行制度と異なり、権利救済機関の裁決に対して、市民側のみならず行政側も、更なる上訴を行うことが許されるということになろう。

V．保険者の自治との関係

(1) 上記Ⅱ～Ⅳにおいて述べたような独立性の観点からの検討に対し、保険者の自治という視角を加えると、議論の様相が一部変化する。

まず、②の国民健康保険審査会の類型において、従来どおり保険者自治を重視するという選択肢が考えられる。この場合は、②は(β)や(γ)の方向性を採ることはできないため、(α)の方向性を選択して、保険者代表をメンバーに加え続けることになろう。そうすると、①の類型との統合（上記Ⅱ）は困難となり、社会保障法領域において保険者自治の契機を有する制度のみを別個に考慮することとなろう。

しかしながら、①や③の類型において権利救済機関の独立性の程度が向上した場合、保険者自治を根拠とした権利救済機関を②の類型のみが保持すると、社会保障法領域において権利救済（あるいは権利というもの自体）の性質に大きな差異が生じるように思われる。一方において、審理に保険者が加わる（場合

によっては保険財政に対する考慮の働く余地を残す）権利救済制度が存在し、他方では、(β)や(γ)の方向性で保険者の事情を保険者自身が考慮する余地が機構上排除されるという差異が生じるためである。このような差異を、保険者自治という価値によって正当化できるか否か、吟味が必要とされる（もちろん、保険者自治という価値の重要性を真っ向から認めるならば、このような差異を正当化することは可能である）。

(2) これらに対し、自治という観点に対して、また別の観点から検討することも可能である。

保険者の自治という価値が、被保険者や利害関係者（主に保険料・負担金を拠出する主体）の自治に還元できるのであれば、保険者代表が権利救済制度において直接メンバーとして関与することを廃止しても、保険の自治の観点からは問題を生じないと言える（この点、イギリスにおいて伝統的に採用されていた利益代表は、（被保険者代表と保険者代表ではなく）被保険者代表と、被保険者を使用する事業主の代表であった点が想起されよう：第2編第7章第1節Ⅲ）。そうであれば、上記Ⅱ～Ⅳにおいて展開した議論に対して、保険者自治の観点から修正を加える必要はなくなる。

また、保険者の自治という価値を重視し、それらは被保険者やそれ以外の費用負担の主体の利益には還元し得ないとする立場をとったとしても、権利の存否の確定というレベルにまで保険者自治の射程は及ぶものではないとする議論が成り立ち得る。その場合には、最終的には裁判所による審理が存在するのであるから、それとは異なるものとして存在する不服審査のような権利救済制度においては保険者代表が関与してもよい、という議論を立てるのか、それとも、社会保障法領域の権利救済を利用しようとする市民の類型的特徴を重視し、裁判所外における権利救済機関においてもなお、保険者の関与は排するべきであるという議論を立てるのか、という選択を迫られることとなろう。

第4節　社会保障の権利救済——どちらが望ましいか？

現行の行政不服審査制度を前提とし、法曹代理人を活用する場合（第2節）、および独立性に関して抜本的な改正を加える場合（第3節）のどちらの方法を

採るとしても、本書の問題意識に一定の回答が与えられるであろう。しかしながら前者による場合には、社会保障の権利救済（ひいては社会保障の法的権利そのもの）の在り方に関わるこの問題に対して、最終的に個々の代理人（およびそれを選任する市民）の努力・研鑽に委ねるという結論をとることが果たして妥当か、という疑問が強く生ずる。

　社会保障の法的権利が存在するという事実は、その権利の救済を可能な限り制度的に保障するということまでを要求すると言えないであろうか。そうであるとすると、社会保障法の領域における権利救済機関において、行政の自己統制の視点を後退させ、権利救済の視角をより強調する制度設計を行うこと、すなわち権利救済機関の独立性の高度化と、それを前提にした援助的・積極的職権行使の活用というアプローチが、より望ましいと言える。

終　章

　本書には、解決することのできなかった重要な問題がいくつか残されている。それらのうちで最も大きなものは、社会保障法領域における権利救済制度を検討する際に拠るべき原理は何か、という問題である。つまり、制度の現状に問題があるとすると、そこではどのような価値が毀損されていて、分析と検討によってどのような価値が達成されるべきなのかということを明らかにする議論を、基本権レベルにおいて明らかにする営みが必要であると思われる。このことは、救済されるべき権利との関係において基本権が問題となるのか、それとも権利救済制度自体が基本権と何らかの関係を有するのか、という問題とも関わる。

　さらに、保険者自治の議論に代表されるような制度運営に関する自治の問題と、権利救済の問題とが、どのように関係するのか、という点もまた重大な理論的問題であろう。すなわち、社会保障における自治が、ある市民の権利の存否を（裁判前の権利救済において）決定するという程度にまで及ぶことが許されるのか否か、という問題である。この問題はまた、自治の認められた領域における裁判前権利救済制度の出した決定に対して、司法裁判所の審理がどの程度及ぶべきか、といった新たな問題をも提起しよう。

　本書の目的は、権利救済機関における市民と行政の実質的な対等化と、社会保障法領域の権利救済の実質化のための基礎的考察を実施することであった（そもそもこれらの目的が十分に達成されたか否かは定かでないが）。そのため、上記のような難題は、本書の射程の外にあるとも言える。しかしながら、これらの問題が本書の内容と強く関連していることは明らかであるし、また本書の基礎的考察という性質そのものが、そこから派生する発展的問題の更なる考察を要

求するであろう。
　社会保障の権利救済という、これまであまり光の当てられていなかった重要な問題を、今後一層真剣に研究する必要がある。

謝　辞

　本書は、2012年12月に九州大学大学院法学府に提出した博士論文に加筆・修正を加えたものである。本書、また博士論文の執筆に当たっては、数えきれないほど多くの方々から、たくさんの助力と強い影響を受けた。ごく個人的な内容にわたる上、紙幅の制約からすべての方々に御礼を申し上げることはできないが、その一部をここに記すことをお許しいただきたい。

　九州大学法学部に入学したのち、法学の勉強を真剣に始めたのは、田中教雄先生の民法ゼミにおいてであった。先生に教わった基本的な学問姿勢は、今の私の研究の基礎となっている。また、南野森先生の憲法ゼミでは、抽象的・原理的思考の一端に触れ、法学・法解釈学の在り方についても思索を廻らすことができた。阿部道明先生の国際取引法ゼミでは、大学という場における教員・学生関係について多くを学び、江口厚仁先生の法社会学ゼミにおいては、学問の面白さと奥深さを、一風変わった学生たちとともに、思う存分に味わった。

　上記各ゼミにおいて、先生方と触れ合いながら大学生活を謳歌するうち、法学研究者としての人生に憧れを抱くようになったのは、ごく自然な流れであったように思う。先生方のご助言を受けて九州大学法科大学院に進学し、法解釈学の作法を基礎から学び直したことは、私の強みになっているのかもしれない。

　博士後期課程への進学を考えつつ、どの法領域を専攻しようか悩んでいた法科大学院の3年次に、笠木映里先生の講義を履修したのが、社会保障法との出会いであった。その講義で出された自由論述の課題について、検討素材を探している折、江口先生の講義において配布された1編の論文に目が留まった。「社会保障の法理念」と題されたその論考に魅了され、私は社会保障法を専攻する決意をした。このように、菊池馨実先生には大変深い学恩がある。

　九州大学大学院法学府の博士後期課程において、野田進先生、山下昇先生をはじめとする九州大学の多くの先生方から、判例研究の作法や研究の心構えなど、厳しくも温かいご指導を受けたことは、研究生活の宝物である。さらに、毎月第1土曜の社会法研究会においては、九州はもとより日本全土から、清正

寛先生、河野正輝先生、良永彌太郎先生、石橋敏郎先生、阿部和光先生をはじめとする、名だたる先生方による御指導の機会を得た。先生方に頂いたコメントの数々は、私の力の及ぶ限りで、本書に反映させていただいた。

博士後期課程の最初の1年半は、笠木先生が在外研究をなさっていた関係上、月に2回、特急電車とバスを乗り継いで、佐賀大学の丸谷浩介先生の研究室にお邪魔していた。研究歴はゼロで、右も左も分からない状態の初学者に対して、時には厳しく、時には一緒になって悩みつつ、イギリス社会保障法の基礎から御指導を下さった丸谷先生には、感謝の言葉もない。

博士論文の構成に取り掛かって以降は、ご帰朝された笠木先生に御指導を仰いだ。笠木先生は、私の気分屋で自信家の気質を見抜かれ、基本的には自由に、ただし決して妥協を許さないご姿勢で、御指導下さった。当時も今も共通した感概は、笠木先生が指導教官をして下さったからこそ、博士論文を書き上げることができたのだとの感謝の意のみである。先生との出会いは、私にとって大変な幸運であった。

1年間、九州大学大学院法学研究院で助教を務めたのち、札幌学院大学法学部に、特任講師として着任した。九州外での生活も、さらに講義を担当することも初めてであって、戸惑うことも多かったが、清水敏行法学部長、西尾敬義先生、嶋田佳広先生をはじめとする諸先生方や、事務職員の方々に、大変篤いサポートをいただき、教育・研究スタイルの礎を築くことができた。それにも関わらず、任期を全うせずに同大学を離れたことで、ご迷惑をお掛けしてしまった。

また、道幸哲也先生、加藤智章先生をはじめとする諸先生方に、北海道大学の社会法研究会（とその後の懇親会）にお誘いいただいたことは、学問的に（そして食生活的に）、私の北海道生活のハイライトの1つである。今後とも、クールセミナーをはじめとして、研究会（とその後の懇親会）に参加することをお許しいただければ幸いである。

2014年4月に着任した福岡大学法学部では、砂田太士法学部長をはじめとする諸先生方や、事務職員の方々に、色々と教えを請いつつ、充実した教育・研究生活を送っている。特に、若手教員の先輩方との交流では、教育・研究のヒントを見出すこともしばしばであり、多くの刺激を与えていただいている。

以上のような研究生活においては、時に困難な局面も訪れた。そんな折に

謝　辞

は、サッカー仲間との交流が、私を元気づけてくれた。九州大学・リーベンタール（黒瀬大介会長・大園啓太主将）は、2002年以来、もう10年以上にわたって、そして今後も、私の心のよりどころである。福岡県弁護士会サッカー部・バッテンFCでは、藤原政治先生、宮田卓弥先生、堀哲郎先生、森中剛先生をはじめとする方々に、フィールドの内外で大変可愛がっていただいた。札幌学院大学KFC（金岡将也主将）では、嶋田・社会保障法ゼミの学生たちと、毎週木曜日に、一生懸命にボールを追った。現任校でも、福岡大学教員サッカーチームにて、人工芝の上を駆け回っている。

　また、新屋敷恵美子氏、鄒庭雲氏をはじめとする、九州大学大学院法学府における同輩たち、さらには常森裕介氏・川久保寛氏・島村暁代氏・池田悠氏をはじめとする社会保障法学会・労働法学会の同年代の仲間には、いつも温かく迎えてもらうとともに、大いに刺激を受けている。

　研究を離れたところでは、幼稚園からのライバルである林田拓也と、それぞれ高校・法科大学院以来の悪友である枡田晃久・吉岡聖、そしていつも身近にいる山口浩二と宮本大をはじめとして、私は幸運にも、多くの（素晴らしい・素晴らしくない）友人に囲まれている。

　本書の出版にあたっては、法律文化社の小西英央氏、野田三納子氏、髙橋達子氏に大変な助力をいただいた。小西氏は、私が博士後期課程に進学した「何者でもなかった」時代から、何かと目を掛けて下さった。本書の出版が、少しでもその恩に報いることになればと思う。

　最後に。長崎の両親は、いつでも私を信じ、サポートし、そして何より、自由に、好きな道を進ませてくれた。本当に、心から感謝している。才能あふれる弟妹は、私の自慢である。福岡の両親は、兄姉とともに、いつも近くから物心両面のサポートをくれる。皆には、今後とも世話になるつもりである。また、本書のカバーデザインは、妻である愛樹子が手掛けた。

　そして本書は、岩永初雄・ハツミに、加賀廣海・敏子に、藤瀬幸夫・イセヨに、そして山下勉・和子・由子に、それぞれ9分の1ずつ、捧げられる。

　　2015年3月

　　　　　　　　　　　　　　　　　　　　　　　　　山下　慎一

＊本書の出版に際しては、福岡大学学位論文出版助成を受けた。また、本書には、文部科学省科学研究費助成事業（若手研究(B)：課題番号 25870506）・公益財団法人ユニベール財団（助成番号 12-01-116）の援助を受けた研究成果の一部が含まれている。さらに、博士論文執筆を経済的側面から支えてくれた公益財団法人旭硝子奨学会や、九州大学の各種奨学金制度にも、大変多くを負っている。

索　引

あ　行

医療委員会　131, 151
医療上訴審判所　132, 150
医療保護法　52
Aコード　170
LAG　227
援助的アプローチ　224
援助的機能　73

か　行

カー事件　231
介護保険審査会　46
家族手当　120
北アイルランド控訴院　232
救護法　51
救貧法　136
給付判定官　181
行政救済法　23
行政上の権利救済機関　67
行政訴訟　5
行政不服審査　5
　——法　23
組合主義　44, 45
軍事扶助法　52
ケースワーク　59
権限踰越　77
健康保険審査会　27
ゲン報告書　197
権利救済　4, 13
権利擁護　3
控訴院　74, 177
口頭審理　23, 46, 198, 205, 259, 293, 300, 312
高等法院　78, 101
　——女王座部　150
国民健康保険委員会　41, 43, 286
国民健康保険審査会　48

国民保険コミッショナー　125, 165
国民保険上訴審判所　165

さ　行

裁決　75, 143
最高裁判所　74
再審査請求　192
裁定　209
裁判外の権利救済機関　67
裁量的社会基金　80, 189
CPAG　211
自然的正義　163
事前手続　243, 263
自治　44
失業扶助　105
司法審査　77, 78, 177
社会基金検査官　193
社会基金コミッショナー　193
社会的資格室　70
社会保険審査会　26, 30, 33, 48, 286
社会保険審査官　26, 31, 48
社会保険審査官及び社会保険審査会法　26
社会保険における自治　13
社会保障コミッショナー　177, 191
社会保障上訴審判所　181, 191
　——首席審判官オフィス　183, 199
社会保障制度審議会　53
釈明義務　83
釈明権　82
首席裁判官　72
首席審判官　183
恤救規則　51
準司法的　162, 247
消極的釈明　83
証拠に照らして疑いなく明白　235, 239, 241
上訴　70, 73, 78, 107
　——サービス　207

323

――サービス・エージェンシー　207, 226
――審判所　108, 137
ジョーンズ事件　161
職権主義　9-11, 68, 82, 84
職権証拠調べ　10, 24, 33, 44, 49, 57, 82, 306
職権探知　24, 33, 49, 57, 82, 306
所得補助　189, 190
書面審理　23, 32, 46, 57, 205, 259, 293, 300
審査請求前置主義　56
審判官　72
審判所　16, 69
――上級長官　70
――評議会　155, 143, 172, 227
審判人　93, 107, 113
審理主宰者　256, 291, 309
積極的釈明　83
積極的職権行使　8, 11, 16, 67, 73, 76, 81, 96,
　　149, 185, 210, 216, 222, 224, 242, 273, 299
1948年国民扶助法　136
戦時災害保護法　52

た　行

第一層審判所　70
代替的救済方法終尽の原則　78
第二層審判所　73
大法官　71, 144
代理人　260
単一給付　169, 179
チェアマン　93
地方社会保険審査委員会　42, 45
地方上訴審判所　130
地方審判所　124
仲裁人　90, 101, 120
仲裁人裁判所　92, 107, 132
中立性　256
テスト・ケース戦略　173
当事者主義　75, 215
独立審判所サービス　202

独立性　9, 12, 47, 56, 59, 67, 95, 102, 110, 121,
　　134, 267, 298, 306
独立の地方審判所　113

な　行

内部的再審査　79

は　行

ハブル事件　149, 232
非法律家　214, 252
フーパー事件　237
福祉権運動　173
不服申立前置主義　6, 78, 296
フランクス報告書　141, 175, 250
ベヴァリジ報告書　112, 119, 128, 136, 250
ベル報告書　174
法曹代理　157
法的争訟制度　4
法律扶助　157, 197, 223, 262, 294
保険官　92
保険コミッショナー　90
保険者の自治　255, 308, 313
保険審査官　30
母子保護法　52
補足給付　168
補足給付上訴審判所　170, 171

ま　行

ムーア事件　163
モンガン事件　232

ら　行

リーガリズム　173
利益代表　14, 44-46, 255, 289
レガット報告書　218, 220, 251
労働災害コミッショナー　130
労働保険審査会　46, 288
労働保険審査官　46

■著者紹介

山下　慎一（やました　しんいち）

1984年　長崎県西彼杵郡（現・諫早市）多良見町に生まれる
2006年　九州大学法学部卒業
2009年　九州大学大学院法務学府実務法学専攻課程（法科大学院）修了
2012年　九州大学大学院法学府公法・社会法学専攻博士後期課程単位取得退学
　　　　九州大学大学院法学研究院助教、札幌学院大学法学部講師を経て
現　在　福岡大学法学部講師、博士（法学）（九州大学）

Horitsu Bunka Sha

社会保障の権利救済
──イギリス審判所制度の独立性と積極的職権行使

2015年3月30日　初版第1刷発行

著　者　山　下　慎　一

発行者　田　靡　純　子

発行所　株式会社　法律文化社

〒603-8053
京都市北区上賀茂岩ヶ垣内町71
電話 075(791)7131　FAX 075(721)8400
http://www.hou-bun.com/

＊乱丁など不良本がありましたら、ご連絡ください。
　お取り替えいたします。

印刷：㈱冨山房インターナショナル／製本：㈱藤沢製本
装幀：加賀愛樹子

ISBN 978-4-589-03660-5
© 2015 Shin'ichi Yamashita Printed in Japan

JCOPY 〈(社)出版者著作権管理機構　委託出版物〉

本書の無断複写は著作権法上での例外を除き禁じられています。複写される
場合は、そのつど事前に、(社)出版者著作権管理機構（電話 03-3513-6969、
FAX 03-3513-6979、e-mail: info@jcopy.or.jp）の許諾を得てください。

ウィリアム・ベヴァリッジ著／
一圓光彌監訳・全国社会保険労務士会連合会企画
ベヴァリッジ報告
―社会保険および関連サービス―
A 5 判・310頁・4200円

日本の制度構築に大きな影響を与え、社会保険の役割と制度体系を初めて明らかにした「古典」の新訳。原書刊行後70年が経過し旧訳を手にすることができないなか、監訳者による詳細な解題を付し、歴史的・現代的な意義を再考する。

大原利夫著
社会保障の権利擁護
―アメリカの法理と制度―
A 5 判・314頁・6000円

意思決定の支援として権利擁護について、その法理と制度が発達しているアメリカを比較法研究の対象とし分析する。日本において受給者の主体的意思決定の支援をどのように実質的に保障すべきかへの示唆を探る。

和田隆夫著
社会保障・福祉と民法の交錯
A 5 判・292頁・6800円

社会保障法・社会福祉法領域と民法が重畳している問題を民法の立場から考察するとともに、介護保険制度の中で被保険者の不満が大きい要介護認定の問題をドイツ法を手がかりにして考察する。

障害者差別解消法解説編集委員会編著
概説 障害者差別解消法
A 5 判・170頁・2000円

障害者の自立と社会参加への道を拓くため、2013年に成立した「障害を理由とする差別の解消の推進に関する法律」(2016年4月施行)の制定経緯や概要を詳解。法案に関わった関係者の思いを伝える。丁寧な逐条解説も所収。

増田雅暢編著
世界の介護保障〔第2版〕
A 5 判・232頁・2600円

世界10カ国の介護保障システムについて高齢化や家族形態、さらには社会保障制度の発展などを踏まえ比較的視点から解説。旧版刊行(2008年)以降、改変が続く制度の概要を詳解し、今後の課題と方向性を探る。

―法律文化社―

表示価格は本体(税別)価格です